러스트 클린 코드

Idiomatic Rust (9781633437463)

© 2025 by J-Pub Co., Ltd. Authorized translation of the English edition.
© 2024 Manning Publications.

This translation is published and sold by permission of Manning Publications,
the owner of all rights to publish and sell the same.

이 책의 한국어판 저작권은 대니홍 에이전시를 통한 저작권사와의 독점 계약으로 제이펍에 있습니다.
저작권법에 의해 한국 내에서 보호를 받는 저작물이므로 무단 전재와 무단 복제를 금합니다.

러스트 클린 코드

1판 1쇄 발행 2025년 9월 4일

지은이 브렌든 매슈스
옮긴이 윤인도
펴낸이 장성두
펴낸곳 주식회사 제이펍

출판신고 2009년 11월 10일 제406-2009-000087호
주소 경기도 파주시 회동길 159 3층 / **전화** 070-8201-9010 / **팩스** 02-6280-0405
홈페이지 www.jpub.kr / **투고** submit@jpub.kr / **독자문의** help@jpub.kr / **교재문의** textbook@jpub.kr

소통기획부 김정준, 이상복, 안수정, 박재인, 박새미, 송영화, 김은미, 권유라, 나준섭
소통지원부 민지환, 이승환, 김정미, 박예은 / **디자인부** 이민숙, 최병찬

진행 김정준 / **교정·교열** 김경희 / **내지 및 표지 디자인** 이민숙 / **내지 편집** 남은순
용지 에스에이치페이퍼 / **인쇄** 한승문화사 / **제본** 일진제책사

ISBN 979-11-94587-32-3 (93000)
책값은 뒤표지에 있습니다.

※ 이 책은 저작권법에 따라 보호를 받는 저작물이므로 무단 전재와 무단 복제를 금지하며,
   이 책 내용의 전부 또는 일부를 이용하려면 반드시 저작권자와 제이펍의 서면 동의를 받아야 합니다.
※ 잘못된 책은 구입하신 서점에서 바꾸어 드립니다.

제이펍은 여러분의 아이디어와 원고 투고를 기다리고 있습니다. 책으로 펴내고자 하는 아이디어나 원고가 있는 분께서는
책의 간단한 개요와 차례, 구성과 지은이/옮긴이 약력 등을 메일(submit@jpub.kr)로 보내주세요.

Idiomatic Rust
러스트 클린 코드

브렌든 매슈스 지음 / 윤인도 옮김

※ 드리는 말씀
- 이 책에 기재된 내용을 기반으로 한 운용 결과에 대해 지은이/옮긴이, 소프트웨어 개발자 및 제공자, 제이펍 출판사는 일체의 책임을 지지 않으므로 양해 바랍니다.
- 이 책에 등장하는 각 회사명, 제품명은 일반적으로 각 회사의 등록 상표 또는 상표입니다. 본문 중에는 ™, ⓒ, ® 마크 등이 표시되어 있지 않습니다.
- 이 책에서 소개한 URL 등은 시간이 지나면 변경될 수 있습니다.
- 책의 내용과 관련된 문의 사항은 옮긴이나 출판사로 연락해 주시기를 바랍니다.
  - 옮긴이: freedomzero91@gmail.com
  - 출판사: help@jpub.kr

차 례

옮긴이 머리말	x
베타리더 후기	xi
시작하며	xiii
감사의 글	xiv
이 책에 대하여	xv
표지에 대하여	xix

PART I 구성 요소

CHAPTER 1 러스트다운 패턴 3

1.1 이 책에서 다루는 내용 5
1.2 디자인 패턴이란? 6
1.3 이 책이 다른 이유 9
1.4 필요한 도구 10
1.5 정리하며 11

CHAPTER 2 러스트의 기본 구성 요소 13

2.1 제네릭 14
  2.1.1 튜링 완전성 타입 시스템 14
  2.1.2 왜 제네릭인가? 15
  2.1.3 제네릭의 기초 15
  2.1.4 러스트의 Option 살펴보기 19
  2.1.5 마커 구조체와 팬텀 타입 19
  2.1.6 제네릭 매개변수 트레이트 바운드 23

2.2 트레이트 23
  2.2.1 트레이트가 객체 지향 프로그래밍이 아닌 이유 24
  2.2.2 트레이트에 들어 있는 것들 25
  2.2.3 객체 지향 코드를 살펴보며 트레이트 이해하기 26
  2.2.4 제네릭과 트레이트 결합하기 30
  2.2.5 자동으로 트레이트 도출하기 35
  2.2.6 트레이트 객체 37

2.3 정리하며 40

CHAPTER 3 코드 흐름 43

3.1 패턴 매칭 둘러보기 — 44
3.1.1 패턴 매칭의 기초 44
3.1.2 ? 연산자로 간결하게 처리하기 50

3.2 함수적 러스트 — 53
3.2.1 러스트 함수형 프로그래밍의 기초 54
3.2.2 클로저 변수 캡처 56
3.2.3 반복자 살펴보기 57
3.2.4 iter(), into_iter(), iter_mut()로 반복자 얻기 62
3.2.5 반복자의 기능 71

3.3 정리하며 — 76

PART II 핵심 패턴

CHAPTER 4 기본 패턴 79

4.1 리소스의 획득은 초기화 — 80
4.1.1 C와 C++의 RAII 81
4.1.2 러스트의 RAII 둘러보기 85
4.1.3 러스트의 RAII 요약 87

4.2 인자를 값으로 전달하기와 레퍼런스로 전달하기 — 89
4.2.1 값으로 전달하기 89
4.2.2 레퍼런스로 전달하기 91
4.2.3 언제 무엇을 할 것인가?: 값으로 전달하기와 레퍼런스로 전달하기 93

4.3 생성자 — 94

4.4 객체 멤버 가시성과 접근성 — 97

4.5 오류 처리 — 99

4.6 전역 상태 — 102
4.6.1 lazy-static.rs 105 / 4.6.2 once_cell 106
4.6.3 static_init 107 / 4.6.4 std::cell::OnceCell 108

4.7 정리하며 — 109

CHAPTER 5 디자인 패턴: 기본을 넘어서 111

5.1 매크로를 사용한 메타프로그래밍 — 112
5.1.1 기본적인 선언적 매크로 113
5.1.2 언제 매크로를 사용해야 할까요? 115
5.1.3 매크로를 사용해 미니 DSL 작성하기 121
5.1.4 DRY에 매크로 사용하기 122

5.2 선택적 함수 인자 ... 126
5.2.1 파이썬에서 선택적 인자 살펴보기 126
5.2.2 C++에서 선택적 인자 살펴보기 127
5.2.3 러스트에는 선택적 인자가 없다 127
5.2.4 트레이트로 선택적 인자 모방하기 128

5.3 빌더 패턴 ... 131
5.3.1 빌더 패턴 구현하기 132
5.3.2 트레이트로 빌더 강화하기 134
5.3.3 매크로로 빌더 발전시키기 135

5.4 플루언트 인터페이스 패턴 ... 139
5.4.1 플루언트 빌더 139
5.4.2 플루언트 빌더 테스트 142

5.5 관찰자 패턴 ... 143
5.5.1 콜백을 쓰지 않는 이유 143
5.5.2 관찰자 구현하기 144

5.6 명령 패턴 ... 147
5.6.1 명령 패턴 정의하기 148
5.6.2 명령 패턴 구현하기 149

5.7 뉴타입 패턴 ... 152

5.8 정리하며 ... 155

CHAPTER 6 라이브러리 디자인하기 157

6.1 좋은 라이브러리 디자인 ... 158
6.2 한 가지만, 올바르게, 잘하기 ... 159
6.3 과도한 추상화 피하기 ... 160
6.4 기본 타입에 충실하기 ... 160
6.5 도구 사용 ... 161
6.6 좋은 예술가는 베끼고, 위대한 예술가는 훔친다(표준 라이브러리에서) ... 162
6.7 모든 것을 문서화하고 예제를 제공하세요 ... 162
6.8 사용자의 코드를 망치지 마세요 ... 163
6.9 상태를 생각하세요 ... 163
6.10 미학 고려하기 ... 164
6.11 러스트 라이브러리의 편리한 사용성 ... 165
6.11.1 연결 리스트 다시 살펴보기 165
6.11.2 rustdoc을 사용해 API 디자인 개선하기 167
6.11.3 더 많은 테스트를 통해 연결 리스트 개선하기 174
6.11.4 다른 사람이 디버깅하기 쉬운 라이브러리 만들기 176

6.12 정리하며 ... 179

PART III 고급 패턴

CHAPTER 7 특수한 작업에 트레이트, 제네릭, 구조체 사용하기   183

- 7.1 상수 제네릭 — 184
- 7.2 외부 크레이트 타입에 대한 트레이트 구현하기 — 186
  - 7.2.1 래퍼 구조체 187 / 7.2.2 Deref를 사용하여 래핑된 구조체 언래핑하기 187
- 7.3 확장 트레이트 — 189
- 7.4 블랭킷 트레이트 — 191
- 7.5 마커 트레이트 — 194
- 7.6 구조체 태깅 — 196
- 7.7 레퍼런스 객체 — 199
- 7.8 정리하며 — 205

CHAPTER 8 상태 기계, 코루틴, 매크로, 프렐류드   207

- 8.1 트레이트 상태 기계 — 208
- 8.2 코루틴 — 212
- 8.3 절차적 매크로 — 218
- 8.4 프렐류드 — 222
- 8.5 정리하며 — 226

PART IV 문제 피하기

CHAPTER 9 불변성   229

- 9.1 불변성의 장점 — 230
- 9.2 불변성이 만능이 아닌 이유 — 232
- 9.3 불변 데이터에 대해 생각하는 방법 — 233
- 9.4 러스트의 불변성 이해하기 — 234
- 9.5 불변성의 기본 개념 살펴보기 — 236
- 9.6 트레이트를 사용해 (거의) 모든 것을 불변으로 만들기 — 239
- 9.7 불변성을 위해 Cow 사용하기 — 240
- 9.8 불변 데이터 구조를 위한 크레이트 — 244
  - 9.8.1 im 사용하기 244 / 9.8.2 rpds 사용하기 245
- 9.9 정리하며 — 247

CHAPTER 10 안티패턴 249

- **10.1** 안티패턴이란? — 250
- **10.2** unsafe 사용하기 — 251
  - 10.2.1 unsafe는 어떤 기능을 하나요? 253
  - 10.2.2 unsafe는 어디에 사용할 수 있나요? 254
  - 10.2.3 언제 unsafe를 사용해야 하나요? 256
  - 10.2.4 unsafe는 위험한가요? 257
- **10.3** unwrap() 사용하기 — 257
- **10.4** Vec을 사용하지 않는 것 — 258
- **10.5** 너무 많은 복제 — 262
- **10.6** 다형성 모방을 위한 Deref 사용 — 263
- **10.7** 전역 데이터와 싱글톤 — 268
- **10.8** 너무 많은 스마트 포인터 — 269
- **10.9** 앞으로 나아갈 방향 — 270
- **10.10** 정리하며 — 271

APPENDIX A 러스트 설치하기 273

- **A.1** 이 책에 필요한 도구 설치하기 — 273
  - A.1.1 Homebrew를 사용하여 맥OS용 도구 설치하기 273
  - A.1.2 리눅스 시스템용 도구 설치하기 274
  - A.1.3 윈도우용 도구 설치하기 274
- **A.2** rustc와 다른 러스트 구성 요소를 rustup 관리하기 — 275
  - A.2.1 rustc 및 기타 구성 요소 설치하기 275
  - A.2.2 rustup으로 기본 툴체인 전환하기 275
  - A.2.3 러스트 구성 요소 업데이트하기 275

찾아보기 — 277

옮긴이 머리말

러스트 프로그래밍 언어는 안전성과 성능, 그리고 현대적인 추상화의 조화를 통해 소프트웨어 개발의 새로운 기준을 제시하고 있습니다. 하지만 러스트의 진정한 힘을 끌어내기 위해서는 단순한 문법 습득을 넘어, 이 언어만의 고유한 설계 패턴과 관용구를 이해하고 활용하는 것이 필수적입니다. 이 책은 초급자부터 고급 개발자까지, 러스트로 더욱 견고하고 효율적인 코드를 작성하고자 하는 모든 프로그래머를 위해 집필되었습니다.

책의 각 장에서는 러스트의 핵심 기능과 디자인 패턴, 실전에서 자주 마주치는 문제 해결 전략을 실제 코드 예제와 함께 다룹니다. 제네릭, 트레이트, 패턴 매칭, 함수형 프로그래밍 등 러스트의 주요 추상화 기법을 체계적으로 설명하며, 반복자, 에러 처리, 전역 상태 관리 등 실용적인 주제까지 폭넓게 아우릅니다. 또한 러스트 커뮤니티에서 널리 사용되고 있는 패턴과 실무에서 바로 적용할 수 있는 모범 사례들을 엄선하여 소개합니다.

이 책을 번역하면서 저 역시 러스트의 설계 철학에 대해 많이 배웠습니다. 독자 여러분이 이 책을 통해 러스트다운 사고방식을 자연스럽게 익히고, 자신만의 소프트웨어 설계 역량을 한 단계 끌어올릴 수 있기를 바랍니다. 이 책이 여러분의 러스트 여정에 든든한 길잡이가 되기를 진심으로 기대합니다.

윤인도

베타리더 후기

 김진영

러스트 실무 경험이 있는 분들에게 적합한 참고서라는 인상을 받았습니다. 책 곳곳에 이해를 돕기 위한 설명이 포함되어 있지만, 중간중간 개념을 찾아 페이지 넘기는 것을 멈추게 되는 경우가 많았습니다. 러스트 초보자라면 이 책이 다소 어려울 수 있습니다. 러스트 실무 경험이 없고 이전에 사용했던 언어들과 결이 달라서인지, 쉽지 않았지만 보람찬 시간이었습니다.

 김호준(씨큐엔에이)

같은 저자가 쓴 《러스트 프로페셔널 코드》(제이펍, 2024)에 이은 유용한 중급 러스트 책입니다. 러스트답게 애플리케이션을 설계하는 방법을 여러 유용한 디자인 패턴 예제를 통해 알기 쉽게 알려줍니다. 이제 막 기초 단계를 벗어나서 중고급 수준의 러스트 프로그래머가 되고자 하는 이들에게 좋은 길잡이가 되어줄 수 있는 책입니다.

박종영(Coupang)

아마도 일반적으로는 러스트를 첫 번째 언어로 배우는 사람은 대한민국 현실상 거의 없을 거라고 생각하지만, 그렇지 않다 하더라도 자바나 자바스크립트, 파이썬 위주로 프로그래밍을 배운 사람들에게 러스트는 쉬운 언어가 아닐 것입니다. 그렇기 때문에 러스트의 문법이나 기본적인 개념을 익혔다 하더라도 익숙해지거나 능숙하게 프로그래밍하는 것은 또 다른 문제인데, 이 책은 그런 가려운 부분을 잘 긁어주는 좋은 책입니다.

윤명식(메가존클라우드)

이 책 《러스트 클린 코드》는 유지보수성과 효율성을 높이는, 말 그대로 '러스트다운' 코드 작성을 위한 필수 지침서이며, 단순 기법을 넘어 API 디자인, 러스트 철학까지 깊이 있게 다룹니다. 소유권, Result/Option 기반 에러 처리, 강력한 이터레이터 등 핵심 관용구를, 원서의 뉘앙스까지 고려한 정확한 용어 선정과 매끄러운 번역으로 온전히 담아냈습니다. 러스트 철학을 깊이 이해하고 실질적인 코드 개선을 원하는 한국 개발자에게 최고의 선택이 될 것입니다. 강력 추천!

 최아름(torder)

이 책은 러스트 프로그래밍 언어를 더 효과적으로 활용할 수 있도록 다양한 디자인 패턴을 소개합니다. 저자는 러스트의 특성을 온전히 표현하는 방법을 고민해서 코드에 상세한 주석과 설명을 덧붙여 자연스럽게 개념을 이해할 수 있도록 돕습니다. 러스트를 써본 사람이라면 익숙한 개념을 새로운 시각으로 바라볼 수 있고, 처음 접하는 사람도 언어에 대한 흥미를 느낄 수 있을 것입니다. 기술적인 내용은 어렵지만, 설명이 유머러스하고 다양한 비유를 활용해 최대한 쉽게 풀어낸 덕분에 끝까지 읽기 수월했습니다.

제이펍은 책에 대한 애정과 기술에 대한 열정이 뜨거운 베타리더의 도움으로
출간되는 모든 IT 전문서에 사전 검증을 시행하고 있습니다.

시작하며

제가 1990년대에 프로그래밍을 배우기 시작했을 때는 지금처럼 쉽게 찾을 수 있는 리소스를 이용할 수 없었습니다. 인터넷에 제대로 접속할 수 없었고, 월드와이드웹은 아직 초기 단계였기 때문에 주로 시행착오에 의존했습니다. 제가 다녔던 중학교 도서관에는 (슬프게도) 컴퓨터 과학 서적이 없었습니다.

몇 년이 지나서야 책과 같은 학습 자료를 접할 수 있었습니다. 그 당시 저는 이미 소스 코드를 읽고, 실험하고, 인터넷 릴레이 채팅Internet Relay Chat, IRC과 포럼에서 질문하는 것만으로도 꽤 많은 것을 배웠습니다. 제 선생님들은 대부분 인터넷에서 만난 친절한 낯선 사람들이었고, 저는 그들의 도움에 감사하고 있습니다.

다행히도 오늘날에는 수많은 양질의 리소스가 제공되기 때문에 프로그래밍을 배우는 것이 그 어느 때보다 쉬워졌습니다. 이 책을 쓰면서 저는 제가 프로그래밍을 배우는 동안 도움이 될 만한 책을 만들고 싶었습니다. 수년 전 인터넷의 친절한 낯선 사람들이 저에게 도움을 주었던 것처럼, 이 책이 여러분에게 도움이 되어 더 나은 프로그래머가 되거나 목표를 달성하는 데 도움이 되기를 바랍니다.

감사의 글

이 책의 초기 초안에 대한 피드백을 주고 다양한 아이디어를 구상하는 데 도움을 준 절친한 친구 자비드 샤이크와 벤 린에게 감사의 말을 전하고 싶습니다. 또한 영감과 지원을 아끼지 않은 엘리너 세이에게도 감사의 말을 전하고 싶습니다. 인내심을 갖고 이해해 준 에이바와 토비아스에게도 감사합니다.

모든 지원과 도움을 주신 매닝 출판사와 직원 여러분께도 감사드립니다. 개발 편집자 카렌 밀러, 기술 교정자 제리 쿠치, 그리고 모든 제작팀원에게도 감사드립니다.

기술 편집자 알랭 쿠니오에게도 특별히 감사드립니다. 알랭은 혁신과 프로그래밍 언어, 특히 기능적 언어에 깊은 관심이 있는 오랜 경력의 IT 전문가입니다. 관심 분야는 임베디드 시스템부터 분산형 엔터프라이즈 애플리케이션, 클라우드 및 고성능 컴퓨팅, 양자 컴퓨팅에 이르기까지 다양합니다. 현재 가장 좋아하는 언어는 러스트입니다.

모든 검토자(알레산드로 캄페이즈, 앤디 스테이너, 찰스 챈, 데이비드 파쿠드, 데이비드 화이트, 에더 안드레스 아빌라 니노, 필립 메찬트, 플로리안 브라운, 게르트 반 라템, 조지 라일리, 주세페 카탈라노, 길라임 슈미드, 존 거스리, 존 크리스티안센, 레프 베이데, 마틴 노박, 스콧 링, 세르지오 브리토스, 김승진, 스테판 베르슈어, 스티븐 와클리, 토마스 록니, 볼커 로스, 월터 알렉산더 마타 로페즈, 윌리엄 휠러, 이브 도프스만)에게 감사의 말을 전합니다. 여러분의 제안은 이 책을 더 나은 책으로 만드는 데 큰 도움이 되었습니다.

이 책에 제시된 패턴은 주로 다른 사람들의 훌륭한 작업에서 파생된 것으로, 적절한 경우 그 공로를 인정합니다. 이 책을 쓰면서 저는 훌륭한 소프트웨어를 작성하는 데 열정을 가진 인터넷의 거인들, 주로 무작위적인 사람들의 어깨 위에 서게 되었습니다. 많은 영리한 사람들이 아름다운 것을 만들어 세상에 공유하고 있다는 사실에 감사하고 겸허한 마음이 듭니다.

이 책에 대하여

이 책은 초급자부터 고급 개발자까지 광범위한 러스트 프로그래머를 대상으로 작성된 러스트 프로그래밍 언어의 디자인 패턴과 모범 사례 모음입니다. 이 책의 일부는 이론적인 접근 방식을 취하고 있지만 대부분은 실제 사용에 중점을 두고 있습니다. 제 목표는 관용적인 러스트 코드를 작성하고 러스트의 기능을 효과적으로 사용하는 방법을 알려줌으로써 더 나은 러스트 프로그래머가 될 수 있도록 돕는 것입니다.

이 책은 실용적인 러스트에 대한 좀 더 일반적인 안내서인 저의 다른 책인 《러스트 프로페셔널 코드》(제이펍, 2024)에서 발전한 것으로, 초보자가 이 책을 읽기 전에 시작하기에 좋은 책이 될 수 있습니다.

이 책의 원래 작업 제목은 '러스트 디자인 패턴'이었으며, 《GoF의 디자인 패턴》(프로텍미디어, 2015)에서 영감을 얻었습니다. 이 책은 원서의 패턴을 러스트로 직접 번역한 것은 아니지만, 원서의 디자인 패턴에서 영감을 얻은 러스트 전용 패턴과 사례를 모아놓은 책입니다. 또한 이 책이 디자인 패턴 그 이상을 다루고 있다는 것이 분명해져서 제목을 《러스트 클린 코드》로 변경했습니다.

이 책은 어떻게 다른가요?

이 책은 러스트에 대한 포괄적인 가이드나 구문 또는 표준 라이브러리 함수에 대한 참조 매뉴얼이 아닙니다. 이 책에 소개된 패턴과 실습은 더 나은 러스트를 작성하고 러스트를 더 깊이 이해하고 효과적으로 사용하는 방법을 알려주기 위해 고안되었습니다.

이 책에서 다루는 많은 내용은 공식 러스트 문서와 리소스에서 반드시 설명하거나 문서화하지는 않은 패턴과 실습에 초점을 맞추고 있습니다. 그러나 이러한 패턴은 여전히 많은 러스트 코드베이스에서 사용되고 있습니다. 이러한 패턴이 항상 러스트에 고유한 것은 아니지만, 여기서는 러스트 프로그래밍의 맥락에서 소개합니다.

이 책은 누가 읽어야 하나요?

이 책은 모든 기술 수준의 러스트 프로그래머를 위한 책이지만, 초보 러스트 프로그래머에게는 일부 내용이 어렵게 느껴질 수 있습니다. 이 책은 러스트에 대한 초보자 가이드가 아니며, 러스트 프로그래밍 언어에 어느 정도 익숙하다고 가정합니다.

독자들이 고전적인 디자인 패턴에 익숙하다면 큰 도움이 될 것입니다. 《GoF의 디자인 패턴》을 참고하면 이 책에서 설명하는 원래의 디자인 패턴과 사례를 참조하는 데 큰 도움이 됩니다.

이 책의 구성 방식

이 책은 네 부분으로 구성되어 있으며, 각 부분은 러스트 프로그래밍의 특정 측면을 다루는 장들로 구성됩니다.

1부에서는 러스트의 핵심 기능과 빌딩 블록을 살펴봅니다.

- 1장에서는 책의 내용을 설명하고 디자인 패턴을 소개합니다.
- 2장에서는 러스트의 기본 빌딩 블록을 소개합니다.
- 3장에서는 패턴 매칭과 함수형 프로그래밍을 검토합니다.

2부에서는 러스트의 핵심 패턴과 라이브러리 디자인에 대해 자세히 설명합니다.

- 4장에서는 러스트의 핵심 패턴을 소개합니다.
- 5장에서는 러스트 디자인 패턴을 소개합니다.
- 6장에서는 라이브러리 디자인에 대해 설명합니다.

3부에서는 러스트의 고급 패턴을 다룹니다.

- 7장에서는 러스트의 고급 기법과 패턴에 대해 설명합니다.
- 8장에서는 7장의 주제를 기반으로 구축합니다.

4부에서는 문제를 방지하고 견고한 소프트웨어를 구축하는 방법을 설명합니다.

- 9장에서는 불변성과 러스트에서 불변성을 사용하는 방법을 설명합니다.
- 10장에서는 몇 가지 안티패턴을 제시하고 이를 피하는 방법을 보여줍니다.

이 책을 읽는 방법

이 책을 처음부터 끝까지 읽거나 가장 관심 있는 장으로 건너뛸 수 있습니다. 각 장은 독립적으로 구성되어 있어 어떤 순서로든 읽을 수 있지만, 일부 장에서는 이전 장의 개념이나 패턴을 참조합니다. 러스트 경험이 적은 프로그래머의 경우 패턴이 서로를 기반으로 구축되므로 책을 순서대로 읽는 것이 도움이 될 수 있습니다.

코드 샘플을 사용해 보고 책에 설명된 패턴과 실습을 실험해 볼 수 있도록 컴퓨터를 가까이 두고 책을 읽는 것이 좋습니다. 프로그래밍을 배우는 가장 좋은 방법은 직접 해보는 것이므로 코드 샘플을 실험해 보고 패턴과 사례를 프로젝트에 적용하는 것이 좋습니다. 코드 샘플은 자유 라이선스로 제공되므로 프로젝트에서 재사용할 수 있습니다.

《생각을 넓혀주는 독서법》(시간과공간사, 2024)에 설명된 대로 이 책을 여러 번 읽으면 최대한의 효과를 얻을 수 있습니다. 처음 읽을 때는 이 책에서 제시하는 패턴과 사례를 이해하는 데 집중할 수 있습니다. 이후에는 패턴과 사례를 프로젝트에 적용하고 코드 샘플을 실험해 보는 데 집중하세요.

코드 정보

이 책에는 수많은 원본 코드 샘플이 포함되어 있습니다. 소스 코드의 사본을 얻으려면 깃허브 GitHub에서 호스팅되는 로컬 컴퓨터에서 이 책의 깃Git 리포지터리(https://github.com/brndnmtthws/idiomatic-rust-book)를 복제할 수 있습니다. 제시된 코드 샘플은 대부분 부분적인 것이므로 전체 코드를 보려면 소스 코드를 참조해야 합니다.

책 본문의 소스 코드는 줄바꿈, 들여쓰기, 컴파일(책에 표시된 의도적인 오류) 등 서식 및 기타 표현 관련 고려사항으로 인해 책 리포지터리에 있는 코드와 약간 다를 수 있습니다.

소스 코드의 예는 번호가 매겨진 코드 및 일반 텍스트와 함께 인라인으로 표시됩니다. 두 경우 모두 소스 코드는 일반 텍스트와 구분하기 위해 고정폭 글꼴로 서식이 지정되어 있습니다. 때로는 새로운 기능이 기존 코드에 추가되는 경우와 같이 해당 장의 이전 단계에서 변경된 코드를 강조하기 위해 코드를 굵은 글씨로 표시하기도 합니다.

대부분의 경우 원본 소스 코드의 서식이 변경되었으며, 책의 페이지 공간에 맞게 줄바꿈과 재작업된 들여쓰기가 추가되었습니다. 드물게는 이러한 변경으로도 충분하지 않아 줄바꿈 마커(➥)가 포함된 코드도 있습니다. 또한 코드가 텍스트에 설명되어 있는 경우에는 주석이 코드에서 제거될 수 있습니다. 주석은 많은 코드와 함께 제공되어 중요한 개념을 강조합니다.

시간이 지나면서 러스트 언어와 생태계가 발전함에 따라 이 책의 코드 샘플은 구식이 될 수 있습니다. 하지만 이 책의 저장소에 있는 코드는 최신 변경사항을 반영하도록 업데이트될 예정입니다. 최신 코드 샘플은 이 책의 리포지터리를 참조하는 것이 좋습니다.

깃에서 다음 명령을 실행하여 책의 코드 사본을 컴퓨터에 로컬로 복제할 수 있습니다.

```
$ git clone https://github.com/brndnmtthws/idiomatic-rust-book
```

이 책의 코드는 리포지터리 내의 장 및 절별 디렉토리에 구성되어 있으며, 각 절은 주제별로도 구성되어 있습니다. 이 코드는 MIT(매사추세츠 공과대학교) 라이선스에 따라 라이선스가 부여되어 있으며, 이 라이선스는 코드 샘플을 복사하여 자신의 작업의 기초로 사용해도 좋다는 허용적인 라이선스입니다.

이 책의 라이브북(온라인) 버전에서 실행 가능한 코드 스니펫은 https://livebook.manning.com/book/idiomatic-rust에서 다운로드할 수 있습니다. 이 책의 예제에 대한 전체 코드는 매닝 웹사이트(https://www.manning.com/books/idiomatic-rust)와 깃허브(https://github.com/brndnmtthws/idiomatic-rust-book)에서 다운로드할 수 있습니다.

_____ 표지에 대하여

책 표지에 실린 그림은 〈L'agent de change(주식 중개인)〉라는 제목이 붙어 있고, 이 그림은 1841년에 출간된 루이 커머Louis Curmer의 화집에서 가져온 것입니다.

당시 사람들은 어디에 살고 있으며, 무엇을 사고파는지, 어떤 계층에 속하는지를 단지 옷차림만으로도 쉽게 확인할 수 있었습니다. 매닝 출판사는 몇 세기 전 여러 지역의 다채로운 생활상을 보여주는 이러한 그림을 표지에 실어 IT 업계의 독창성과 진취성을 기리고자 합니다.

PART I
구성 요소

이 책을 시작하면서 러스트 설계 패턴의 기본 구성 요소 몇 가지를 살펴보겠습니다. 이러한 구성 요소는 이 책의 후반부에서 다룰 복잡한 패턴을 이해하는 데 필수적이며, 좀 더 관용적인 러스트 코드를 작성하는 데 도움이 됩니다. 이러한 구성 요소 중 일부는 러스트에 특화된 것이고, 일부는 러스트에서 특히 중요한 좀 더 일반적인 프로그래밍 개념입니다.

이러한 구성 요소는 사실상 이 책의 핵심 어휘라고 할 수 있으며, 러스트 언어의 핵심 기능을 구성하고 있습니다. 이를 분자의 원자로 생각하면 되는데, 원자들을 다양한 방식으로 결합해 복잡한 물질이나 패턴을 만들 수 있습니다. 이러한 패턴을 결합하고 설계하여 끝없이 다양한 소프트웨어 시스템을 만들 수 있습니다.

탄탄한 기초 위에 세심한 주의를 기울여 견고하고 튼튼한 구조를 구축한다면 우리는 더 높은 곳에 도달할 수 있습니다. 러스트는 훌륭한 기반을 제공하지만, 궁극적으로 도구와 구성 요소를 효과적으로 사용하는 방법을 결정할 책임은 개발자에게 있습니다.

PART I
Building blocks

CHAPTER 1

러스트다운 패턴

이번 장에서 다루는 내용
- 이 책에서 다루는 내용
- 디자인 패턴이란?
- 이 책이 다른 이유
- 필요한 도구

이 책을 통해 초급, 중급, 고급 러스트 프로그래머 모두 러스트 실력을 향상할 수 있습니다. 초보자라면 디자인 패턴을 공부하는 것이 러스트 언어의 기초를 다지는 훌륭한 방법이지만, 이 책의 일부 내용이 어려울 수 있기 때문에 다른 자료를 참고하면서 공부해야 할 수도 있습니다. 이 책은 고품질의 러스트 코드를 작성하기 위한 다양한 기술을 제시하지만, 여기서는 러스트 커뮤니티에서 널리 사용되고 인정받은 패턴, 관용구 및 규칙에 초점을 맞출 것입니다.

디자인 패턴은 모든 프로그래머가 양질의 코드를 작성하는 데 사용할 수 있는 강력한 추상화 방법입니다. 인간은 패턴 인식에 뛰어나기 때문에 잘 이해되고 쉽게 알아볼 수 있는 패턴대로 코드를 작성하면 두 가지 장점이 있습니다. 첫째, 코드의 디자인이 좋은지 나쁜지 쉽게 판단할 수 있습니다. 예를 들어, 잘 알려진 패턴을 따르면 나쁜 코드를 만들지 않을 수 있습니다. 둘째, 다른 사람들이 우리가 작성한 코드를 쉽게 이해하도록 할 수 있습니다.

코드를 읽는 것은 코드를 작성하는 것보다 더 어려운 경우가 많습니다. 잘 알려진 패턴을 따르는 다른 사람의 코드를 읽을 때 그 패턴을 인식하면 코드가 무엇을 하고 있는지 파악하기가 더 쉬워집니다. 가장 일반적인 패턴을 인식하도록 훈련하면 코드 품질을 판단하는 일을 관리하기가 훨씬 더 쉬워지고, 따라서 실수를 줄일 수 있습니다. 우리의 뇌가 수백만 년 동안 진화하면서 만들어진 패턴 인식의 이점을 살려서 코드의 품질을 더 쉽게 판단할 수 있습니다.

코드를 작성할 때 어떤 상황에 어떤 패턴을 적용해야 하는지 알면 더 짧은 시간에 좋은 코드를 작성하는 데 도움이 됩니다. 이러한 지식은 다른 상황에서 어떤 데이터 구조나 알고리즘을 사용할지, 그리고 그에 따른 장단점을 파악하는 것과 다르지 않습니다.

이 책에서는 무조건적으로 따라야 하는 필수 행동 강령과 같은 것은 별로 찾아볼 수 없을 것입니다. 대신 각 패턴을 사용해야 하는 이유를 최선을 다해 설명할 것입니다. 여러분은 프로그래머로서 이 책에 제시된 패턴에서 벗어나 자신만의 디자인을 자유롭게 실험해 볼 수 있습니다. 하지만 저는 일반적으로 실험보다는 관례를 더 선호하는 편입니다.

비유하자면 저는 수십, 수백 가지의 메뉴를 훑어보고 어떤 것이 가장 좋은지 고민하는 것보다 셰프가 제철 메뉴로 미리 선정한 한두 가지 메뉴를 제공하는 레스토랑에 가는 것을 좋아합니다. 최고의 레스토랑은 일반적으로 엄선된 요리를 제공하는데(셰프의 좋은 취향을 믿으면 됩니다), 이 책에서도 그렇게 하기를 바랍니다.

이 책의 많은 코드 샘플은 부분적인 내용만을 담고 있지만, 작동하는 전체 코드 샘플은 깃허브(https://github.com/brndnmtthws/rust-advanced-techniques-book)에서 찾을 수 있습니다. 이 코드는 MIT Massachusetts Institute of Technology 라이선스에 따라 사용, 복사, 수정이 제한 없이 허용됩니다. 가능하다면 이 책을 최대한 활용하기 위해 전체 코드를 직접 사용해 보시기 바랍니다. 코드 샘플은 리포지터리 내의 장별로 구성되어 있지만 일부 예제는 여러 절 또는 장에 걸쳐 있으며 주제에 따라 이름이 지정되어 있습니다. 이 책의 코드 샘플은 명확성, 간결성, 인쇄 적합성을 위해 편집되었으므로 리포지터리에 있는 코드 샘플과 약간 다를 수 있습니다.

1.1 이 책에서 다루는 내용

이 책에서는 다양한 관용구, 패턴, 디자인 패턴을 소개합니다. 이러한 패턴 중 일부는 러스트에만 적용되는 것이고, 다른 일부는 러스트의 고유한 기능, 문법, 구문의 틀 안에서 새로운 형식으로 제시된 오래된 아이디어입니다.

이 책은 이러한 패턴을 이해하고 적용해 소프트웨어 설계와 아키텍처를 개선하는 것을 목표로 합니다. 이러한 패턴을 배우고 사용하면 좀 더 효율적이고 유지 관리가 용이하며 확장 가능한 코드를 작성할 수 있습니다. 책 전반에 걸쳐 각 패턴이 왜 중요한지, 실제 시나리오에서 어떻게 적용할 수 있는지 등 각 패턴을 설명합니다. 또한 각 패턴을 사용할 때의 장단점과 고려해야 할 사항에 대해서도 설명합니다.

단, 디자인 패턴을 맹목적으로 따라 해서는 안 된다는 점에 유의할 필요가 있습니다. 패턴은 특정 요구사항에 맞게 조정하고 수정할 수 있는 도구입니다. 프로그래머는 이 책에 제시된 패턴을 자유롭게 실험하고 변형하여 자신만의 독특한 디자인을 만들 수 있습니다. 이 책을 다 읽고 나면 러스트의 다양한 관용구, 패턴, 디자인 패턴을 확실히 이해하고 자신의 프로젝트에 효과적으로 적용할 수 있는 지식과 기술을 갖추게 될 것입니다.

《GoF의 디자인 패턴》에서 설명하는 많은 디자인 패턴은 엄밀히 말해 C++의 객체 지향 프로그래밍Object-Oriented Programming, OOP과 관련이 있습니다. 러스트는 이러한 패턴 중 일부를 개선하거나 반복자iterator 같은 기능을 표준 라이브러리에 포함시키는 훌륭한 작업을 해왔습니다. OOP의 종말은 크게 과장되기는 했지만, 러스트의 추상화는 자세히 들여다보면 더 직관적으로 이해가 됩니다.

OOP는 종종 과도한 상용구boilerplate 코드와 지나치게 복잡한 패턴으로 이어지곤 합니다. 때로는 객체 지향 프로그래밍에서 복잡성 그 자체를 위해 복잡성을 정당화하며, 과도하게 복잡한 논리를 펼치기도 합니다. 그러나 복잡한 시스템은 단순한 시스템보다 더 급격하게 실패하는 경향이 있으며 이해하기도 더 어렵습니다.

저는 소프트웨어 설계와 아키텍처에 대한 러스트의 접근 방식이 참신하다고 생각하며 여러분도 그렇게 생각하시길 바랍니다. 러스트 언어 설계자들은 레거시legacy OOP의 많은 부분을 버리고 대신 고품질 소프트웨어를 구축하는 데 필요한 요소에 집중했습니다. 러스트는 C++나 자바Java 같은 언어들에서 흔히 보이는 지나친 복잡성을 추구하지 않습니다.

1.2 디자인 패턴이란?

디자인 패턴design pattern이 무엇인지 정의하는 것은 조금 까다롭습니다. 대부분은 자세히 코드를 들여다보다가 알게 되는 경우가 많습니다. 더 많은 패턴을 배울수록 패턴을 인식하고 같은 패턴을 구현하는 것이 더 쉬워집니다. 가장 일반적인 디자인 패턴들을 학습해 두면 패턴을 즉시 인식하고 빠르게 구현할 수 있게 될 것입니다. **패턴**은 여러 상황에서 반복되는 경우가 많습니다. **디자인 패턴**은 소프트웨어를 합리적으로 설계하고 구조화하는 데 도움이 되는 높은 수준의 추상화입니다.

디자인 패턴의 일부 속성은 특정 프로그래밍 언어에 국한되지 않고 모든 패턴에 공통적으로 적용됩니다. 이러한 속성은 다음과 같습니다(이 목록이 모든 경우를 담고 있지는 않습니다).

- 디자인 패턴은 **재사용**이 가능합니다.
- 디자인 패턴은 다양하고 폭넓게 적용될 수 있습니다.
- 디자인 패턴은 다른 사람의 코드가 어떻게 작동하는지 쉽게 유추할 수 있는 방식으로 문제를 해결합니다.
- 숙련된 개발자들은 디자인 패턴을 잘 이해하고 있습니다.
- 잘 정립된 패턴을 따르지 않는 코드는 **안티패턴**antipattern의 범주에 속할 수 있습니다.

마지막 항목과 관련해서는 '이건 내가 새로 만든 멋진 패턴인데'라고 생각할 수도 있습니다. 그럴 수도 있지만, 패턴이 널리 사용되고 이해되기 전까지는 다른 사람들이 이해하거나 사용하길 기대하는 것은 좋은 생각이 아닐 것입니다. 훌륭한 디자인 패턴은 시간이 지남에 따라 널리 채택되고 이해와 추론이 쉬워집니다.

디자인 패턴은 새로운 소프트웨어 디자인을 위한 친숙한 템플릿을 제공하면서 구현 세부 사항에서 많은 자유를 허용하기 때문에 절대적으로 고수해서는 안 됩니다. 좋은 디자인 패턴은 작성자에게 최소한의 제약을 가하면서 광범위한 분야에 적용됩니다. 디자인 패턴은 새로운 언어 기능과 패러다임이 등장함에 따라 진화하며, 지난 수십 년 동안 많은 핵심 패턴의 본질은 거의 변하지 않았습니다.

이 책에서는 **패턴**과 **디자인 패턴**에 대한 포괄적인 정의를 사용합니다. 저는 러스트 커뮤니티에서 널리 사용되고 이해되는 기법, 관용구, 규칙을 **패턴**이라고 부릅니다. 이러한 패턴은 여러 구조와 구성 요소를 포함하는 크고 복잡한 것부터 단일 함수나 메서드로 구성된 작고 단순한 것까지 다양합니다. 반면에 저는 코드 설계를 위한 템플릿 역할을 하고 일반적인 프로그래밍 문제를 해결하는 데 널리 적용되는 패턴을 **디자인 패턴**이라고 부를 것입니다. 이 책에서는 **패턴**과 **디자인 패턴**을 혼용해서 사용하지만, 일반적으로 **패턴**은 **디자인 패턴**의 하위 집합이라고 생각하면 편리합니다.

> **안티패턴이란?**
>
> **안티패턴**은 디자인 패턴의 사악한 사촌입니다. 우리는 보통 디자인 패턴을 특정 종류의 문제를 해결하는 올바른 방법이라고 말하는데, 안티패턴은 특정 종류의 문제를 해결하는 잘못된 방법이라고 할 수 있습니다. 이 책에서는 안티패턴에 대해 자세히 설명하지 않습니다. 대부분의 경우 러스트는 안티패턴을 만드는 것 자체가 어렵도록 설계되었기 때문입니다.
>
> 안티패턴은 (대부분의 경우) 잘못된 도구로 잘못된 작업을 하는 것입니다. 나사를 박을 때 망치를 사용하지 않고, 못을 박을 때 드라이버를 사용하지 않듯이 말입니다.
>
> 안티패턴에 대해서는 10장에서 자세히 설명할 테지만, 책 전체에 걸쳐 특정 패턴을 사용해서는 안 되는 경우를 소개하겠습니다.

패턴과 **관용구**idiom의 정의와 구분 방법에 대해서도 설명하겠습니다. 둘의 차이점에 대해 여러 가지를 정의할 수 있지만 두 가지 핵심에 초점을 맞추겠습니다. 관용구는 일반적으로 코드 자체와 관련이 있고 패턴은 일반적으로 소프트웨어의 설계 및 아키텍처와 관련이 있다는 점입니다. 다른 방식으로 표현하자면 패턴은 관용구로 구성되어 있습니다. 예를 들어, `for` 루프보다 반복자를 선호하는 패턴은 관용구라고 할 수 있습니다. 하지만 변수 이름에 스네이크 케이스snake case를 사용하는 관용구는 패턴이 아닙니다. 관용구는 일반적으로 명명 규칙, 코드 스타일 및 기타 저수준의 세부 사항과 같은 구문 및 코드 형식과 관련이 있습니다.

계층적 의미에서 보면 그림 1.1과 같이 관용구는 가장 낮은 수준의 추상화, 디자인 패턴은 중간 수준, 전체 아키텍처는 가장 높은 수준의 추상화라고 생각할 수 있습니다. 모든 시스템의 구조는 작은 디자인 패턴의 집합이고, 각 디자인 패턴은 관용구들로 구성되어 있습니다.

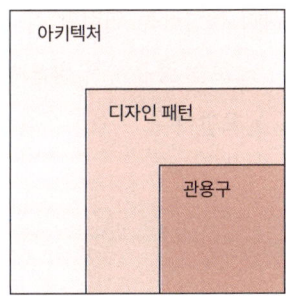

그림 1.1 관용구, 패턴, 아키텍처의 계층도

구어체와 문어체를 비교하는 것과 같은 방식으로 디자인 패턴과 프로그래밍 언어에 대해서도 생각해 볼 수 있습니다. 언어는 계속 진화하고 새로운 단어가 만들어지며 오래된 단어와 문구는 유행에서 멀어집니다.

만일 나만 알고 있는 단어나 문구를 다른 사람에게 이야기하면 다른 사람들은 이해하기 어려울 것입니다. 언어의 요점은 아이디어를 쉽게 전달하고, 다른 사람이 이해하고, 다른 사람과의 유대감을 느끼는 것입니다. 프로그래밍의 맥락에서 소프트웨어의 사회적 통념을 거부하고 혼자만의 길을 가는 것도 괜찮을 수 있습니다. 그러나 다른 사람들은 여러분의 코드를 이해하는 데 어려움을 겪을 것이고 여러분의 코드에 기여하거나 여러분과 함께 작업하고 싶지 않을 가능성이 높습니다. 경우에 따라서는 사회적 통념과 개인의 신념 사이의 절충안이 필요하기도 하지만 소프트웨어는 고객, 사용자, 관리자, 동료 등이 포함된 사회적 맥락에서 사용되는 경우가 많습니다. 모두가 연결되어 있습니다.

디자인 패턴에 대한 글을 쓸 때 프로그래머들 사이에서 디자인 패턴의 정석 또는 표준 교과서로 잘 알려진 《GoF의 디자인 패턴》을 언급하지 않을 수 없습니다. 에릭 감마Erich Gamma, 리처드 헬름Richard Helm, 랄프 존슨Ralph Johnson, 존 블리시디스John Vlissides가 저술했으며, C++와 스몰토크Smalltalk로 작성된 예제가 포함되어 있습니다.

이 책에 소개된 일부 패턴은 이후 많은 프로그래밍 언어에 핵심 기능으로 추가되었습니다. 가장 좋은 예는 아마도 반복자일 것입니다. 반복자 패턴은 데이터 구조의 요소를 반복하는 문제를 잘 해결하면서도 쉽게 이해되기 때문에 거의 모든 프로그래밍 언어와 핵심 라이브러리에 포함되었습니다. 반복자를 처음부터 구현하여 작동 방식을 배우는 것도 흥미로운 일이지만, 대부분의 언어에는 이미 동등한 기능이 내장되어 있습니다.

제가 훌륭한 소프트웨어 설계의 세 가지 기둥이라 부르는 것에는 알고리즘, 데이터 구조, 디자인 패턴이 해당됩니다(그림 1.2). 소프트웨어 작성자는 이러한 각 기둥을 이해하고 효과적으로 적용해야 합니다. 디자인 패턴을 배우는 것만으로는 충분하지 않으며, 좋은 소프트웨어를 구축하려면 알고리즘과 데이터 구조에 관한 지식도 필요합니다.

그림 1.2 좋은 소프트웨어 설계를 구성하는 3개의 기둥

요약하자면, 디자인 패턴은 프로그래밍 언어의 핵심 문법과 구문보다 높은 수준의 추상화로서 아이디어를 효과적으로 전달하고 고품질 코드를 생성할 수 있게 해줍니다. 좋은 의사소통은 메시지를 받는 사람이 아니라 메시지를 전달하는 사람의 책임이지만, 받는 사람이 같은 언어를 사용한다면 분명 도움이 됩니다.

1.3 이 책이 다른 이유

《GoF의 디자인 패턴》이 출간된 이후 디자인 패턴에 관한 책들이 많이 나왔고, 그런 의미에서 이 책도 그 이후의 책들과 다르지 않습니다. 하지만 이 책에서는 러스트에 특화된 몇 가지 아이디어를 제시합니다. 러스트의 인기가 계속 높아지고 사용이 점점 늘어나면서 러스트에서 사용하는 패턴을 목록화하고, 문서화하고, 설명하는 것이 필수가 되었습니다.

이 책은 《GoF의 디자인 패턴》과 달리 디자인 패턴의 목록이 아니라 특정 패턴과 예제, 구현에 대한 토론과 탐구를 담고 있습니다. 패턴을 목록으로 분류하지 않는 이유는 두 가지입니다. 패턴은 단순한 템플릿이나 상용구가 아니며, 패턴을 복사하여 붙여넣는 것으로는 완전한 코드를 완성하는 데 10%(또는 그 이하) 정도만 도달할 수 있기 때문입니다. 이 책은 지식과 개인적인 성장에 대한 욕구가 있는 독자를 위한 책입니다.

음식에 비유하자면, 라자냐와 같은 특정 요리는 여러 코스와 음료, 완벽한 서비스를 포함하는 상당한 식사 경험의 일부인 디자인 패턴이 될 수 있습니다. 셰프의 진정한 과제는 요리를 어떻게 만들지, 재료를 어디서 조달할지, 모든 것을 한데 모아 어떻게 식욕을 돋우는 방식으로 음식을 선보일지 결정하는 것입니다(레스토랑에서 일해 본 사람이라면 누구나 알다시피 요리는 비주얼이 가장 중요합니다). 프로그래밍은 과학이자 예술이며, 단순한 코드 라인 그 이상의 고도로 창의적인 노력입니다. 모방은 한계가 있습니다.

러스트의 고유한 언어 기능으로 인해 API 설계와 고품질 코드를 작성할 때는 좀 더 많은 고민이 필요합니다. 특히 메모리와 객체 수명을 관리하고, 콘텍스트 간에 값을 전달하고, 경합 조건을 피하고, API가 사용자 친화적인지 확인하는 방법에 대해 더 많이 생각해야 합니다. 또한 러스트는 새로운 패턴을 만들거나 발견할 수 있는 새로운 기회로 가득하며, 분명 이 책이 출간된 이후에도 발전해 나갈 것입니다. 화성에 가기 위해서는 화성에 갈 수 있는 로켓을 만들어야 하고, 7개월의 여정 동안 발생할 무수한 문제도 해결해야 합니다.

러스트는 전적으로 커뮤니티의 노력으로 발전한 언어라는 점에서 독특하고 유쾌하며 멋진 언어입니다. 이 언어의 추상화는 새로운 패턴을 만들어 냄과 동시에 오래된 패턴을 쓰지 않아도 되게 만듭니다. 언어의 문법을 배우는 것도 중요하지만, 훌륭한 러스트 코드를 작성하려면 올바른 패턴을 적재적소에 올바르게 사용해야 합니다.

1.4 필요한 도구

이 책에는 MIT 라이선스에 따라 무료로 제공되는 코드 샘플 모음이 포함되어 있습니다. 코드 샘플은 인터넷에 연결된 컴퓨터와 지원되는 운영체제(https://mng.bz/JZpa)가 있어야 하며, 표 1.1에 표시된 도구가 설치되어 있어야 합니다. 도구 설치에 관한 자세한 내용은 부록을 참고하세요.

표 1.1 필수 도구

이름	설명
`git`	이 책의 소스 코드는 깃허브에서 호스팅되는 공개 저장소(https://github.com/brndnmtthws/idiomatic-rust-book)에 저장되어 있습니다.
`rustup`	러스트 구성 요소를 관리하기 위한 러스트의 도구. `rustup`은 `rustc` 및 기타 러스트 구성 요소의 설치를 관리합니다.
`gcc` 또는 `clang`	특정 코드 샘플을 빌드하려면 `gcc` 또는 `clang`이 설치되어 있어야 합니다. 대부분의 경우 `clang`이 가장 적합합니다. 책에서 `clang` 명령이 등장하는 경우 `gcc`로 자유롭게 바꾸어서 사용할 수 있습니다.

1.5 정리하며

- 좋은 디자인 패턴은 재사용이 가능하고, 광범위하게 적용 가능하며, 일반적인 프로그래밍 문제를 해결할 수 있습니다.
- 좋은 디자인 패턴의 특징은 시간이 지남에 따라 널리 채택되고 이해하기 쉽고 추론하기 쉽다는 것입니다.
- 안티패턴은 잘 이해되지 않거나, 구체적이지 않거나, 위험성이 있다고 여겨지는 디자인 패턴입니다.
- 이 책에서는 러스트 언어와 그 도구가 제공하는 고유한 기능을 활용하는 러스트에 특화된 디자인 패턴을 소개합니다.
- 러스트, 깃Git의 최신 버전과 GNU의 GCC 또는 LLVM의 Clang 같은 최신 컴파일러가 설치되어 있어야 합니다.
- 이 책을 최대한 활용하려면 https://github.com/brndnmtthws/idiomatic-rust-book에서 코드 샘플을 따라 해보세요.

CHAPTER 2

러스트의 기본 구성 요소

이번 장에서 다루는 내용
- 러스트의 핵심 패턴 살펴보기
- 러스트 제네릭 자세히 알아보기
- 트레이트 살펴보기
- 제네릭과 트레이트 결합하기
- 자동으로 트레이트 파생하기

이번 장에서는 **구성 요소**building block라고 부르는 러스트의 가장 중요한 추상화 요소와 기능 몇 가지를 소개할 것입니다. 이것들은 러스트의 거의 모든 디자인 패턴의 기초가 되는 요소들입니다. 다른 패턴을 더 자세히 살펴보기 전에 이러한 구성 요소를 검토하고 이해하는 것이 중요합니다. 일부 독자에게는 이 장이 언어의 기초를 복습하는 것처럼 보일 수 있지만, 이 장은 고급 주제를 위한 기반이 되기 때문에 건너뛰지 않는 것이 좋습니다.

러스트의 제네릭generic과 트레이트trait에 대해 논의하는 것으로 시작하겠습니다. 이는 러스트의 패턴 매칭 및 기능적 특징(3장에서 설명)과 함께 러스트의 거의 모든 디자인 패턴의 핵심 구성 요소입니다.

2.1 제네릭

제네릭은 기본 문법을 배운 다음 가장 먼저 배워야 할 큰 주제 중 하나입니다. 러스트의 제네릭은 메타프로그래밍을 강화하는 컴파일 타임compile-time에 동작하는 타입 세이프type-safe 추상화 방식이며, 함수 및 구조 정의에서 구체적인 타입 대신 플레이스홀더placeholder를 사용할 수 있게 해줍니다. 제네릭(2.2절에서 설명할 트레이트와 결합)을 사용하면 가능한 모든 타입을 명시적으로 정의할 필요가 없는 방식으로 타입 세이프 프로그래밍을 할 수 있습니다.

가장 일반적인 방식은 제네릭을 사용하여 모든 타입에서 작동하는 구조체, 함수, 트레이트를 정의하는 것입니다. 정수, 부동소수점 또는 문자열로 작동하는 함수를 만들 때 각 타입에 대해 동일한 함수를 여러 번 작성하는 것은 바람직하지 않습니다.

제네릭을 사용하면 가능한 모든 타입 조합이나 다른 용도를 알 필요 없이 여러 타입으로 구성된 타입을 만들 수 있습니다. 제네릭은 컴파일 타임 추상화이므로 제네릭을 사용해도 런타임 오버헤드runtime overhead나 비용이 발생하지 않습니다. 하지만 제네릭은 컴파일 시 복잡성을 증가시킵니다.

러스트의 제네릭은 C++의 템플릿 및 자바의 제네릭과 유사하므로 이러한 언어 사용자라면 처음부터 친숙하게 느껴질 것입니다. C에서는 매크로가 제네릭 메타프로그래밍을 수행하는 방법으로 사용되기도 하지만, C의 매크로는 러스트, C++, 자바의 제네릭처럼 타입 세이프가 **아닙니다.**

일부 언어는 뒤늦게 제네릭 기능을 추가했지만 러스트는 (대부분) 처음부터 제네릭을 염두에 두고 설계되었습니다. 그 결과 제네릭은 언어 내의 거의 모든 곳에서 자연스럽게 사용되고 있습니다.

2.1.1 튜링 완전성 타입 시스템

러스트는 튜링 완전성 타입 시스템을 갖고 있습니다. 제네릭을 사용하면 컴파일 타임에 실행되는 프로그램을 작성할 수 있는데, 이는 컴파일러를 CPU로 사용하는 것과 비슷한 방식입니다. **튜링 완전성**Turing-completeness이란 러스트의 타입 시스템이 튜링 머신Turing machine으로 계산할 수 있는 모든 연산을 표현할 수 있다는 뜻으로, 즉 계산 가능한 모든 것을 계산할 수 있다는 뜻입니다. 타입 시스템에서 튜링 완전성이 중요한 이유는 런타임이 아닌 컴파일 타임에 무엇이든 계산할 수 있어 몇 가지 흥미로운 기능을 사용할 수 있기 때문입니다.

계산에 타입을 사용하는 한 가지 예는 러스트의 타입 시스템으로 구현된 민스키 머신입니다 (https://github.com/paholg/minsky). **민스키 머신**Minsky machine은 튜링 머신과 계산 방식이 동일한 레지스터 기반의 카운터 머신으로, 민스키 머신을 간단한 CPU와 비슷하다고 생각할 수 있습니다.

따라서 러스트의 타입 시스템을 사용해 민스키 머신을 구축할 수 있다면 계산 가능한 모든 것을 효과적으로 계산할 수 있습니다.

러스트의 가치를 활용하기 위해 타입 시스템의 튜링 완전성에 대해 크게 걱정할 필요는 없으며, 실제로는 타입 시스템을 계산에 사용할 필요가 없을 것입니다. 대부분의 사람들에게 튜링 완전성 타입 시스템의 주요 이점은 안전성과 뛰어난 성능입니다.

2.1.2 왜 제네릭인가?

러스트와 같은 정적 타입 언어에서는 컴파일러가 컴파일 타임에 모든 타입을 알고 있어야 합니다. 실행 전 컴파일 타임에 타입 정보를 요구하는 것은 런타임에 타입을 결정하는 파이썬Python이나 루비Ruby 같은 동적 타입 언어와 대조적입니다. 제네릭을 사용하면 개발자가 컴파일 타임에 타입을 알 필요 없이 모든 타입에서 작동하는 코드를 작성할 수 있습니다. 대신 컴파일러가 타입을 알아내도록 합니다.

저희는 제네릭을 사용하여 코드베이스 전체에서 **DRY**Don't Repeat Yourself(반복하지 않기) 원칙을 따릅니다.

타입 시그니처만 다를 뿐인 동일한 코드를 여러 곳에서 작성하는 것은 골치 아픈 일입니다.

제네릭의 단점은 코드를 읽고 쓰기 어렵게 만들 수 있다는 것입니다. 따라서 제네릭 사용과 명확하고 읽기 쉬운 코드 작성 사이의 균형을 맞추는 것이 중요합니다. 제네릭은 코드에 추상화 계층이 더해진다는 사실, 특히 프로그래머에게 인지적 부하가 더해진다는 점 때문에 사용하기 어렵습니다. 또한 컴파일러가 항상 원하는 타입을 파악할 수 있는 것은 아니기 때문에 무엇을 하려는 것인지 알려주는 힌트를 제공해야 할 수도 있어서 제네릭이 번거롭고 장황하게 느껴질 수 있습니다. 그러나 대부분의 경우 제네릭을 사용하면 좀 더 유연하고 재사용 가능하며 강력한 소프트웨어를 구축할 수 있으므로, 제네릭을 사용하는 데 필요한 추가적인 노력과 고통은 감수할 만한 가치가 있습니다.

2.1.3 제네릭의 기초

제네릭의 구문을 살펴보겠습니다. 단일 제네릭 필드가 있는 기본 구조체는 다음과 같습니다.

```rust
struct Container<T> {
    value: T,
}
```

여기에는 괄호 안에 제네릭 매개변수로 정의된 타입 `T`의 값을 저장하는 기본 컨테이너가 있습니다. 제네릭은 구조체, 열거형, 함수, 임포트 블록 등에 사용할 수 있습니다. 러스트의 모든 곳에서 이 구문을 접할 수 있습니다. 꺾쇠 괄호(`<...>`)가 보이면 제네릭을 사용하고 있다는 것을 알 수 있습니다.

제네릭 구조체의 인스턴스를 생성하는 것은 비교적 쉽습니다. 컴파일러가 타입 매개변수를 자동으로 유추할 수 있는 경우가 많습니다.

```rust
let str_container = Container { value: "Thought is free." };
println!("{}", str_container.value);
```

> 이 컨테이너는 `Container<&str>` 타입이지만 컴파일러가 유추할 수 있으므로 제네릭 타입을 명시적으로 지정할 필요는 없습니다.

이 코드 스니펫은 `str_container`라는 `Container<&str>` 인스턴스를 생성합니다. 코드를 실행하면 예상대로 `Thought is free.`가 출력됩니다.

때때로 컴파일러는 제네릭 타입을 결정하기 위해 힌트가 필요합니다. 컨테이너에 `Option<String>`을 저장하기 위해 `None`으로 초기화한다고 가정해 봅시다. 다음 코드를 시도해 보면

```rust
let ambiguous_container = Container { value: None };
```

컴파일러는 다음과 같은 오류와 함께 실패합니다.

```
error[E0282]: type annotations needed for `Container<Option<T>>`
 --> src/main.rs:8:50
  |
8 |     let ambiguous_container = Container { value: None };
  |         -------------------                       ^^ cannot infer type for type parameter
  |                                                      `T` declared on the enum `Option`
  |         |
  |         consider giving `ambiguous_container` the explicit type
  |         `Container<Option<T>>`, where the type parameter `T`
  |         is specified
```

다행히도 컴파일러는 우리가 해야 할 일을 정확히 알려줍니다. 다음과 같이 코드를 수정하면 컴파일러에 Option<String>을 사용한다는 것을 알릴 수 있습니다.

```
let ambiguous_container: Container<Option<String>> = Container { value: None };
```

유일한 차이점은 할당의 왼쪽에 대상 타입을 지정한다는 것입니다. 컴파일러가 우리가 찾고 있는 것을 유추할 수 있도록 타입이 일치해야 합니다.

동일한 작업을 수행하는 또 다른 방법은 러스트에서 자주 사용되지만 필수는 아닌 `fn new()` 생성자 패턴(4장에서 다시 살펴볼 것임)을 사용하는 것입니다.

```
impl<T> Container<T> {
    fn new(value: T) -> Self {
        Self { value }
    }
}
```

- 일반 매개변수 T는 임포트 블록과 컨테이너에 대해 두 번 나타납니다. 플레이스홀더, 구체적인 구현, 기본 타입 등 더 복잡한 구조를 가질 수 있지만 이 구조는 가장 간단한 제네릭 구조입니다.
- 값을 구조체로 옮기고 있습니다. 즉, 참조(reference), 복사(copy) 또는 복제(clone)가 사용되지 않습니다.
- 지역 변숫값이 구조체의 값 이름과 일치하기 때문에 여기서 짧은 형태의 할당을 사용할 수 있습니다. 더 긴 형식은 value: value입니다.

그런 다음 `new()`를 호출할 수 있습니다. 하지만 이번에는 대상 타입을 명시적으로 사용하여 함수를 호출함으로써 컴파일러에게 할당 오른쪽에 원하는 대상 타입이 무엇인지 알려줍니다.

```
let short_alt_ambiguous_container = Container::<Option<String>>::new(None);
```

많은 경우 이 형태가 좀 더 깔끔하고 읽기 쉽습니다. 어떤 경우에는 컴파일러가 대상 타입을 유추하기에는 할당이 너무 모호하기 때문에 **반드시** 이 형태를 사용해야 하는 경우도 있습니다. 이러한 경우 컴파일러는 모호성을 제거해야 함을 알려줍니다.

앞서 언급했듯이 러스트의 모든 구조체와 함수 타입에 제네릭 매개변수를 추가할 수 있습니다. 제네릭으로 재귀 구조체를 만드는 것과 같이 제네릭을 사용하면 몇 가지 작업을 간단하게 처리할 수 있습니다. 예를 들어, 제네릭 매개변수를 포함하는 연결 리스트와 같이 그 자체의 인스턴스를 포함하는 구조를 만들 수 있습니다.

```rust
#[derive(Clone)]    ◀── #[derive] 애트리뷰트를 사용하여 Clone 트레이트를 자동으로 구현할 수 있습니다.
struct ListItem<T>
where
    T: Clone,
{
    data: Box<T>,
    next: Option<Box<ListItem<T>>>,
}
```

열거형에도 이 패턴을 사용할 수 있습니다. (쓸모없는 형태이긴 하지만) 연결 리스트를 구성하는 데 사용할 수 있는 다음 열거형을 고려해 보세요.

```rust
enum Recursive<T> {
    Next(Box<Recursive<T>>),
    Boxed(Box<T>),
    Optional(Option<T>),
}
```

여기서 `Recursive`라는 열거형은 다른 `Recursive`, `Box<T>` 또는 `Option<T>`에 대한 포인터를 가질 수 있습니다. 이 예제는 그다지 실용적이지 않지만 제네릭으로 무엇을 할 수 있는지를 잘 보여줍니다.

NOTE 이 책 전체에서 연결 리스트 예제를 사용하여 다양한 러스트 기능을 보여드리고, 그 과정에서 이 예제를 완성해 나가겠습니다. 단일 연결 리스트는 A → B → C → ... → Z와 같이 각 요소가 다음 요소에 대한 레퍼런스를 포함하는 일련의 요소로 구성된 데이터 구조입니다.

`Option` 대신 다음과 같은 구조를 사용해 연결 리스트에 이 패턴을 적용할 수 있습니다.

```rust
enum NextNode<T> {
    Next(Box<ListNode<T>>),
    End,
}

struct ListNode<T> {
    data: Box<T>,
    next: NextNode<T>,
}
```

리스트 노드에는 `Box<T>`와 리스트의 다음 노드를 가리키는 `next`가 있습니다. 이 코드는 멋지고 간결합니다. 그러나 명확성을 위해서는 이런 패턴보다는 `Option`을 사용하는 편이 더 나을 수 있습니다.

> NOTE 러스트에서 연결 리스트를 제대로 구현하는 것은 이 장에서 설명하는 것보다 더 복잡합니다. 이 책의 뒷부분에서 연결 리스트에 대해 다시 살펴보고 연결 리스트를 구성하는 더 좋은 방법인 `Rc`와 `RefCell`을 사용해 보겠습니다. 앞의 예제는 대부분의 실제 애플리케이션에는 유용하지 않을 것입니다.

2.1.4 러스트의 Option 살펴보기

러스트의 `Option`은 다음과 같이 정의합니다.

```
pub enum Option<T> {
    None,
    Some(T),
}
```

러스트의 `Option`은 실제로 제네릭의 가장 흥미로운 예시 중 하나입니다. 정의는 간단하고 우아하지만 놀랍도록 강력한 추상성을 제공합니다.

2.1.5 마커 구조체와 팬텀 타입

제네릭 매개변수를 사용한 구조체를 만들고 싶지만 구조체 멤버로 제네릭 매개변수를 사용하고 싶지는 않을 때가 있습니다. 이러한 상황에서는 구조체의 멤버가 아닌 제네릭 매개변수를 사용할 수 있는 **팬텀 타입**phantom type이 필요합니다. 팬텀 타입을 사용하면 7장에서 설명할 구조체 태깅과 같은 패턴을 사용할 수 있습니다.

다음 코드 스니펫의 구조체에는 타입 매개변수가 포함되어 있지만, 해당 타입은 구조체 자체 내에서 사용되지는 않습니다. 컴파일 타임에 타입 정보를 제공하기 위한 목적입니다.

```
struct Dog<Breed> {
    name: String,
}
```

`Dog` 구조체에는 개의 이름이 들어 있습니다. 개의 품종 또한 기록하고 싶지만 이러한 세부 사항은 런타임이 아닌 컴파일 타임에만 중요합니다. 따라서 해당 정보를 타입 매개변수로 저장하면 구조체 내에 `breed: Breed` 필드를 포함하지 않을 수 있습니다. 품종을 식별하기 위해 몇 가지 타입을 다음과 같이 만들어 보겠습니다.

```
struct Labrador {}
struct Retriever {}
struct Poodle {}
struct Dachshund {}
```

빈 구조체를 사용하여 각 품종에 레이블을 지정합니다. 어떤 타입이든 사용할 수 있지만 이 예제에서는 빈 구조체를 사용하겠습니다. 그러나 코드를 그대로 컴파일하려고 하면 다음과 같은 오류가 발생합니다.

```
error[E0392]: parameter `Breed` is never used
  --> src/main.rs:27:12
   |
27 | struct Dog<Breed> {
   |            ^^^^^ unused parameter
   |
   = help: consider removing `Breed`, referring to it in a field,
     or using a marker such as `PhantomData`
   = help: if you intended `Breed` to be a const parameter,
     use `const Breed: usize` instead
```

컴파일러는 구조체에 사용되지 않는 제네릭 매개변수를 추가했기 때문에 컴파일러는 당연히 이것을 오류라고 생각합니다. 팬텀 필드를 추가해서 컴파일러에 해당 매개변수가 필요하다는 것을 알릴 수 있지만, 우리는 컴파일 타임의 값이 중요하기 때문에 구조체에 필드를 추가할 필요가 없습니다.

```
use std::marker::PhantomData;

struct Dog<Breed> {
    name: String,
    breed: PhantomData<Breed>,
}
```

컴파일 타임에 최적화되기는 하지만, `Dog`를 생성할 때 `PhantomData`를 제공해야 합니다.

```
use std::marker::PhantomData;

let my_poodle: Dog<Poodle> = Dog {
    name: "Jeffrey".into(),
    breed: PhantomData,
};
```

PhantomData는 특별한 종류의 마커marker입니다. 마커는 **마커 트레이트**marker trait로 사용되는 것이 일반적이지만, 이 경우 PhantomData는 **마커 구조체**marker struct입니다. 러스트 표준 라이브러리에는 여러 마커 트레이트가 포함되어 있으며, 7장에서 마커 트레이트에 대해 자세히 설명하겠습니다.

마커 구조체의 중요한 활용 사례 중 하나는 컴파일 시 고유한 타입을 특수화하는 것입니다. 원하는 경우 각 고유한 품종에 대해 Dog의 특수한 구현을 추가할 수 있습니다. 해당 값을 상태state나 구조체 내의 별도 필드로 저장하지 않고도 품종 이름을 반환할 수 있습니다.

```
impl Dog<Labrador> {          ◀── impl Dog<Labrador>는 Labrador 품종 타입을 가진
    fn breed_name(&self) -> &str {    Dog에 대한 구현체입니다. impl은 Labrador에 대한 구현이기 때문에
        "labrador"            ◀──    Breed 제네릭 매개변수가 필요하지 않습니다.
    }                              구조체 필드에 값을 저장하지 않고도 품종의 이름을 반환할 수 있습니다.
}                              이 이름은 컴파일된 프로그램의 데이터 세그먼트의 일부가 됩니다.
impl Dog<Retriever> {
    fn breed_name(&self) -> &str {
        "retriever"
    }
}
impl Dog<Poodle> {
    fn breed_name(&self) -> &str {
        "poodle"
    }
}
impl Dog<Dachshund> {
    fn breed_name(&self) -> &str {
        "dachshund"
    }
}
```

각 `impl` 블록에 대해 주어진 타입으로 Dog에 대한 구현을 생성하고 있습니다. 원하는 만큼 구체적인 구현 내용을 추가할 수 있으며, 누락된 것이 있으면 컴파일러가 알려줍니다. 제네릭 인스턴스를 만드는 것이 아니기 때문에 `impl<T>`를 사용하지 않고 실제 각 타입에 대해 구현한다는 점에 유의하세요.

이제 Dog 인스턴스에서 `breed_name()`을 호출해서 품종 이름을 반환할 수 있습니다. `breed_name()` 메서드에서는 `&self`를 취하기 때문에 `'static` 라이프타임lifetime을 `&str` 레퍼런스reference와 함께 사용할 필요가 없다는 점에 주의하세요. 컴파일러는 메서드로부터 반환된 문자열의 라이프타임이 `&self`와 일치한다고 판단합니다.

> ### 라이프타임과 'static
>
> 러스트의 라이프타임은 레퍼런스(또는 빌림)의 유효 기간을 지정할 수 있는 강력한 기능입니다. 레퍼런스는 기본적으로 포인터(pointer)와 동일하지만, C 또는 C++에서의 포인터와 달리 레퍼런스에 대해 직접 연산을 수행할 수 없습니다. 라이프타임은 레퍼런스가 사용되는 동안 해당 레퍼런스가 참조하고 있는 값이 유효하다는 것을 보장합니다.
>
> 라이프타임은 작은따옴표 문자로 시작합니다. 컴파일러는 레퍼런스에 이름을 붙여서 라이프타임을 추적하는 데 사용합니다. 라이프타임은 꺾쇠 괄호 안에 지정되기 때문에 제네릭 매개변수와 비슷해 보이지만 다른 기능입니다. 다음 구조체에는 라이프타임 매개변수 `<'a>`가 정의되어 있습니다.
>
> ```rust
> struct Dog<'a> {
>     name: &'a str,
> }
> ```
>
> 이 코드에서는 `Dog` 구조체의 `name` 필드에 라이프타임이 `'a`인 문자열에 대한 레퍼런스가 포함되도록 지정하고 있습니다. 라이프타임을 지정하면 컴파일러에 해당 레퍼런스가 적어도 `Dog` 구조체가 유효한 기간 동안 유효해야 한다는 것을 알려줍니다.
>
> 러스트에서 `'static`은 프로그램 실행 동안 유지되는 특별한 라이프타임입니다. 모든 문자열 리터럴은 `'static` 라이프타임을 가지므로 꼭 라이프타임을 지정하지 않아도 됩니다. 함수에서 문자열 리터럴을 반환하는 경우 라이프타임을 명시적으로 지정하려면 `&'static str`로 반환하면 됩니다. 문자열 리터럴에 `'static` 라이프타임을 포함하는 것은 선택사항이지만, 함수에서 문자열 리터럴을 반환하는 경우 라이프타임을 포함하면 프로그램 기간 동안 문자열 리터럴이 유효하다는 것을 명확히 알 수 있다는 장점이 있습니다.

마지막으로 다음과 같이 코드를 테스트할 수 있습니다.

```rust
let my_poodle: Dog<Poodle> = Dog {
    name: "Jeffrey".into(),
    breed: PhantomData,
};
println!(
    "My dog is a {}, named {}",
    my_poodle.breed_name(),
    my_poodle.name,
);
```

이 코드를 실행하면 다음과 같은 결과가 출력됩니다.

```
My dog is a poodle, named Jeffrey
```

Jeffrey가 정확하게 푸들로 분류됩니다. `Dog` 구조체의 세부 사항을 구현하기 위해 팬텀 타입을 사용했기 때문에 Jeffrey가 정체성 위기를 겪을 가능성은 거의 없습니다.

2.1.6 제네릭 매개변수 트레이트 바운드

2.2절에서 트레이트에 대해 알아보기 전에 트레이트 바운드에 대해 간략히 설명하겠습니다. **트레이트 바운드**trait bound는 특정 구조체나 함수가 어떤 트레이트를 구현해야 하는지 지정할 수 있는 제네릭의 기능입니다. 예를 들어, 트레이트 바운드를 사용하면 주어진 제네릭 타입 매개변수에 대해 어떤 기능을 사용할 수 있어야 하는지 지정할 수 있습니다. 매개변수별로 적용되는 트레이트 바운드를 여러 개 지정할 수도 있습니다. 2.1.3절에서 소개한 연결 리스트 예제를 다시 살펴보면 `ListItem` 구조체에서 두 가지를 발견할 수 있습니다.

- 구조체에서 `clone()`을 호출하여 복사할 수 있는 `Clone` 트레이트가 파생되었습니다.
- `where T: Clone`을 사용해 제네릭 타입 `T`도 `Clone` 트레이트를 구현하도록 했습니다.

다음 코드와 같이 `Clone`과 `Debug`가 모두 구현되도록 지정할 수 있습니다.

```rust
#[derive(Clone)]
struct ListItem<T>
where
    T: Clone + Debug,
{
    data: Box<T>,
    next: Option<Box<ListItem<T>>>,
}
```

2.2 트레이트

러스트를 직접 작성해 보면서 문법, 소유권, 라이프타임에 익숙해지고 나면 트레이트와 제네릭이 러스트 프로그래밍에서 핵심적이라는 사실을 깨닫게 됩니다. 트레이트는 러스트 라이브러리의 많은 부분을 구성하는 매우 강력한 추상화입니다. 기능이 강력한 만큼 큰 책임이 따릅니다. 트레이트에는 트레이트 오염과 트레이트 중복이라는 두 가지 중요한 단점이 있습니다. 이러한 문제를 피하는 방법에 대해 설명하겠습니다.

트레이트를 사용하면 러스트 타입 간에 기능을 공유할 수 있습니다. 타입의 인스턴스(객체)에는 구조체와 같은 상태가 포함되며, 트레이트는 특정 타입에 국한되지 않는 방식으로 해당 상태에 기능을 정의합니다.

트레이트는 러스트에만 있는 것이 아닙니다. 셀프Self라는 다소 모호한 프로그래밍 언어에서 처음 등장했습니다. 스칼라Scala, 줄리아Julia, 타입스크립트TypeScript, 코틀린Kotlin(인터페이스), 하스켈Haskell(타입 클래스), 스위프트Swift(프로토콜 확장) 등 다른 여러 언어에서도 트레이트를 제공합니다.

트레이트는 종종 상태를 조작하는 데 사용되지만, 특정 타입에 묶여 있는 구현과는 구별됩니다. 즉, 트레이트 자체는 제네릭이지만 구현은 타입마다 구체적으로 정의됩니다. 물론 `#[derive]` 애트리뷰트를 사용하면 자동으로 트레이트를 파생할 수 있습니다. 라이브러리는 트레이트 또는 트레이트 구현을 내보내거나 둘 다 내보낼 수 있습니다.

2.2.1 트레이트가 객체 지향 프로그래밍이 아닌 이유

러스트는 객체 지향 프로그래밍 언어는 아니지만, 러스트 코드를 보면 사용자 인터페이스 측면에서 비슷하다고 생각할 수 있습니다. 러스트에는 객체가 있고 객체는 메서드를 가질 수 있습니다. 객체는 상태를 나타내는 타입의 인스턴스로, 구조체나 열거형이 이에 해당합니다. 객체에서 메서드를 호출할 때는 객체 지향 언어와 유사한 구문을 사용합니다(`object.method()`). 그러나 러스트에는 객체 지향 언어의 중요한 기능 중 하나인 상속이 빠져 있습니다.

러스트에서 상속을 대신할 수 있는 것은 트레이트입니다. 트레이트는 클래스(또는 클래스 상속)와는 다르지만 비슷한 방식으로 사용됩니다. 객체 지향 프로그래밍에서는 상속을 통해 객체를 확장합니다. 트레이트 기반 프로그래밍에서는 모든 구조체나 데이터 타입 위에 트레이트를 추가할 수 있으며, 이러한 트레이트는 특정 기능을 제공합니다. 객체 상속은 두 객체 사이의 **계층** 관계를 정의하는 반면, 트레이트는 특정 **기능**을 정의합니다.

다시 말해, 트레이트와 객체 지향 프로그래밍을 비교할 때 트레이트는 다양한 종류의 상태 위에 기능을 공유함으로써 해당 구조체를 확장할 수 있습니다. 트레이트는 기능이 특정 타입(또는 상태)에 결합되어 있지 않다는 점에서 클래스와 다릅니다. C++의 클래스도 템플릿을 사용하면 제네릭으로 만들 수 있지만, C++의 클래스는 구조체와 기능을 쉽게 분리할 수 없습니다.

2.2.2 트레이트에 들어 있는 것들

트레이트를 정의할 때는 여러 가지 선택적인 구현사항을 포함할 수 있습니다. 트레이트는 이름을 제외하고는 나머지 구성 요소를 모두 선택적으로 정의할 수 있습니다.

- 메서드(기본 구현 역시 필수가 아님)
- 플레이스홀더 제네릭 타입
- 필수 트레이트 집합

트레이트를 최소한으로 구현하려면 이름만으로도 충분하기 때문에 다음 예제는 올바른 코드입니다.

```
trait MinimalTrait {}
```

트레이트 **구현**implementation은 특정 타입에 트레이트의 정의를 적용합니다. 일반적으로 특정 타입에 대해 구체적인 트레이트 구현을 작성하지만, 러스트의 트레이트 시스템은 충분히 유연하기 때문에 모든 타입에 대해 트레이트를 구현할 필요는 없습니다. 트레이트는 제네릭 데이터 타입(2.2.4절에서 설명)을 사용할 수도 있는데, 이는 복잡한 관계를 나타내는 또 다른 방법을 제공합니다. 트레이트 구현은 구체적이지만, 조건을 만족시키는 모든 타입에 적용되는 트레이트의 포괄적인 구현을 제공할 수도 있습니다(7장에서 포괄 구현에 대해 설명하겠습니다). 다음은 트레이트의 기본 형태입니다.

```
trait DoesItBark {    ◀──── 트레이트 정의 블록
    fn it_barks(&self) -> bool;  ◀──── 트레이트 메서드 시그니처
}

struct Dog;

impl DoesItBark for Dog {    ◀──── 트레이트 구현(또는 impl) 블록
    fn it_barks(&self) -> bool {
        true  ◀──── 개는 실제로 짖을 수 있기 때문에 true를 반환하도록 하드코딩할 수 있습니다.
    }
}
```

트레이트의 세부 구현사항은 비워둘 수 있기 때문에 마커 트레이트와 같은 메타프로그래밍에 활용할 수 있습니다. 7장, 8장, 9장에서 트레이트의 고급 사용법에 대해 살펴보겠습니다.

OOP를 사용하면 계층 구조에서 상속을 통해 기능이 추가됩니다(클래스 C <- 클래스 B <- 클래스 A). 트레이트의 경우 상속 구조가 적용되지 않으며, 크레이트crate 내의 모든 타입에 트레이트를 적용할 수 있습니다. 트레이트에는 트레이트 바운드로 지정된 종속성이 있을 수 있지만(즉, 트레이트 B를 구현하려면 트레이트 A를 구현해야 함), 바운드가 있는 트레이트는 해당 바운드를 만족시키는 모든 타입에 적용될 수 있습니다.

OOP에서 관계는 객체 자체의 관점에서 정의됩니다. 트레이트 프로그래밍에서 관계는 동작이 구현되는 객체가 아니라 객체가 구현하는 트레이트에 따라 정의되는데, 이는 작지만 중요한 차이점입니다.

NOTE 클래스나 상속 같은 객체 지향의 관점에서 트레이트를 생각하지 않기를 바라지만, 이 책에서는 객체 지향 배경을 가진 분들이 좀 더 쉽게 이해할 수 있도록 여러 가지 비교 사례를 다루고 있습니다. 이러한 개념을 1:1로 매핑하려는 시도는 실제로는 의미가 없으며 트레이트는 다른 접근 방식이 필요합니다. 마음을 비우고 OOP의 고정 관념을 버리는 것이 가장 좋습니다.

2.2.3 객체 지향 코드를 살펴보며 트레이트 이해하기

트레이트는 상향식 관계가 필요한 상속보다 훨씬 더 많은 유연성을 제공합니다(상속을 사용하면 계층 구조의 하위 수준에서 공유 동작을 정의할 수 있습니다). 먼저 C++에서 계층 관계를 사용하는 예제를 살펴본 다음 러스트에서 동일한 작업을 수행하는 방법을 살펴보겠습니다. 그림 2.1에 표시된 관계를 구현하는 것으로 시작하겠습니다.

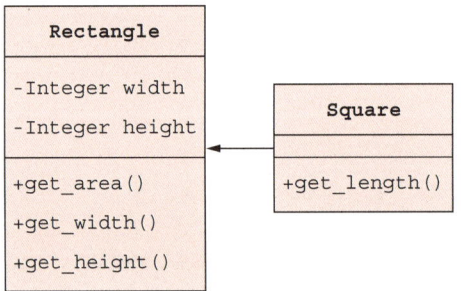

그림 2.1 C++에서 기하학적 도형을 위한 통합 모델링 언어(Unified Modeling Language, UML) 다이어그램

그림 2.1의 UML에 해당하는 C++ 코드는 코드 2.1에 나와 있습니다.

코드 2.1 C++로 기하학적 도형 모델링하기

```cpp
class Rectangle {  ◀── 너비와 높이가 있는 단순한 직사각형을 모델링합니다.
 protected:
  int width;
  int height;

 public:
  Rectangle(int width, int height) : width(width), height(height) {}
  int get_area() { return width * height; }
  int get_width() { return width; }
  int get_height() { return height; }
};

class Square : public Rectangle {  ◀── 너비와 높이가 같은 직사각형인 정사각형을 모델링합니다.
 public:                                  따라서 Rectangle에서 상속할 수 있습니다.
  Square(int length) : Rectangle(length, length) {}
  int get_length() { return width; }
};
```

러스트에서 동일한 코드를 작성하는 것은 완전히 직관적이지는 않습니다. C++ 코드를 러스트로 직접 번역하면 어색할 수 있기 때문에 러스트 버전에서는 구조를 다르게 구성하겠습니다. 먼저 직사각형을 모델링하는 코드를 살펴봅시다.

코드 2.2 러스트에서 직사각형 구현하기

```rust
struct Rectangle {  ◀── 너비와 높이만 있는 단순한 직사각형을 모델링합니다.
    width: i32,
    height: i32,
}

impl Rectangle {
    pub fn new(width: i32, height: i32) -> Self {  ◀── 여기서는 생성자와 유사한 new() 메서드를 통해
        Self { width, height }                          새로운 Rectangle을 반환합니다. new() 생성자를
    }                                                   만드는 것은 러스트에서 흔히 볼 수 있는 패턴입니다.
}
```

다음으로 정사각형을 모델링해 보겠습니다.

코드 2.3 러스트에서 정사각형 구현하기

```rust
struct Square {  ◀── 정사각형 모델링은 훨씬 더 간단합니다. 하나의 애트리뷰트만 사용합니다.
    length: i32,
}
```

```
impl Square {
    pub fn new(length: i32) -> Self {      ◀── new() 패턴을 따르는 생성자를 제공합니다.
        Self { length }
    }
    pub fn get_length(&self) -> i32 {      ◀── 정사각형의 길이를 가져오는 접근자를 추가합니다.
        self.length
    }
}
```

이제 `Rectangular` 트레이트를 만들 수 있습니다.

코드 2.4 `Rectangular` 트레이트 구현하기

```
pub trait Rectangular {      ◀──┐  여기서는 직사각형과 정사각형의 공통 프로퍼티에 대한
    fn get_width(&self) -> i32;     │  접근자를 제공하는 Rectangular를 정의합니다.
    fn get_height(&self) -> i32;
    fn get_area(&self) -> i32;
}

impl Rectangular for Rectangle {      ◀── 직사각형에 대한 Rectangular 트레이트를 구현합니다.
    fn get_width(&self) -> i32 {
        self.width
    }
    fn get_height(&self) -> i32 {
        self.height
    }
    fn get_area(&self) -> i32 {
        self.width * self.height
    }
}

impl Rectangular for Square {      ◀── 정사각형에 대한 Rectangular 트레이트를 구현합니다.
    fn get_width(&self) -> i32 {
        self.length
    }
    fn get_height(&self) -> i32 {
        self.length
    }
    fn get_area(&self) -> i32 {
        self.length * self.length
    }
}
```

그림 2.2는 UML로 나타낸 결과를 보여줍니다.

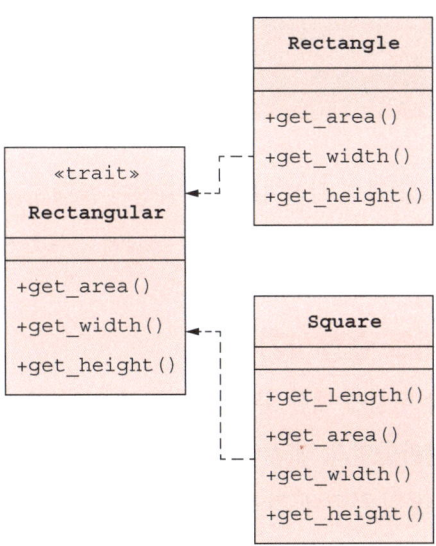

그림 2.2 러스트에서 기하학적 도형을 위한 UML

마지막으로 코드를 테스트해 보겠습니다.

코드 2.5 Rectangular 트레이트 테스트하기

```rust
fn main() {
    let rect = Rectangle::new(2, 3);
    let square = Square::new(5);

    println!(
        "rect has width {}, height {}, and area {}",
        rect.get_width(),
        rect.get_height(),
        rect.get_area()
    );
    println!(
        "square has length {} and area {}",
        square.get_length(),
        square.get_area()
    );
}
```

러스트 버전은 처음에는 약간 길어 보입니다. Rectangular 트레이트를 두 번 구현해야 하기 때문에 DRY를 위반하는 것처럼 보입니다. 그러나 우리는 너비, 높이, 면적 등을 제공하는 기능에서 상태(이 경우 차원)를 분리하는 근본적인 작업을 수행했습니다. 복잡성이 커질수록 이러한 관심사 분리는 훨씬 더 잘 확장됩니다. 코드 2.5를 실행하면 예상대로 다음과 같은 출력이 생성됩니다.

```
$ cargo run
rect has width 2, height 3, and area 6
square has length 5 and area 25
```

기존 코드 수정의 복잡성을 고려하면 트레이트의 유용성이 분명해집니다. 2.2.4절에서는 또 다른 예제를 살펴보겠지만, 여기서는 러스트다운 방식으로 문제에 접근하겠습니다.

2.2.4 제네릭과 트레이트 결합하기

어떤 타입을 받아들이고 해당 타입에 대한 설명을 반환하는 함수를 만들고 싶다고 가정해 보겠습니다. 제네릭 매개변수 `T`를 받아들이고 해당 타입에 대한 설명을 반환하는 함수를 작성해 보겠습니다. 이러한 타입은 `Dog`와 `Cat` 같은 곳에 정의되어 있다고 가정합니다. 컴파일러는 타입을 설명하지 못하기 때문에 설명은 우리가 직접 작성해야 합니다. 이 작업을 수행하기 위해 다음과 같은 함수 정의를 사용합니다.

```
fn describe_type<T>(t: &T) -> String { ... }
```

다음으로, `T`에 대한 설명을 어떻게 얻을 수 있는지 자문해 봐야 합니다. 답은 간단합니다. 설명을 제공하는 트레이트가 필요합니다. 결과는 다음과 같습니다.

```
pub trait SelfDescribing {
    fn describe(&self) -> String;
}
```

훌륭합니다. 이제 타입에 대한 설명을 제공하는 트레이트가 생겼습니다. 함수가 이 트레이트를 사용하도록 만들려면 어떻게 해야 할까요? 다음 코드를 시도하면 작동하지 않습니다.

```
fn describe_type<T>(t: &T) -> String {
    t.describe()
}
```

컴파일러에서 다음과 같은 오류가 발생합니다.

```
error[E0599]: no method named `describe` found for reference `&T` in
the current scope
 --> src/main.rs:6:7
  |
6 |     t.describe()
  |       ^^^^^^^^ method not found in `&T`
  |
  = help: items from traits can only be used if the type parameter is
    bounded by the trait
help: the following trait defines an item `describe`, perhaps you need to
restrict type parameter `T` with it:
  |
5 | fn describe_type<T: SelfDescribing>(t: &T) -> String {
  |                   ~~~~~~~~~~~~~~~~

For more information about this error, try `rustc --explain E0599`.
```

깔끔하네요. 컴파일러가 정확히 무엇을 해야 하는지 알려줍니다. 컴파일러에 `SelfDescribing` 트레이트의 `describe()` 메서드를 사용하도록 지시해야 하며, 이를 위해 트레이트 바운드를 생성합니다. 트레이트 바운드는 컴파일러에게 주어진 타입이 특정 트레이트의 구현을 제공해야 한다는 것을 알려줍니다. 트레이트 바운드는 러스트에서 자주 볼 수 있으며, 제네릭과 함께 사용되는 경우가 많습니다.

트레이트 바운드를 지정하는 방법에는 컴파일러 오류 출력에서와 같이 인라인 방식을 사용하거나 또는 함수 정의 뒤에 오는 명시적 `where` 절을 사용하는 두 가지 방법이 있습니다. 인라인 형식은 다음과 같습니다.

```
fn describe_type<T: SelfDescribing>(t: &T) -> String {
    t.describe()
}
```

인라인 형식은 짧고 간결하지만, 바운드가 복잡할 때는 `where` 형식이 이해하기 쉽습니다.

```
fn describe_type<T>(t: &T) -> String
where
    T: SelfDescribing,
{
    t.describe()
}
```

이제 코드가 컴파일됩니다. 이를 테스트하기 위해 몇 가지 코드를 만들어 보겠습니다.

```rust
struct Dog;
struct Cat;

fn main() {
    let dog = Dog;
    let cat = Cat;
    println!("I am a {}", describe_type(&dog));
    println!("I am a {}", describe_type(&cat));
}
```

이 코드를 컴파일하려고 하면 구현이 빠져 있기 때문에 오류가 발생합니다.

```
error[E0277]: the trait bound `Dog: SelfDescribing` is not satisfied
  --> src/main.rs:15:41
   |
15 |     println!("I am a {}", describe_type(&dog));
   |                           ------------- ^^^^ the trait `SelfDescribing`
     is not implemented for `Dog`
   |                           |
   |                           required by a bound introduced by this call
   |
note: required by a bound in `describe_type`
  --> src/main.rs:5:21
   |
5  | fn describe_type<T: SelfDescribing>(t: &T) -> String {
   |                     ^^^^^^^^^^^^^^ required by this bound in
     `describe_type`

error[E0277]: the trait bound `Cat: SelfDescribing` is not satisfied
  --> src/main.rs:16:41
   |
16 |     println!("I am a {}", describe_type(&cat));
   |                           ------------- ^^^^ the trait `SelfDescribing`
     is not implemented for `Cat`
   |                           |
   |                           required by a bound introduced by this call
   |
note: required by a bound in `describe_type`
  --> src/main.rs:5:21
   |
5  | fn describe_type<T: SelfDescribing>(t: &T) -> String {
   |                     ^^^^^^^^^^^^^^ required by this bound in
     `describe_type`
```

```
For more information about this error, try `rustc --explain E0277`.
```

다시 말하지만, 컴파일러는 우리가 놓치고 있는 것이 무엇인지 정확하게 알려줍니다(Dog와 Cat에 대한 SelfDescribing을 구현해야 합니다). 구현을 추가해 보겠습니다.

```
impl SelfDescribing for Dog {
    fn describe(&self) -> String {
        "happy little dog".into()
    }
}
impl SelfDescribing for Cat {
    fn describe(&self) -> String {
        "curious cat".into()
    }
}
```

이제 코드를 실행하면 다음과 같이 출력됩니다.

```
$ cargo run
I am a happy little dog
I am a curious cat
```

이 코드에서 한 가지 주목해야 할 점은 `fn describe(&self)`에서 &self 매개변수가 필요하다는 것입니다. &self 없이 이 작업을 수행할 수 있을까요? 시도해 봅시다. 다음과 같이 트레이트를 수정하겠습니다.

```
pub trait SelfDescribing {
    fn describe() -> String;
}
```

여기서는 `describe()` 메서드에서 &self를 삭제했습니다. 이제 `describe_type()` 함수를 업데이트해야 합니다.

```
fn describe_type<T: SelfDescribing>() -> String {
    T::describe()
}
```

`&self` 매개변수를 삭제하여 구현을 변경할 수 있습니다.

```
impl SelfDescribing for Dog {
    fn describe() -> String {
        "happy little dog".into()
    }
}

impl SelfDescribing for Cat {
    fn describe() -> String {
        "curious cat".into()
    }
}
```

`describe_type()`을 호출하는 부분을 수정합니다.

```
fn main() {
    println!("I am a {}", describe_type::<Dog>());
    println!("I am a {}", describe_type::<Cat>());
}
```

두 형태 모두 타당하지만 사용 사례는 다릅니다. 메서드 호출에 `&self`가 필요한 경우 이를 설명하기 위해 해당 타입의 인스턴스가 있어야 하지만, `&self` 매개변수를 생략하면 객체 인스턴스 없이도 타입을 설명할 수 있습니다.

트레이트에 대한 기본적인 처리가 끝나면 다양한 문제에 트레이트를 적용할 수 있습니다. 트레이트의 가장 일반적인 용도는 타입 간에 기능을 공유하는 것입니다. 그러나 이것은 빙산의 일각에 불과하며, 7장, 8장, 9장에서 설명한 것처럼 트레이트를 기반으로 상당히 정교한 컴파일 타임에 이루어지는 패턴을 만들 수 있습니다.

트레이트는 재미있지만 적절하게 사용해야 합니다. 제가 생각하는 트레이트의 가장 큰 두 가지 문제는 트레이트 오염과 트레이트 중복입니다. **트레이트 오염**trait pollution은 너무 많은 트레이트가 있을 때 발생합니다. **트레이트 중복**trait duplication은 여러 개의 트레이트가 동일한(또는 유사한) 기능을 제공할 때 발생합니다. 일반적인 프로그래밍 패턴에는 트레이트가 이미 존재할 가능성이 높기 때문에 가능하면 기존 트레이트를 재사용하거나 이를 기반으로 빌드하는 것이 가장 좋습니다. 타사 라이브러리는 종종 자체적인 트레이트와 때로는 기존 트레이트와 경쟁하는 트레이트까지 정의하는 경우가 많으며, 코드와 한 라이브러리의 트레이트, 다른 라이브러리의 트레이트를 연결하는 글루 코드를 작성하는 데 많은 시간이 소요될 수 있습니다.

2.2.5 자동으로 트레이트 도출하기

러스트를 처음 사용하는 경우 표준 라이브러리에서 일반적으로 사용되는 Clone, Debug, Default, 반복자 트레이트, 동일성 트레이트와 같은 트레이트에 익숙해져야 합니다. 러스트에는 소멸자를 제공하는 Drop과 같은 특수 트레이트와 컴파일러가 자동으로 파생하는 Send 및 Sync 같은 트레이트도 있습니다. 러스트 언어 레퍼런스(https://mng.bz/wxKa)에서 특수 트레이트의 전체 목록을 확인할 수 있습니다.

가장 일반적인 몇 가지 트레이트의 경우 #[derive] 애트리뷰트를 사용하여 구현을 자동으로 제공합니다. #[derive]를 사용하여 트레이트와 상용구를 자동으로 파생하는 구조체 정의는 흔히 볼 수 있습니다. 다음 예제는 Pumpkin 구조체에 사용한 Clone, Debug, Default를 보여줍니다.

```rust
use std::fmt::Debug;

#[derive(Clone, Debug, Default)]
struct Pumpkin {
    mass: f64,
    diameter: f64,
}
```

다음의 Pumpkin 구조체에서는 Debug를 사용하여 문자열로 구조체를 콘솔에 출력할 수 있게 했습니다. 그리고 Clone을 사용하여 복제할 수 있으며, Default를 사용하여 기본(또는 비어 있는) 인스턴스를 만들 수 있도록 했습니다.

```rust
fn main() {
    let big_pumpkin = Pumpkin {
        mass: 50.,
        diameter: 75.,
    };
    println!("Big pumpkin: {:?}", big_pumpkin);
    println!("Cloned big pumpkin: {:?}", big_pumpkin.clone());
    println!("Default pumpkin: {:?}", Pumpkin::default());
}
```

이 코드를 실행하면 다음과 같이 출력됩니다.

```
$ cargo run
Big pumpkin: Pumpkin { mass: 50.0, diameter: 75.0 }
Cloned big pumpkin: Pumpkin { mass: 50.0, diameter: 75.0 }
Default pumpkin: Pumpkin { mass: 0.0, diameter: 0.0 }
```

실제로 이러한 트레이트는 러스트 표준 라이브러리와 타사 라이브러리 전체에서 널리 사용되므로 자주 구현해야 합니다. 다행히도 이 작업은 `#[derive]`를 사용하면 쉽습니다. 러스트 표준 라이브러리의 옵션 정의에서 다음을 확인할 수 있습니다.

```rust
#[derive(Copy, PartialEq, PartialOrd, Eq, Ord, Debug, Hash)]
pub enum Option<T> {
    None,
    Some(T),
}
```

`Option`은 `Copy`, `PartialEq`, `PartialOrd`, `Eq`, `Ord`, `Debug`, `Hash`에 대한 트레이트 구현을 제공합니다. 다만 `Clone` 구현은 존재하지 않기 때문에 `#[derive]`에 없는 것을 볼 수 있습니다.

대부분의 경우 가장 쉬운 방법인 트레이트 구현을 파생할 필요는 없으며, 언제든지 직접 구현을 작성할 수 있습니다. 기본 `Pumpkin`의 지름이 5, 질량이 2가 되기를 원한다고 가정해 보겠습니다. `#[derive]`에서 `Default`를 삭제하고 다음 구현을 추가합니다.

```rust
impl Default for Pumpkin {
    fn default() -> Self {
        Self {
            mass: 2.0,
            diameter: 5.0,
        }
    }
}
```

코드를 다시 실행한 결과는 다음과 같습니다.

```
$ cargo run
Big pumpkin: Pumpkin { mass: 50.0, diameter: 75.0 }
```

```
Cloned big pumpkin: Pumpkin { mass: 50.0, diameter: 75.0 }
Default pumpkin: Pumpkin { mass: 2.0, diameter: 5.0 }
```

2.2.6 트레이트 객체

러스트에는 **트레이트 객체**trait object라는 편리한 기능이 있어 객체를 타입이 아닌 트레이트로 관리할 수 있습니다. 트레이트 객체는 C++나 자바의 가상 메서드와 비슷하게 동작한다고 생각할 수 있지만 상속과는 다릅니다. 구현 세부 사항 측면에서 러스트는 런타임에 동적 디스패치를 가능하게 하기 위해 컴파일러에서 생성된 룩업 테이블인 **vtable**을 사용하여 트레이트 객체를 내부적으로 구현합니다.

러스트 커뮤니티의 일부 사람들은 트레이트 객체, 동적 디스패치 및 vtable을 런타임 다형성의 한 형태로 간주합니다. 어떤 경우에는 동적 디스패치를 사용하는 것을 안티패턴으로 볼 수도 있는데, 이에 대해서는 10장에서 설명하겠습니다. 저는 트레이트 객체를 도구라고 생각하며, 모든 도구와 마찬가지로 프로그래머의 요청에 따라 좋게 사용하거나 나쁘게 사용할 수 있습니다.

트레이트 객체를 식별하는 방법은 `dyn` 키워드를 사용하는 것입니다. 타입 이름을 사용하는 대신 트레이트를 사용하면 됩니다. 컨테이너 안에 어떤 타입을 저장하고 싶다고 가정해 봅시다. 다음 예제에서처럼 모든 타입이 지정한 트레이트를 구현하기만 하면 됩니다.

```rust
trait MyTrait {
    fn trait_hello(&self);
}

struct MyStruct1;

impl MyStruct1 {
    fn struct_hello(&self) {
        println!("Hello, world! from MyStruct1");
    }
}

struct MyStruct2;

impl MyStruct2 {
    fn struct_hello(&self) {
        println!("Hello, world! from MyStruct2");
    }
}
```

```rust
impl MyTrait for MyStruct1 {
    fn trait_hello(&self) {
        self.struct_hello();
    }
}

impl MyTrait for MyStruct2 {
    fn trait_hello(&self) {
        self.struct_hello();
    }
}
```

이 코드에서는 `trait_hello()` 메서드를 제공하는 `MyTrait`를 선언합니다. 이 메서드는 `MyStruct1`과 `MyStruct2` 모두에 대해 구현되며, 이 메서드는 별도의 `struct_hello()` 메서드를 호출해 `Hello, world!`를 출력합니다. 이제 다음과 같이 코드를 테스트할 수 있습니다.

```rust
let mut v = Vec::<Box<dyn MyTrait>>::new();

v.push(Box::new(MyStruct1 {}));  // ← MyStruct1의 인스턴스를 벡터에 추가합니다.
v.push(Box::new(MyStruct2 {}));  // ← MyStruct2의 인스턴스를 벡터에 추가합니다.

v.iter().for_each(|i| i.trait_hello());  // ← 벡터의 각 트레이트 객체에 대해 trait_hello() 메서드를 호출합니다.
// v.iter().for_each(|i| i.struct_hello()); 오류 발생!  // ← 구조체에서 struct_hello() 메서드를 호출하려고 해도 작동하지 않습니다.
```

테스트 코드를 실행하면 다음과 같은 출력이 생성됩니다.

```
Hello, world! from MyStruct1
Hello, world! from MyStruct2
```

트레이트 객체는 크기가 지정되지 않았기 때문에(`Sized` 트레이트를 구현하지 않기 때문에) 트레이트를 객체로 직접 저장할 수 없습니다. 다시 말해, `Sized`를 구현하지 않는 객체를 담을 수 있는 컨테이너 타입에 객체를 저장해야 합니다. 그러한 컨테이너 타입으로는 스마트 포인터인 `Box`, `Rc`, `Arc`, `RefCell`, `Mutex`가 있습니다. 그러나 크기가 지정되지 않은 객체를 `Vec`에는 저장할 수 없습니다. `Box`와 다른 스마트 포인터들은 트레이트 바운드에 `T: ?Sized`를 가지므로 `Sized`는 선택사항입니다. 따라서 트레이트 객체를 담을 수 있습니다. 러스트에서는 기본적으로 모든 제네릭 타입 `T`에 대해 `Sized` 트레이트가 필수입니다(`where T: Sized`와 동일).

예를 들어, Vec은 크기가 없는 객체를 생성하는 방법을 모르기 때문에 Vec<dyn MyTrait>를 가질 수 없습니다. 반면에 Box는 요소의 저장과 메모리 할당을 분리해서 관리합니다. 즉, Box로 객체를 생성할 때 구체적인 타입을 제공하면 컴파일러는 객체를 전달하거나 할당할 때 자동으로 객체를 Box<MyStruct1>에서 트레이트 객체 타입 Box<dyn MyTrait>로 캐스팅할 수 있습니다.

> **TIP** 트레이트 객체에 대한 자세한 내용은 러스트 언어 레퍼런스(https://mng.bz/qOp6)를 참고하세요.

트레이트 객체 다운캐스팅하기

vtable의 오버헤드 외에도 트레이트 객체의 한계 중 하나는 구체적인 타입이 아닌 트레이트에 대해서만 메서드를 호출할 수 있다는 점입니다. 트레이트 객체를 구체적인 타입으로 강제로 변환하려면 다운캐스팅(downcasting)을 사용하면 됩니다. Box, Rc, Arc를 사용해 다운캐스팅을 수행할 수 있으며, Any 트레이트는 다운캐스팅하는 메서드를 제공합니다. 그러나 레퍼런스를 얻으려면 Any를 사용해야 합니다. Box, Rc, Arc의 downcast() 메서드는 객체를 소비하지만 Any는 레퍼런스를 반환하는 downcast_ref()를 제공합니다.

Any 트레이트는 'static 바인드를 가진 타입에 대해 자동으로 파생됩니다. 따라서 이 트릭은 dyn Any + 'static인 객체에 대해서만 작동합니다.

트레이트 객체에서 Any 객체를 가져오려면 먼저 Box 내부에서 Any 객체를 가져올 수 있는 방법을 제공해야 합니다. Box 자체가 Any를 구현하기 때문에 Box<dyn MyTrait>에서 단순히 downcast_ref()를 호출할 수 없으며 잘못된 객체를 얻을 수 있습니다. 대신 트레이트에 as_any() 메서드를 추가하여 내부 객체를 제공해야 합니다. 다음과 같이 코드를 업데이트하면 됩니다.

```
trait MyTrait {
    fn trait_hello(&self);
    fn as_any(&self) -> &dyn Any;    ◀─── 이 트레이트 메서드는 &dyn Any를 가져오는 방법을 제공합니다.
}

impl MyTrait for MyStruct1 {
    fn trait_hello(&self) {
        self.struct_hello();
    }
    fn as_any(&self) -> &dyn Any {
        self    ◀─── self에 대한 Any의 인스턴스를 반환합니다.
    }
}

impl MyTrait for MyStruct2 {
    fn trait_hello(&self) {
        self.struct_hello();
    }
    fn as_any(&self) -> &dyn Any {
        self    ◀─── self에 대한 Any의 인스턴스를 반환합니다.
    }
}
```

이제 원래 객체 타입에 대한 레퍼런스를 얻을 수 있습니다.

```
println!("With a downcast:");
v.iter().for_each(|i| {        ◄── 여기서는 iter() 대신 into_iter()를 사용할 수도 있습니다.
    if let Some(obj) = i.as_any().downcast_ref::<MyStruct1>() {
        전체 코드 샘플에서 v 객체를 사용하는 것은 이번이 마지막이므로
        iter()를 통해 레퍼런스를 사용하는 대신 값을 직접 사용할 수 있습니다.
        obj.struct_hello();
    }
    if let Some(obj) = i.as_any().downcast_ref::<MyStruct2>() {
        obj.struct_hello();
    }
});
```

마지막으로 downcast, downcast-rs, Anyway 같은 크레이트들은 좀 더 발전된 방식의 다운캐스팅 기능을 제공합니다. 4장에서 해당 크레이트에 대해 자세히 설명합니다.

마지막으로, 동적 디스패치를 사용하는 것에는 신중해야 합니다. 예를 들어, 이 기능을 남용하여 OO 스타일의 다형성을 구현해서는 안 됩니다. 이는 10장에서 안티패턴 중의 하나로 더 자세히 설명합니다. 러스트의 핵심 트레이트에 대한 명확한 가이드는 없지만, 기본 러스트 네임스페이스에서 사용할 수 있는 트레이트와 타입이 정리되어 있는 좋은 문서(https://doc.rust-lang.org/std/prelude/index.html)가 있습니다. 끝으로, 크레이트 외부의 타입에 대해서는 외부 트레이트를 구현할 수 없지만 5장과 7장에서 살펴볼 래퍼 구조체 또는 확장 트레이트를 사용할 수 있습니다. 외부 크레이트에 있는 타입을 포함해 모든 타입에 대해 로컬 트레이트, 즉 크레이트 내에 정의된 트레이트를 구현할 수 있습니다. 다루는 타입 매개변수 중 하나가 로컬 타입이라면, 외부 타입에 대해 여러 타입 매개변수를 사용하여 외부 트레이트를 구현할 수 있습니다. 자세한 내용은 고립orphan 규칙에 대한 공식 문서(https://mng.bz/7dA7)를 참고하세요.

2.3 정리하며

- 제네릭은 타입 세이프한 방식으로 코드를 재사용하게 하는 러스트의 핵심 추상화 기법입니다.
- 제네릭을 사용하면 구조체, 열거형, 함수를 정의할 때 타입 매개변수를 포함시켜 특정 하나의 타입이 아닌 다양한 타입의 값을 처리할 수 있는 객체와 함수를 만들 수 있습니다.
- 일반적으로 제네릭은 컨테이너 타입(다른 종류의 임의 데이터를 포함하는 타입)을 만드는 데 사용됩니다.

- 트레이트를 사용하면 러스트의 다양한 타입 위에 새로운 기능을 공유하면서 추가할 수 있습니다.
- 제네릭과 트레이트를 결합하여 대규모 애플리케이션이나 라이브러리 대신 해당 기능을 잘 수행하는 작은 라이브러리를 구축할 수 있습니다.
- 제네릭 매개변수를 정의할 때 트레이트 바운드를 활용해 반드시 구현해야 하는 트레이트를 지정할 수 있습니다. 덕분에 구체적인 타입을 지정하지 않고도 공유된 기능을 사용하는 제네릭 코드를 만들 수 있습니다.
- `#[derive(...)]`를 사용하여 트레이트를 자동으로 파생하면 많은 타이핑과 상용구를 절약할 수 있습니다.

CHAPTER 3

코드 흐름

이번 장에서 다루는 내용
- 패턴 매칭 살펴보기
- 패턴 매칭으로 오류 처리하기
- 러스트의 함수형 프로그래밍 패턴 되돌아보기

디자인 패턴을 살펴보기 전에 러스트의 핵심 기능을 구성하는 요소에 대해 더 자세히 살펴볼 필요가 있습니다. 이 장에서는 패턴 매칭과 함수형 프로그래밍에 대해 설명하는 것으로 시작하겠습니다. **패턴 매칭**pattern matching을 사용하면 코드 흐름을 제어하고, 값을 꺼내거나unwrap 또는 구조를 분해destructure하고, 필수적이지 않은 경우들을 처리할 수 있습니다. **함수형 프로그래밍**functional programming을 사용하면 가장 기본적이고 이해하기 쉬운 추상화 중 하나인 함수라는 단위를 중심으로 소프트웨어를 구축할 수 있습니다.

패턴 매칭과 함수형 프로그래밍은 서로 다르지만, 이 둘을 결합하면 다양한 방식의 새로운 추상화를 만들 수 있습니다. 이를 활용해 좀 더 정교한 디자인 패턴을 만들어 보겠습니다. 요리에 비유하자면, 맛있는 음식을 만들기 위해 소금, 지방, 산미, 열이라는 네 가지 필수 요소를 여러 가지 재료에서 다양한 조합으로 사용합니다. 이러한 요소를 기반으로 패턴을 만들기 전에 먼저 해당 요소를 깊이 있게 이해해야 합니다.

3.1 패턴 매칭 둘러보기

지금까지 러스트의 핵심 컴파일 타임 기능을 구성하는 제네릭과 트레이트에 대해 알아봤습니다. **패턴 매칭**은 다양하고 멋진 코드 흐름 패턴을 구현할 수 있는 런타임 기능입니다. 타입, 값, 열거형 변수 등을 일치시킬 수 있습니다. 러스트의 패턴 매칭은 여러 종류의 매칭(값과 타입 모두)을 지원하기 때문에 강력하며, 가장 중요한 것은 깔끔하고 기능적인 프로그래밍 패턴을 구현할 수 있다는 점입니다.

> **NOTE** 패턴 매칭을 디자인 패턴과 혼동해서는 안 됩니다. 패턴 매칭은 러스트(및 다른 언어)의 핵심 언어 기능이며, 이를 사용하여 디자인 패턴을 구축할 수는 있지만 엄밀히 말해 디자인 패턴은 아닙니다.

`switch/case` 문을 사용해 본 적이 있다면 러스트의 패턴 매칭이 친숙하게 느껴질 것입니다. 하지만 러스트의 패턴 매칭은 `switch/case` 문보다 훨씬 더 강력합니다. 일부 언어에서도 이와 유사한 기능을 제공하지만 패턴 매칭은 여전히 특별한 기능으로 여겨지며, 많은 주류 언어에는 이 기능이 없습니다. 패턴 매칭은 프롤로그Prolog에서 처음 널리 사용되기 시작했으며 하스켈, 스칼라, 얼랭Erlang(이 역시 프롤로그에서 영향을 받아 처음 구현됨), 엘릭서Elixir, 오캐멀OCaml 같은 함수형 언어의 필수 기능입니다.

기본적인 패턴 매칭은 `match` 키워드로 시작하기 때문에 쉽게 알아볼 수 있습니다. `switch/case` 문과 마찬가지로, 일치시키고자 하는 모든 패턴을 나열합니다. 마지막에 포괄문을 추가할 수도 있습니다. 그러나 러스트에서는 가능한 모든 패턴을 일치시키거나, 이게 불가능한 경우 포괄문을 항상 제공해야 합니다. 러스트 컴파일러는 특정 패턴이 빠져 있는 경우, 오류를 통해 이를 알려줍니다.

3.1.1 패턴 매칭의 기초

패턴 매칭의 간단한 예는 `Option` 내부에 값이 포함되어 있는지를 확인하는 것입니다.

코드 3.1 `Option` 패턴 매칭하기

```
fn some_or_none<T>(option: &Option<T>) {
    match option {
        Some(_v) => println!("is some!"),  ◀── 옵션의 값을 _v로 꺼냅니다.
        None => println!("is none :("),        변수 앞에 밑줄을 붙이면 컴파일러에 해당 값이
    }                                          실제로 사용되지 않는다는 것을 알려줄 수 있습니다.
}
```

`Option`, `Result` 또는 `Option` 데이터를 포함하는 구조체로부터 값을 꺼낼 때 패턴 매칭이 자주 사용됩니다. 컴파일러는 모든 경우가 올바르게 처리되고 있는지 항상 확인해야 하기 때문에 패턴 매칭을 사용해 데이터를 꺼내는 것은 패턴 매칭의 킬러 기능 중 하나입니다. 덕분에 개발자는 가능한 모든 경우를 처리했는지 여부를 고민할 필요가 없습니다. 패턴 매칭은 코드에 논리적인 오류가 없다고 보장할 수는 없지만, 대신 코드를 더 쉽게 이해할 수 있게 해줍니다.

눈치 빠른 독자라면 코드 3.1에서 일부 (_v) 값을 버리는 대신 그 값을 출력하는 편이 더 좋다는 사실을 알 수 있을 것입니다. 이렇게 하려면 패턴 매칭에서 제네릭 매개변수 T가 `std::fmt::Display`에 바인딩되도록 해야 합니다.

코드 3.2 **Display** 트레이트가 바인딩된 **Option** 패턴 매칭하기

```
fn some_or_none_display<T: std::fmt::Display>(option: &Option<T>) {
    match option {
        Some(v) => println!("is some! where v={v}"),
        None => println!("is none :("),
    }
}
```

이제 `std::fmt::Display`를 구현하는 값을 포함하는 `Option`을 사용해 `some_or_none_display()`를 호출하고 결과가 `Some`인 경우 그 값을 출력할 수 있습니다.

> **보안 취약점 파악하기**
>
> 소프트웨어의 중요한 보안 취약점 대부분은 메모리 안전과 관련되어 있습니다. 마이크로소프트(http://mng.bz/yZKy)의 분석에 따르면 마이크로소프트 제품의 보안 취약점 중 70%가 C 및 C++ 코드의 메모리 안전성 버그와 관련된 것으로 나타났습니다. 메모리 안전성 문제의 예는 다음과 같습니다.
>
> - 배열의 범위를 벗어난 읽기/쓰기
> - 널 포인터와 같은 유효하지 않은 포인터 역참조
> - 해제된 메모리 블록의 재사용 시도
> - 이미 해제된 메모리를 다시 해제하려고 시도하는 경우(예: 이중 해제)
> - 오류 케이스 처리 실패
>
> 러스트의 안전 기능은 이러한 경우를 제거하기 위해 노력하며, 패턴 매칭은 프로그래머가 모든 경우를 처리하도록 요구함으로써 일반적인 위험을 피할 수 있도록 도와주는 핵심 기능입니다. `Option`을 `Some`과 `None`으로 패턴 매칭하는 것은 러스트가 가능한 모든 경우를 처리하도록 강제하는 좋은 예입니다.
>
> 중요한 소프트웨어에 러스트를 선택하는 것은 보험이나 풋옵션 계약(치명적인 손실로부터 보호하는 금융 상품)에 가입하는 것과 비슷합니다. 러스트는 보안 취약점의 위험을 회피하고 사용자와 기업을 보호할 수 있는 방법입니

> 다. 러스트의 안전 기능을 학습하는 데 드는 시간과 노력, 이를 사용하는 데 필요한 훈련, 사용자의 추가적인 학습 부담 등이 일종의 보험료가 되는 것입니다. 그 대가로 소프트웨어가 보안 침해 사고의 헤드라인을 장식할 가능성이 적어지기 때문에 안심할 수 있습니다. 약간의 추가 작업을 미리 수행하면 나중에 문제가 발생했을 때 훨씬 적은 작업을 수행할 수 있다는 간단한 트레이드오프가 있습니다.

패턴 매칭은 `Option` 타입에서 값을 꺼내는 데에만 국한되지 않습니다. 특정 정숫값 또는 정수 범위를 매칭하는 것도 가능합니다.

```rust
fn what_type_of_integer_is_this(value: i32) {
    match value {
        1 => println!("The number one number"),
        2 | 3 => println!("This is a two or a three"),
        4..=10 => println!("This is a number between 4 and 10 (inclusive)"),
        _ => println!("Some other kind of number"),
    }
}
```

패턴 매칭은 구조체, 튜플, 열거형을 분해하는 데 자주 사용됩니다. 튜플을 부분적으로 분해하거나 각 요소를 꺼낼 수 있어서 경우에 따라 내부 요소에 편리하게 접근할 수 있습니다.

```rust
fn destructure_tuple(tuple: &(i32, i32, i32)) {
    match tuple {
        (first, ..) => {
            println!("First tuple element is {first}")  // 길이에 상관없이 튜플의 첫 번째 요소만 일치합니다.
        }
    }
    match tuple {
        (.., last) => {
            println!("Last tuple element is {last}")  // 모든 길이의 튜플에서 마지막 요소만 일치합니다.
        }
    }
    match tuple {
        (_, middle, _) => {
            println!(
                "The middle tuple element is {middle}"  // 요소가 3개인 튜플의 중간 요소와 일치합니다.
            )
        }
    }
    match tuple {
        (first, middle, last) => {
            println!("The whole tuple is ({first}, {middle}, {last})")  // 3개의 요소를 가진 튜플의 모든 요소를 일치시킵니다.
        }
    }
}
```

            }
        }
    }
}
```

동등한 `match` 표현식을 여러 개 사용할 수 있지만, 항상 첫 번째로 일치한 패턴의 표현식이 반환됩니다. 앞의 예에서는 모든 표현식이 유효하기 때문에 각 경우에 대해 별도의 `match` 블록을 사용합니다. 다음과 같이 `match` 블록에 동등한 패턴이 여러 개 있는 경우, 코드가 컴파일되긴 하지만 경고가 발생합니다.

```rust
fn unreachable_pattern_match(value: i32) {
    match value {
        1 => println!("This value is equal to 1"),
        1 => println!("This value is equal to 1"),
        _ => println!("This value is not equal to 1"),
    }
}
```

이 코드를 컴파일하면 두 번째 `match` 케이스에 대해 다음과 같은 경고가 생성됩니다.

```
warning: unreachable pattern
  --> src/main.rs:56:9
   |
56 |         1 => println!("Second match: This value is equal to 1"),
   |         ^
   |
   = note: `#[warn(unreachable_patterns)]` on by default
```

패턴 뒤에 `if`를 사용하는 가드를 추가해 패턴에 조건을 추가할 수 있습니다. 가드는 일치된 값이나 가드에 전달된 별도의 값을 사용할 수 있습니다. 다음 코드는 가드를 사용하여 `value`와 불리언을 매칭하고 있습니다.

```rust
fn match_with_guard(value: i32, choose_first: bool) {
    match value {
        v if v == 1 && choose_first => {
            println!("First match: This value is equal to 1")
        }
        v if v == 1 && !choose_first => {
            println!("Second match: This value is equal to 1")
        }
```
```

```
            v if choose_first => {
                println!("First match: This value is equal to {v}")
            }
            v if !choose_first => {
                println!("Second match: This value is equal to {v}")
            }
            _ => println!("Fell through to the default case"),
    }
}
```

match 문 내에서 서로 다른 타입의 값을 매칭할 수는 없습니다. 동일한 match {} 블록 내의 모든 케이스 또는 분기는 동일한 타입에 적용되어야 합니다. match 블록은 표현식이기 때문에 각 분기(및 그 안의 각 표현식)는 동일한 타입을 반환해야 합니다. 다른 타입(열거형과 같은)을 포함하는 구조는 값을 꺼낼 수는 있지만 제네릭 매칭은 불가능합니다. 예를 들어 다음 코드는 올바르지 않습니다.

```
fn invalid_matching<T>(value: &T) {
    match value {
        "is a string" => println!("This is a string"),
        1 => println!("This is an integral value"),
    }
}
```

이 코드를 컴파일하려고 시도하면 컴파일러는 다음과 같은 결과를 출력합니다.

```
error[E0308]: mismatched types
 --> src/lib.rs:3:9
  |
1 | fn invalid_matching<T>(value: &T) {
  |                     - this type parameter
2 |     match value {
  |           ----- this expression has type `&T`
3 |         "is a string" => println!("This is a string"),
  |         ^^^^^^^^^^^^^ expected `&T`, found `&str`
  |
  = note: expected reference `&T`
             found reference `&'static str`

error[E0308]: mismatched types
 --> src/lib.rs:4:9
  |
1 | fn invalid_matching<T>(value: &T) {
  |                     - this type parameter
```

```
 2 |     match value {
   |           ----- this expression has type `&T`
 3 |         "is a string" => println!("This is a string"),
 4 |         1 => println!("This is an integral value"),
   |         ^ expected type parameter `T`, found integer
   |
   = note: expected type parameter `T`
                     found type `{integer}`

For more information about this error, try `rustc --explain E0308`.
```

열거형을 사용하면 서로 다른 내부 타입을 분해할 수 있습니다. `DistinctTypes`를 사용하면 `match_enum_types()`에서 서로 다른 이름의 타입을 매칭할 수 있습니다.

```
enum DistinctTypes {
    Name(String),
    Count(i32),
}

fn match_enum_types(enum_types: &DistinctTypes) {
    match enum_types {
        DistinctTypes::Name(name) => println!("name={name}"),
        DistinctTypes::Count(count) => println!("count={count}"),
    }
}
```

다음 예제처럼 구조체를 분해하여 특정 값을 추출하고 구조체 내의 특정 값에 대해 매칭할 수도 있습니다. 이 코드 스니펫은 고양이 색에 대한 열거형, 고양이의 이름과 색을 포함하는 구조체, 고양이의 이름을 출력하고 검은 고양이인지 여부를 알려주는 함수 `match_on_black_cats()`를 정의합니다.

```
enum CatColor {
    Black,
    Red,
    Chocolate,
    Cinnamon,
    Blue,
    Cream,
    Cheshire,
}
```

```rust
struct Cat {
    name: String,
    color: CatColor,
}

fn match_on_black_cats(cat: &Cat) {
    match cat {
        Cat {
            name,
            color: CatColor::Black,
        } => println!("This is a black cat named {name}"),
        Cat { name, color: _ } => println!("{name} is not a black cat"),
    }
}
```

다음과 같이 코드를 간단히 테스트할 수 있습니다.

```rust
let black_cat = Cat {
    name: String::from("Henry"),
    color: CatColor::Black,
};
let cheshire_cat = Cat {
    name: String::from("Penelope"),
    color: CatColor::Cheshire,
};
match_on_black_cats(&black_cat);
match_on_black_cats(&cheshire_cat);
```

위의 테스트를 실행하면 다음과 같이 출력됩니다.

```
This is a black cat named Henry
Penelope is not a black cat
```

3.1.2 ? 연산자로 간결하게 처리하기

패턴 매칭은 오류를 처리하는 훌륭한 방법이지만, 일치하는 항목이 너무 많거나 너무 깊게 중첩된 경우 코드가 지저분해질 수 있습니다. 패턴 매칭을 ? 연산자와 결합하면 `Result` 또는 `Option`이 각각 오류 또는 `None`을 반환할 때 즉시 함수를 종료해서 깔끔하게 처리할 수 있습니다. ? 연산자는 `Result` 또는 `Option`을 반환하는 함수 안에서만 사용 가능합니다. ? 연산자를 사용하면 코드를 상당히 간결하게 만들 수 있어서 가독성이 향상됩니다.

```rust
fn write_to_file() -> std::io::Result<()> {  // 이 함수는 편의상 제공된 std::io::Error 오류 타입이 있는
    use std::fs::File;                         // Result의 타입 별칭인 std::io::Result를 반환합니다.
    use std::io::prelude::*;

    let mut file = File::create("filename")?;  // Result를 반환하는 함수에 대한 모든 호출은 ? 연산자를 사용하여
    file.write_all(b"File contents")?;         // 오류가 있는 경우 함수가 해당 오류를 반환해야 함을 나타냅니다.
    Ok(())  // 성공을 표시하기 위해 단위 타입 ()를 Ok로 감싸서 반환합니다.
}

fn try_to_write_to_file() {
    match write_to_file() {  // 함수를 호출하고 Result를 매칭합니다.
        Ok(()) => println!("Write succeeded"),
        Err(err) => println!("Write failed: {}", err.to_string()),
    }
}
```

위의 코드에서는 `write_to_file()` 호출을 패턴 매칭 표현식으로 감싸고 있습니다. 함수가 `Ok(())`를 반환하면 `Write succeeded`라고 출력합니다. 오류가 발생하면 오류 메시지와 함께 `Write failed: ...`를 출력합니다.

? 연산자는 `Result`를 사용하여 코드를 깔끔하게 유지할 수 있는 매우 편리한 방법입니다. 러스트의 특수 타입인 단위 타입 ()를 사용했는데, 이는 아무 값도 포함하지 않는 컴파일러에 의해 최적화되는 플레이스홀더입니다. 단위 타입 ()는 흔히 **단위**unit라고 간단히 나타내기도 합니다. 만일 ? 연산자를 사용하지 않으면, 오류를 출력하기 위해 중복된 코드를 여러 번 사용하게 됩니다.

```rust
fn write_to_file_without_result() {
    use std::fs::File;
    use std::io::prelude::*;

    let create_result = File::create("filename");
    match create_result {
        Ok(mut file) => match file.write_all(b"File contents") {
            Err(err) => {
                println!("There was an error writing: {}", err)
            }
            _ => println!("Write succeeded"),
        },
        Err(err) => println!(
            "There was an error opening the file: {}",
            err
        ),
    }
}
```

? 연산자를 사용해 여러 호출을 연결하려면 반환 타입에 주의해야 합니다. ? 연산자가 적용된 구문의 타입과 함수에서 반환하는 `Result<T, E>` 또는 `Option<T>`가 일치해야 합니다. `Result<T, E>`의 경우, ?를 사용하는 모든 함수의 오류 타입이 부모 함수와 일치하거나 `From` 트레이트의 구현을 제공해야 대상 오류 타입으로 변환할 수 있습니다. 이러한 이유로 오류 타입 간 변환을 위해 `impl Fromfor ... {}`를 작성해야 하는 경우가 많습니다.

> **TIP** ? 연산자를 연결할 때 `From` 트레이트 구현 외에도 몇 가지 편리한 방법을 사용하여 `Result`와 `Option` 간에 변환할 수 있습니다. `Result<T, E>`의 경우 `ok()` 메서드를 사용하여 `Option<T>`로 만들 수 있고, `err()`를 사용하여 `Option<E>`로 만들 수 있습니다. 또는 `map_err()`를 사용해서 오류를 다른 타입으로 변환할 수도 있습니다. `Option<T>`의 경우 `ok_or()`을 사용하여 `Result<T,E>`로 변환할 수 있습니다.

앞의 예제에서 원래 오류에 더 많은 정보를 추가하기 위해 `std::io::Error` 대신 자체적인 오류 타입을 사용하려는 경우 다음과 같이 해야 합니다.

```
enum ErrorTypes {
    IoError(std::io::Error),
    FormatError(std::fmt::Error),
}

struct ErrorWrapper {
    source: ErrorTypes,
    message: String,
}
```

다음으로 `ErrorWrapper`에 `From<std::io::Error>`를 구현해야 합니다.

```
impl From<std::io::Error> for ErrorWrapper {
    fn from(source: std::io::Error) -> Self {
        Self {
            source: ErrorTypes::IoError(source),
            message: "there was an IO error!".into(),
        }
    }
}
```

이제 `write_to_file()` 함수에서 오류 타입으로 `ErrorWrapper`를 반환하도록 코드를 수정할 수 있습니다.

```
fn write_to_file() -> Result<(), ErrorWrapper> {     ◀── 오류 타입을 사용하여 std::io::Result 대신
    use std::fs::File;                                     평범한 Result를 반환합니다.
    use std::io::prelude::*;

    let mut file = File::create("filename")?;
    file.write_all(b"File contents")?;
    Ok(())
}

fn try_to_write_to_file() {
    match write_to_file() {
        Ok(()) => println!("Write succeeded"),
        Err(err) => {
            println!("Write failed: {}", err.message)   ◀── std::io::Error에서 제공하는 오류 메시지 대신
        }                                                    우리의 오류 메시지를 출력합니다.
    }
}
```

`try_to_write_to_file()` 함수를 호출하면 (정상적인 상황에서는) `Write succeeded`를 출력해야 합니다. 그러나 오류(파일의 쓰기 권한이 없는 경우 등)가 발생하면 함수는 `File`에서 제공한 오류 메시지와 함께 `Write failed: ...`를 출력합니다.

이러한 방식으로 오류를 처리하는 것은 러스트에서 매우 일반적이며 코드의 양을 많이 줄일 수 있습니다. 이 접근 방식은 오류 처리 코드에 서드파티 크레이트의 오류를 통합하는 비교적 간단한 방법입니다. 4장에서 러스트의 ? 연산자와 오류 처리를 다시 살펴보겠습니다.

3.2 함수적 러스트

지금까지 이 책에서는 제네릭, 트레이트, 패턴 매칭과 같은 기본 사항을 다뤘습니다. 이제 제가 가장 좋아하는 주제 중 하나인 함수형 프로그래밍을 포함한 러스트의 기능적 특징에 대해 살펴보겠습니다. 러스트 함수형 프로그래밍의 두 가지 핵심 기능은 **클로저**closure와 **반복자**iterator입니다.

클로저와 반복자가 유행처럼 번지면서 많은 분들이 한 번쯤은 사용해 보셨을 것입니다. 예를 들어, 자바스크립트 및 타입스크립트 언어와 그 라이브러리는 클로저를 많이 사용합니다. 반복자는 너무 흔해서 대부분의 사람들은 이를 추상화라고 생각하지 않고 모든 최신 프로그래밍 언어의 핵심 기능으로 생각합니다.

함수형 프로그래밍은 프로그램을 선언적 함수로 구성하며 상태의 변경을 허용하지 않는(언어의 엄격성 정도에 따라 허용할 수도 있지만) 패러다임입니다. 일부 엄격한 함수형 언어에서는 상태를 변경할 수 없으며, 상태에 영향을 주는 유일한 방법은 한 값을 다른 값으로 매핑하는 함수를 사용하는 것뿐입니다. 또한 함수형 언어는 함수 내에서 I/O 또는 지역 상태 변경과 같이 불확실한 결과를 초래할 수 있는 동작들을 방지합니다.

함수형 프로그래밍을 지원하기 위해 일부 언어는 함수를 중심으로 명시적으로 설계되어 불변 상태를 처리하는 기능을 갖추고 있습니다. 러스트는 엄밀히 말해 함수형은 아니지만, 가변성을 `mut` 키워드로 명시적으로 사용함과 동시에 클로저와 반복자 같은 핵심 함수형 기능을 제공함으로써 함수형 패턴을 권장합니다.

함수형 프로그래밍은 광범위한 주제이므로 여기서는 러스트의 고수준 기능을 살펴보는 데 집중하겠습니다. 함수형 프로그래밍에 대해 자세히 알아보려면 미하우 플라흐타(Michał Płachta)의 《Grokking Functional Programming》(https://www.manning.com/books/grokking-functional-programming)을 읽어보시길 추천합니다.

3.2.1 러스트 함수형 프로그래밍의 기초

(순수하지는 않지만) 간단한 클로저를 살펴보면서 시작하겠습니다.

```
let bark = || println!("Bark!");
bark();
```

> `println!()`은 I/O 연산으로 인한 부작용을 발생시키며, 이는 이 클로저가 순수하지 않다는 것을 의미합니다.

여기에는 `"Bark!"`라고 개처럼 소리를 내는 함수가 있습니다. 인자가 없기 때문에 함수처럼 보이지 않으며 중괄호는 필요하지 않으므로 제거했습니다. 러스트에서 클로저는 두 파이프 사이의 인자 리스트인 `||`와 코드 블록으로 시작됩니다. 한 줄 함수의 경우 블록의 중괄호(`{}`)를 생략할 수 있습니다. 이 함수를 좀 더 함수처럼 보이게 하기 위해 매개변수를 추가해 보겠습니다.

```
let increment = |value| value + 1;
increment(1);
```

여기서 함수는 정숫값을 받아 해당 값에 1을 더한 값을 반환합니다. 컴파일러가 값의 타입을 유추할 수 있으므로 타입을 지정할 필요는 없습니다. 코드 블록을 사용하여 훨씬 더 함수처럼 보이는 클로저를 만들어 보겠습니다.

```
let print_and_increment = |value| {
    println!("{value} will be incremented and returned");
    value + 1
};
print_and_increment(5);
```

이 예제는 그다지 흥미롭지는 않습니다. 클로저는 다른 함수를 매개변수로 사용하는 **고차 함수** higher-order function를 다룰 때 유용합니다. 러스트에서는 `map()`, `for_each()`, `find()`, `fold()`와 비슷한 반복자 메서드를 사용할 때 고차 함수를 사용해 본 적이 있을 것입니다. 고차 함수는 호출자 caller가 수신자 callee에게 내부 로직을 제공합니다. 이렇게 하면 함수의 호출자에게 실제 작업을 수행하게 할 수 있어서 편리합니다. 클로저는 구문을 더 편리하고, 즐겁고, 유연하게 만듭니다. 다음 예제에서는 고차 함수를 사용해서 다른 함수에서 값을 가져오는 간단한 가산기 adder를 만들고 있습니다.

```
let left_value = || 1;      ← 1을 반환하고 impl Fn() -> i32를 제공하는 클로저입니다.
let right_value = || 2;     ← 2를 반환하고 impl Fn() -> i32를 제공하는 클로저입니다.
let adder = |left: fn() -> i32,
             right: fn() -> i32| {      두 함수를 받아 그 결과를 더하는 클로저로,
    left() + right()                     impl Fn(fn() -> i32, fn() -> i32) -> i32를
};                                       제공합니다.
println!(
    "{} + {} = {}",
    left_value(),
    right_value(),
    adder(left_value, right_value)
);
```

위의 예제에서는 각각 `left_value`와 `right_value`에 할당된 2개의 클로저가 하드코딩된 정수를 반환합니다. 그런 다음 특수 함수 타입인 `fn() -> i32` 타입의 매개변수 2개를 받는 이 가산기를 생성합니다. 시그니처와 일치하는 모든 함수를 가산기에 전달할 수 있습니다. 이 경우 왼쪽과 오른쪽 값을 더하면 1 + 2가 되므로 함수는 3을 반환합니다. 이 코드를 실행하면 다음과 같은 출력이 생성됩니다.

```
1 + 2 = 3
```

`left_value`와 `right_value`가 반환하는 값을 바꿔가며 실험해 보면 그에 따라 출력이 달라지는 것을 확인할 수 있습니다. 값을 더하는 대신 곱하게 할 수도 있습니다.

3.2.2 클로저 변수 캡처

적절한 시그니처가 없는 함수로 가산기를 호출하고 싶다면 다른 클로저로 감싸서 올바른 시그니처를 얻을 수 있습니다. 왜 이렇게 해야 하는지 이해하기 위해 클로저의 변수 캡처를 살펴보겠습니다.

러스트는 함수형 프로그래밍에 도움이 되는 세 가지 트레이트인 `Fn`, `FnMut`, `FnOnce`를 제공합니다. 이러한 트레이트는 가능한 경우 자동으로 구현되며 다음과 같이 요약할 수 있습니다.

- `Fn`은 캡처하는 변수를 사용하지 않고 반복적으로 호출할 수 있는 `Fn(&self)` 형식의 함수에서 사용됩니다. 모든 인자는 불변입니다.
- `FnMut`는 `FnMut(&mut self)` 형식과 같은 가변 함수를 위한 것입니다. 캡처하는 변수를 사용하지 않으므로 반복적으로 호출할 수 있지만 가변 레퍼런스를 포함합니다.
- `FnOnce`는 `FnOnce(self)`와 같이 자기 자신을 사용하는 함수를 위한 것입니다. 이러한 함수는 캡처하는 변수를 사용하기 때문에 한 번만 호출할 수 있습니다.

클로저의 경우, 클로저 정의 앞에 `move` 키워드를 사용해 클로저가 캡처하는 변수를 사용한다고 나타내면 `FnOnce`가 자동으로 구현됩니다. 코드 3.3의 클로저를 살펴봅시다.

코드 3.3 `move` 키워드를 사용한 클로저

```rust
let consumable = String::from("cookie");
let consumer = move || consumable;
consumer();
// consumer(); 오류 발생!
```

이 예제의 네 번째 줄에서 `consumable`은 한 번만 이동할 수 있는데 `consumer()`를 두 번 호출하면 오류가 발생합니다. `consumer()`에 대한 두 번째 호출을 주석 처리하지 않고 컴파일하면 다음과 같은 출력이 표시됩니다.

```
error[E0382]: use of moved value: `consumer`
  --> src/main.rs:22:5
   |
21 |     consumer();
   |     ---------- `consumer` moved due to this call
```

```
22 |         consumer();
   |         ^^^^^^^^ value used here after move
   |
note: closure cannot be invoked more than once because it moves the
➡ variable `consumable` out of its environment
  --> src/main.rs:20:28
   |
20 |     let consumer = move || consumable;
   |                    ^^^^^^^^^^^^^^^^^^
note: this value implements `FnOnce`, which causes it to be moved when
➡ called
  --> src/main.rs:21:5
   |
21 |         consumer();
   |         ^^^^^^^^

For more information about this error, try `rustc --explain E0382`.
error: could not compile `closures` (bin "closures") due to 1 previous
➡ error
```

코드 3.3에서와 같이, move |...|의 주요 용도는 클로저 내부 어딘가로 객체의 소유권을 이전하거나 할당하되 복사나 복제를 피하려는 경우입니다. move 키워드는 필수가 아닙니다. 사용하지 않으면 러스트는 캡처한 변수를 이동할지 여부를 스스로 추론해 낼 수 있습니다. 그래도 모호함을 막기 위해 의도를 명확히 표현하는 것이 좋습니다. 물론 오류가 발생하면 컴파일러에서 경고를 표시할 것입니다. consumable을 사용한 예제에서는 move 키워드를 생략해도 결과는 동일했을 것입니다. 클로저, 제네릭과 Fn, FnMut, FnOnce 트레이트를 함께 사용하면 다양한 제네릭 함수 패턴을 구현할 수 있습니다.

3.2.3 반복자 살펴보기

클로저를 보완하는 러스트의 반복자에 대해 살펴봅시다. 러스트의 반복자는 Iterator 트레이트를 통해 제공되며, 여기에는 반복자를 통해 구현된 map(), for_each(), take(), fold(), filter(), find(), zip() 등의 많은 함수가 포함되어 있습니다. 만일 특정 타입에 Iterator 트레이트를 구현하면 이러한 모든 반복자(그리고 그 이상!)를 사용할 수 있습니다.

반복자는 GoF의 디자인 패턴 중 하나이며 가장 많이 사용되는 패턴입니다. 디자인 패턴에서뿐만 아니라 러스트 언어에 대해서도 훌륭한 모범 사례들을 찾을 수 있습니다. 러스트의 Iterator 트레이트의 핵심은 다음과 같습니다.

```rust
trait Iterator {
    type Item;
    fn next(&mut self) -> Option<Self::Item>;
}
```

`Iterator` 트레이트에는 여기에 표시된 것보다 훨씬 더 많은 것이 포함되어 있지만, 타입에 맞는 `Iterator`를 구현하려면 `next()`와 `Item()`만 제공해 주면 됩니다. `Iterator` 트레이트를 구현한 연결 리스트를 살펴봅시다. 새로운 연결 리스트 구현을 작성하는 것으로 시작하겠습니다.

코드 3.4 `LinkedList` 구현하기

```rust
use std::cell::RefCell;
use std::rc::Rc;

type ItemData<T> = Rc<RefCell<T>>;
type ListItemPtr<T> = Rc<RefCell<ListItem<T>>>;

struct ListItem<T> {
    data: ItemData<T>,          // ← data에 대한 포인터입니다.
    next: Option<ListItemPtr<T>>,  // ← 연결 리스트의 다음 항목에 대한 포인터입니다.
}

impl<T> ListItem<T> {
    fn new(t: T) -> Self {      // ← 리스트에 새 항목(또는 노드)을 생성합니다.
        Self {
            data: Rc::new(RefCell::new(t)),
            next: None,
        }
    }
}

struct LinkedList<T> {
    head: ListItemPtr<T>,       // ← 리스트의 첫 번째 항목(또는 노드)에 대한 포인터입니다.
}

impl<T> LinkedList<T> {
    fn new(t: T) -> Self {      // ← 새 리스트를 생성하며, head는 첫 번째 항목을 가리킵니다.
        Self {
            head: Rc::new(RefCell::new(ListItem::new(t))),
        }
    }
}
```

이 연결 리스트는 우리가 필요한 구조를 갖고 있지만, 리스트의 항목을 반복하거나 새로운 항목을 추가할 수 있는 방법이 없기 때문에 아직 완벽하지는 않습니다. 항목을 추가하는 기능을 의도적으로 구현하지 않은 이유는 이 기능을 반복자를 사용해서 구현하고 싶었기 때문입니다. `Iterator` 트레이트를 먼저 구현하면 연결 리스트의 나머지 기능을 추가하기가 쉬워집니다. 한번 구현해 보겠습니다.

> ### Rc와 RefCell
>
> 코드 3.4에서 소개한 `Rc`나 `RefCell`을 처음 접하는 분들을 위해 간단히 설명해 드리겠습니다. `Rc`와 `RefCell`은 중요하면서도 고유한 기능을 제공하는 **스마트 포인터**(smart pointer)입니다.
>
> `Rc`는 C++의 `std::shared_ptr`과 유사한 레퍼런스 카운트 포인터를 제공합니다. `RefCell`은 **내부 가변성**(interior mutability)을 허용하는 특수한 타입의 포인터입니다.
>
> `Rc`를 사용하면 동일한 메모리 주소에 대한 여러 레퍼런스(또는 포인터)를 보유할 수 있으며, `RefCell`은 런타임에 소유권 대여 검사를 수행할 수 있는 방법을 제공합니다. 러스트의 대여 검사는 일반적으로 컴파일 타임에 작동하지만, 동일한 객체에 대한 여러 레퍼런스를 보유하면서도 가변성을 활성화하려는 경우(컴파일 타임에는 불가능)와 같이 대여 검사가 런타임에 수행되는 경우가 있습니다.
>
> 연결 리스트 예제에서는 `Rc`를 사용해 동일한 객체에 대한 여러 레퍼런스를 만들고 내부 객체도 변경할 수 있어야 합니다. 이때 `RefCell`을 사용하면 안전하게 변경할 수 있습니다.
>
> 《러스트 프로페셔널 코드》(제이펍, 2024, https://jpub.tistory.com/468755)의 5장에서는 러스트의 스마트 포인터에 대해 자세히 설명합니다. `Rc`에 대한 자세한 내용은 러스트 표준 라이브러리 문서(https://doc.rust-lang.org/std/rc/index.html)를 참조하고, `RefCell`에 대해서는 https://doc.rust-lang.org/std/cell/index.html을 참조하세요.

여기서 반복자는 **상태를 유지한다**는 점을 강조하고 싶습니다. 즉, 반복자는 여러 항목들 중에서 자신의 위치를 알고 있기 때문에 `next()`를 호출할 때마다 이전 항목에서 다음 항목으로 이동할 수 있습니다.

> **NOTE** 가장 순수한 함수형 프로그래밍 언어에서도 모든 소프트웨어는 결국 명령형 기계어 코드로 엄격히 분해되기 때문에, 충분히 그리고 열심히 살펴보면 항상 프로그램 내부의 상태를 찾을 수 있습니다.

지금은 연결 리스트 자체에 해당 상태를 저장하겠습니다. 이러한 방식으로 `fn new()` 메서드를 업데이트할 수 있습니다.

```
struct LinkedList<T> {
    head: ListItemPtr<T>,
```

```rust
        cur_iter: Option<ListItemPtr<T>>,
}

impl<T> LinkedList<T> {
    fn new(t: T) -> Self {
        Self {
            head: Rc::new(RefCell::new(ListItem::new(t))),
            cur_iter: None,
        }
    }
}
```

좋습니다! 이제 `cur_iter`에 반복자의 현재 위치에 대한 포인터가 생겼고, 이 포인터는 `None`으로 초기화할 수 있습니다. 연결 리스트에 `Iterator` 트레이트를 구현해 보겠습니다(이 장의 뒷부분에서 좀 더 정교한 접근 방식을 다룰 것입니다).

```rust
impl<T> Iterator for LinkedList<T> {
    type Item = ListItemPtr<T>;    ◁── 이 Iterator 구현에서는 데이터 자체가 아닌
    fn next(&mut self) -> Option<Self::Item> {         리스트 항목에 대한 포인터를 반환합니다.
        match &self.cur_iter.clone() {    ◁── 나중에 포인터의 소유권이 대여된 상태에서 포인터를
            None => {                          수정해야 하기 때문에 여기서 cur_iter를 복제해야 합니다.
                self.cur_iter = Some(self.head.clone());
            }                                  ◁── cur_iter가 None이면 반복자가
            Some(ptr) => {                         초기화되지 않으므로 head부터 시작합니다.
                self.cur_iter = ptr.borrow().next.clone();
            }                                  ◁── 시퀀스의 다음 항목을 가리키도록
        }                                          cur_iter를 업데이트해야 합니다.
        self.cur_iter.clone()    ◁── 마지막으로, 시퀀스의 현재 위치를 복제하고 반환합니다.
    }
}
```

이제 반복자를 사용하여 리스트에서 마지막 항목을 찾는 것은 간단합니다.

```rust
let dinosaurs = LinkedList::new("Tyrannosaurus Rex");
let last_item = dinosaurs.last()
    .expect("couldn't get the last item");
println!("last_item='{}'", last_item.borrow().data.borrow());
```

`Iterator`를 구현하면 트레이트에 구현되어 있는 `last()`를 호출해 리스트의 마지막 항목을 가져올 수 있습니다. 위의 코드를 실행하면 예상대로 `last_item= 'Tyrannosaurus Rex'`가 출력됩니다.

이제 `append()` 메서드를 원래 `LinkedList`에 추가해 보겠습니다.

```
impl<T> LinkedList<T> {
    fn new(t: T) -> Self {
        Self {
            head: Rc::new(RefCell::new(ListItem::new(t))),
            cur_iter: None,
        }
    }
    fn append(&mut self, t: T) {
        self.last()
            .expect("List was empty, but it should never be")
            .as_ref()        ◀──── 내부 ListItem에 접근하려면 내부 RefCell을 빌려야 합니다.
            .borrow_mut()    ◀──── 내부 next 포인터를 수정하려면 가변 소유권을 빌려야 합니다.
            .next = Some(Rc::new(RefCell::new(ListItem::new(t))));
    }
}
```

이제 클로저와 함께 `for_each`를 사용해 항목을 추가한 다음 리스트를 반복할 수 있습니다.

```
let mut dinosaurs = LinkedList::new("Tyrannosaurus Rex");
dinosaurs.append("Triceratops");
dinosaurs.append("Velociraptor");
dinosaurs.append("Stegosaurus");
dinosaurs.append("Spinosaurus");
dinosaurs
    .iter()
    .for_each(|ptr| {
        println!("data={}", ptr.borrow().data.borrow())   ◀──── 여기서 여전히 내부 포인터를 꺼내줘야 하며,
    });                                                          for_each() 호출은 dinosaurs를 소비합니다.
```

이 코드를 실행하면 다음과 같이 출력됩니다.

```
data=Tyrannosaurus Rex
data=Triceratops
data=Velociraptor
data=Stegosaurus
data=Spinosaurus
```

> **NOTE** 이 예제의 코드는 최종 구현이 아니기 때문에 리포지터리의 코드와 일치하지 않습니다. 곧 두 코드가 같아지도록 예제 코드를 바꿔나갈 것입니다.

깔끔하죠? 이 예제는 재미있지만, 연결 리스트의 각 노드가 담고 있는 데이터에 접근하려면 여전히 내부 포인터를 꺼내야 하기 때문에 반복자가 그다지 이상적이지 않습니다. 이 인터페이스는 컬렉션 타입에는 적합하지 않다고 생각합니다. 라이브러리를 작성하는 경우 내부 타입을 노출하고 싶지 않을 것입니다.

3.2.4 iter(), into_iter(), iter_mut()로 반복자 얻기

연결 리스트를 좀 더 관용적으로 만들려면 리스트의 내부 구조를 노출하지 않고 리스트의 항목을 반복해야 합니다. 또한 리스트의 항목에 대한 가변 레퍼런스를 반복하면서 리스트를 소비하고 항목을 반복해야 합니다. 정리하자면 세 가지 방법으로 연결 리스트를 반복할 수 있습니다.

- `iter()`: 리스트의 항목에 대한 불변 레퍼런스를 반복합니다.
- `iter_mut()`: 리스트의 항목에 대한 가변 레퍼런스를 반복합니다.
- `into_iter()`: 리스트를 소비하고 항목에 대해 반복합니다.

3.2.3절에서는 `LinkedList`에서 직접 `Iterator` 트레이트를 구현했지만, 이는 관용적인 리스트가 아니며 좋지 않은 방법입니다. 대신 러스트의 일반적인 패턴이자 더 나은 디자인인 반복자를 처리하는 별도의 구조를 만들겠습니다. 리스트에서 기본적으로 제공하는 컬렉션 타입을 살펴보면 일반적으로 3개의 반복자를 제공합니다.

- T를 반복하는 반복자: `into_iter(self)`에 의해 제공되며, `self`를 소비합니다.
- &T를 반복하는 반복자: `iter(&self)`에 의해 제공됩니다.
- &mut T를 반복하는 반복자: `iter_mut(&mut self)`에 의해 제공됩니다.

`Vec`은 반복자 트레이트를 직접 구현하지 않고 T, &T, &mut T에 대해 `IntoIterator` 트레이트를 구현하는 것을 알 수 있습니다. `Vec`은 자체적으로 내부에(https://doc.rust-lang.org/std/vec/struct.IntoIter.html) `Iter`, `IterMut`, `IntoIter` 객체를 사용해 간접적으로 반복자 트레이트를 구현합니다. `LinkedList`에 `Iterator`를 구현하는 대신 별도의 구조를 만들어 반복을 처리함으로써 연결 리스트에서도 같은 방식으로 처리할 수 있습니다.

이 패턴을 차용해서 연결 리스트에 적용해 보겠습니다. 먼저 다음과 같이 새로운 상태 유지 반복자 구조체를 생성합니다.

```
struct Iter<T> {
    next: Option<ListItemPtr<T>>,
}
struct IterMut<T> {
    next: Option<ListItemPtr<T>>,
}
struct IntoIter<T> {
    next: Option<ListItemPtr<T>>,
}
```

각 반복자 구조체는 리스트의 다음 항목에 대한 포인터를 유지합니다. 연결 리스트를 구현하기 위해 Rc와 RefCell을 사용하기 때문에 포인터를 매우 쉽게 관리할 수 있습니다. 또한 라이프타임에 대해 크게 걱정할 필요가 없습니다.

새 인스턴스를 반환하는 `iter()`, `iter_mut()`, `into_iter()` 메서드를 LinkedList에 추가하여 반복자들을 초기화할 것입니다. 또한 `append()`가 다시 작동하도록 업데이트해 보겠습니다.

```
impl<T> LinkedList<T> {
    fn new(t: T) -> Self {
        Self {
            head: Rc::new(RefCell::new(ListItem::new(t))),
        }
    }
    fn append(&mut self, t: T) {
        let mut next = self.head.clone();
        while next.as_ref().borrow().next.is_some() {
            let n = next
                .as_ref()
                .borrow()
                .next
                .as_ref()
                .unwrap()
                .clone();
            next = n;
        }
        next.as_ref().borrow_mut().next =
            Some(Rc::new(RefCell::new(ListItem::new(t))));
    }
    fn iter(&self) -> Iter<T> {
        Iter {
            next: Some(self.head.clone()),
        }
    }
```

RefCell과 Rc 내에서 내부 Option으로부터 값을 꺼내야 합니다. as_ref()로 레퍼런스를 가져온 다음 borrow()로 소유권을 빌려서 내부의 next 포인터에 접근해야 합니다.

현재 next에서 두 번, 다음 next에서 한 번, 총 세 번 빌려야 포인터를 복제할 수 있습니다.

3.2 함수적 러스트

```rust
    fn iter_mut(&mut self) -> IterMut<T> {
        IterMut {
            next: Some(self.head.clone()),
        }
    }
    fn into_iter(self) -> IntoIter<T> {
        IntoIter {
            next: Some(self.head.clone()),
        }
    }
}
```

멋지네요! 이미 결함이 있다고 판단한 이전 `Iterator` 구현을 더 이상 사용하지 않도록 `append()`를 업데이트했습니다. 이제 `Iter`, `IterMut`, `IntoIter`에 대한 `Iterator` 트레이트만 구현하면 됩니다.

```rust
impl<T> Iterator for Iter<T> {
    type Item = ItemData<T>;
    fn next(&mut self) -> Option<Self::Item> {
        match self.next.clone() {
            Some(ptr) => {
                self.next.clone_from(&ptr.as_ref().borrow().next);
                Some(ptr.as_ref().borrow().data.clone())
            }
            None => None,
        }
    }
}
impl<T> Iterator for IterMut<T> {
    type Item = ItemData<T>;
    fn next(&mut self) -> Option<Self::Item> {
        match self.next.clone() {
            Some(ptr) => {
                self.next.clone_from(&ptr.as_ref().borrow().next);
                Some(ptr.as_ref().borrow().data.clone())
            }
            None => None,
        }
    }
}
impl<T> Iterator for IntoIter<T> {
    type Item = ItemData<T>;
    fn next(&mut self) -> Option<Self::Item> {
        match self.next.clone() {
            Some(ptr) => {
                self.next.clone_from(&ptr.as_ref().borrow().next);
```

```
                Some(ptr.as_ref().borrow().data.clone())
            }
            None => None,
        }
    }
}
```

next() 구현은 간단합니다. ListItem 구조체 내의 데이터에 대한 포인터를 반환하고, 리스트의 다음 항목으로 self.next를 업데이트하고, 더 이상 항목이 없을 때 None을 반환합니다. 세 가지 구현이 모두 동일하다는 것을 알 수 있습니다. 상황은 더 심각합니다. 모두 우리가 찾고 있는 T, &T, &mut T가 아닌 Rc<RefCell<T>>를 반환합니다. Rc<RefCell<T>>를 반환하는 것은 괜찮지만 패턴과 일치하지 않으며, 데이터에 접근하려면 여전히 데이터를 꺼내야 합니다.

이 문제에 대한 해결책은 간단하지 않습니다. Vec의 IntoIter를 참고해서 문제를 해결해 보겠습니다. Vec의 into_iter() 메서드는 다음과 같은 시그니처를 가집니다.

```
fn into_iter(self) -> slice::IterMut<'a, T>;
```

자세히 살펴보면 이 메서드가 self를 입력받는 것을 알 수 있습니다. 즉, into_iter()를 호출하면 Vec을 소비합니다. 이 정보를 활용해 각 리스트 항목을 소비하도록 IntoIter를 변경할 수 있습니다.

```
impl<T> Iterator for IntoIter<T> {
    type Item = T;
    fn next(&mut self) -> Option<Self::Item> {
        match self.next.clone() {
            Some(ptr) => {
                self.next = ptr.as_ref().borrow().next.clone();
                let listitem =
                    Rc::try_unwrap(ptr).map(|refcell| refcell.into_inner());
                match listitem {
                    Ok(listitem) => Rc::try_unwrap(listitem.data)
                        .map(|refcell| refcell.into_inner())
                        .ok(),
                    Err(_) => None,
                }
            }
            None => None,
        }
    }
}
```

코드가 훨씬 더 복잡해지기 시작했습니다. 자세히 살펴봅시다.

- 연결 리스트의 각 리스트 항목(또는 노드)에 대한 포인터와 데이터는 모두 `Rc` 내부의 `RefCell`에 저장됩니다(즉, `Rc<RefCell<T>>`).
- 우리는 내부 `RefCell`을 소비하고 싶기 때문에 `Rc`에서 `try_unwrap()`을 사용하여 `Rc` 외부로 이동해야 합니다. `try_unwrap()`은 다른 레퍼런스가 없을 때만 `Rc`에서 작동합니다. 연결 리스트 외부로 이러한 레퍼런스를 노출하지 않을 것이므로 다른 레퍼런스가 없다는 것을 합리적으로 확신할 수 있습니다.
- `try_unwrap()`을 사용하여 `Rc`에서 `RefCell`을 가져올 때, `RefCell<T>`에서 `T`를 이동해야 합니다. 이를 위해 `RefCell`을 소비하는 `into_inner()`를 호출합니다. `RefCell`은 소유하고 있던 `T`를 반환하게 됩니다.
- 반환 타입은 연관 타입인 `Item = T` 타입으로 정의되며, `Iterator` 트레이트에 필요한 `Self::Item`으로 참조하게 됩니다.

다음과 같은 방법으로 코드를 테스트할 수 있습니다.

```
let mut dinosaurs = LinkedList::new("Tyrannosaurus Rex");
dinosaurs.append("Triceratops");
dinosaurs.append("Velociraptor");
dinosaurs.append("Stegosaurus");
dinosaurs.append("Spinosaurus");
dinosaurs
    .into_iter()
    .for_each(|data| println!("data={}", data));
```

테스트는 예상대로 작동하여 다음과 같은 출력을 생성합니다.

```
data=Tyrannosaurus Rex
data=Triceratops
data=Velociraptor
data=Stegosaurus
data=Spinosaurus
```

깔끔하네요! 하지만 여전히 우리가 원하는 방식으로 `&T` 또는 `&mut T`를 반환하지 않습니다. `Iter`와 `IterMut` 구현을 다시 살펴봅시다. `into_iter()`와 달리 `LinkedList`의 `iter()` 및 `iter_mut()` 메서드는 self를 사용하지 않고 self에 대한 레퍼런스(각각 &self 및 &mut self)를 사용하므로 상당히 까다롭습니다.

안정적인 일반 러스트 버전에서는 `RefCell`이 보유하고 있는 객체에 대한 레퍼런스를 가져올 수 있는 방법을 제공하지 않습니다. `Ref`와 `RefMut` 래퍼는 러스트 나이틀리(nightly)에서 `leak()` 메서드를 제공하지만, 그 기능을 사용하지 않고 해보겠습니다.

불행히도, 우리가 원하는 것을 할 수 있는 유일한 방법은 `unsafe`를 사용하는 것입니다. 러스트의 컬렉션 라이브러리 구현을 보면 `Iterator` 트레이트에서 `next()`의 내부 구현 등 여러 곳에서 `unsafe`를 사용하는 것을 볼 수 있습니다.

반환하는 레퍼런스에 대한 라이프타임 `'a`를 포함하도록 `Iter` 및 `IterMut` 구조체를 업데이트해야 합니다. 또한 반환하는 데이터에 대한 포인터의 복사본을 저장하여 반복자가 범위 내에 있는 한 존재하도록 합니다. `PhantomData` 필드를 사용하여 구조체에서 라이프타임 `'a`를 캡처합니다.

```
struct Iter<'a, T> {
    next: Option<ListItemPtr<T>>,
    data: Option<ItemData<T>>,
    phantom: PhantomData<&'a T>,
}
struct IterMut<'a, T> {
    next: Option<ListItemPtr<T>>,
    data: Option<ItemData<T>>,
    phantom: PhantomData<&'a T>,
}
```

라이프타임

라이프타임은 레퍼런스가 일정 기간 동안만 유효하다는 것을 보장해 유효하지 않은 레퍼런스(C 또는 C++의 유효하지 않은 포인터와 유사)를 방지합니다. 러스트는 컴파일 시 컴파일러의 대여 검사기가 레퍼런스가 유효한지 확인하고 프로그래머가 이 정보를 컴파일러에 전달할 수 있는 방법을 제공하기 위해 라이프타임 개념을 도입했습니다. 라이프타임은 작은따옴표(')뒤에 이름(예: `'a`, `'b`, `'c`)으로 표시됩니다.

러스트의 라이프타임은 처음에는 파악하기가 약간 까다롭지만 연습을 하다 보면 꽤 간단하다는 사실을 알게 될 것입니다. 다음은 라이프타임과 관련하여 고려해야 할 중요한 사항입니다.

- 변수의 라이프타임은 변수가 생성될 때 시작하여 소멸될 때까지 변수가 유효한 기간입니다.
- 레퍼런스는 라이프타임 `'a` 동안 유효하며, 여기서 `'a`는 라이프타임을 식별하는 것 외에 다른 의미가 없는 임의의 이름입니다.

- 레퍼런스는 레퍼런스가 참조하는 객체의 라이프타임 또는 레퍼런스가 생성된 범위의 라이프타임 중 더 짧은 기간 동안 유효합니다.
- 때로는 컴파일러가 레퍼런스 간의 관계를 이해하도록 돕기 위해 라이프타임을 명시적으로 정의해야 할 때도 있습니다. 대부분의 상황에서는 기본적으로 컴파일러가 라이프타임을 유추할 수 있습니다.
- 컴파일러가 라이프타임을 유추할 수 없는 경우 오류 메시지를 생성하므로 사용자가 라이프타임을 명시적으로 제공해야 합니다.
- 라이프타임은 항상 레퍼런스의 콘텍스트에 존재하며 항상 레퍼런스와 연관되어 있습니다. 레퍼런스가 없는 경우 라이프타임이 필요하지 않으며, 명시적으로 정의하지 않으면 컴파일러가 라이프타임을 유추합니다.

라이프타임은 일반적으로 함수, 구조체 또는 트레이트 수준에서 도입됩니다. 라이프타임이 도입되는 위치에 따라 라이프타임의 범위가 결정됩니다. 함수 수준에서 라이프타임을 도입하는 경우 라이프타임은 함수(또는 구조체, 트레이트 등)의 기간 동안 유효합니다. 다음의 작은 프로그램에서는 `print_without_lifetime()`과 `print_with_lifetime()` 함수를 새로 정의합니다.

```rust
fn print_without_lifetime(s: &str) {
    println!("{}", s);
}

fn print_with_lifetime<'a>(s: &'a str) {
    println!("{}", s);
}

fn main() {
    print_without_lifetime("calling print_without_lifetime()");
    print_with_lifetime("calling print_with_lifetime()");
}
```

두 함수는 `print_with_lifetime()`에 문자열 s에 대한 레퍼런스에 대해 정의된 명시적 라이프타임 `'a`가 있다는 점을 제외하면 동일합니다. 컴파일러는 `print_without_lifetime()`의 라이프타임을 유추하지만, 우리는 `print_with_lifetime()`의 라이프타임을 명시적으로 정의했습니다.

함수 시그니처에 라이프타임 `'a`를 추가하면 컴파일러가 해당 레퍼런스가 함수 기간(이 경우 단순히 함수 호출 기간) 동안 유효하다는 사실을 알 수 있습니다.

대신 구조체 정의에 라이프타임을 추가하면 라이프타임은 구조체 객체가 유효할 동안 동일하게 유효합니다. 다음 예제를 살펴보겠습니다.

```rust
struct RefStruct<'a> {
    s_ref: &'a str,
}

fn main() {
    let dog = "dog";
    let dog_struct = RefStruct { s_ref: dog };   // dog_struct는 절대 dog보다
    println!("I am a {}", dog_struct.s_ref)       // 오랫동안 존재해서는 안 됩니다.
}
```

> 이 코드에서는 구조체 수준에서 라이프타임 `'a`가 도입되었는데, 이는 레퍼런스 s_ref가 구조체 RefStruct의 기간 동안 유효하다는 것을 의미합니다. 이제 구조체 RefStruct에 dog에 대한 레퍼런스를 넣고 dog가 dog_struct보다 오래 지속되는 한 레퍼런스를 출력할 수 있습니다.
>
> 이 개념이 아직 완전히 이해되지 않더라도 걱정하지 마세요. 러스트를 더 많이 사용하다 보면 명확해질 것입니다. 라이프타임에 관한 자세한 내용은 https://mng.bz/QZ91에서 라이프타임에 대한 절을 참고하세요.

또한 `iter()` 및 `iter_mut()`에서 data와 phantom 필드를 새로 초기화해야 합니다.

```
impl<T> LinkedList<T> {
    fn iter(&self) -> Iter<T> {
        Iter {
            next: Some(self.head.clone()),
            data: None,
            phantom: PhantomData,
        }
    }
    fn iter_mut(&mut self) -> IterMut<T> {
        IterMut {
            next: Some(self.head.clone()),
            data: None,
            phantom: PhantomData,
        }
    }
}
```

이제 두 가지 모두에 대해 `next()` 메서드를 구현할 수 있습니다.

```
impl<'a, T> Iterator for Iter<'a, T> {
    type Item = &'a T;
    fn next(&mut self) -> Option<Self::Item> {
        match self.next.clone() {
            Some(ptr) => {
                self.next = ptr.as_ref().borrow().next.clone();
                self.data = Some(ptr.as_ref().borrow().data.clone());
                unsafe { Some(&*self.data.as_ref().unwrap().as_ptr()) }
            }
            None => None,
        }
    }
}
impl<'a, T> Iterator for IterMut<'a, T> {
    type Item = &'a mut T;
```

```
    fn next(&mut self) -> Option<Self::Item> {
        match self.next.clone() {
            Some(ptr) => {
                self.next = ptr.as_ref().borrow().next.clone();
                self.data = Some(ptr.as_ref().borrow().data.clone());
                unsafe { Some(&mut *self.data.as_ref().unwrap().as_ptr()) }
            }
            None => None,
        }
    }
}
```

보시다시피, 원하는 것을 얻기 위해 포인터를 강제로 변환해야 합니다. `RefCell`에서 `as_ptr()` 메서드를 사용하여 `*mut T`를 얻습니다. 해당 포인터를 역참조한 다음 다른 레퍼런스를 가져옵니다. 이 접근 방식은 깔끔하지는 않지만 잘 작동합니다. 이 구조는 스레드에 안전하지 않다는 점에 유의하세요. 마지막 단계로 코드를 테스트해 보면 예상대로 잘 작동합니다.

```
let mut dinosaurs = LinkedList::new("Tyrannosaurus Rex");
dinosaurs.append("Triceratops");
dinosaurs.append("Velociraptor");
dinosaurs.append("Stegosaurus");
dinosaurs.append("Spinosaurus");
dinosaurs
    .iter()
    .for_each(|data| println!("data={}", data));

dinosaurs
    .iter_mut()
    .for_each(|data| println!("data={}", data));
```

한 가지 더 추가하자면, `IntoIterator` 트레이트를 추가하고 이전의 `impl<T> Iterator for LinkedList<T> {}` 블록을 제거해야 합니다. 이렇게 하면 `for` 루프를 사용하여 리스트를 반복할 수 있습니다.

```
impl<'a, T> IntoIterator for &'a LinkedList<T> {
    type IntoIter = Iter<'a, T>;
    type Item = &'a T;
    fn into_iter(self) -> Self::IntoIter {
        self.iter()    ←── LinkedList에서 iter()를 감싸고 있습니다.
    }
}
```

```rust
impl<'a, T> IntoIterator for &'a mut LinkedList<T> {
    type IntoIter = IterMut<'a, T>;
    type Item = &'a mut T;
    fn into_iter(self) -> Self::IntoIter {
        self.iter_mut()    // ← LinkedList에서 iter_mut()를 감싸고 있습니다.
    }
}
impl<T> IntoIterator for LinkedList<T> {    // ← 라이프타임 매개변수 'a는 나중에 사용되지 않으므로
    type IntoIter = IntoIter<T>;            //    여기서는 필요하지 않습니다.
    type Item = T;
    fn into_iter(self) -> Self::IntoIter {
        self.into_iter()    // ← LinkedList에서 into_iter()를 감싸줍니다.
    }
}
```

일반적인 `for` 루프를 사용하여 다음과 같이 코드를 테스트할 수 있습니다.

```rust
for data in &linked_list {
    println!("with for loop: data={}", data);
}
```

컴파일러는 `for` 루프에 전달된 타입에 따라 어떤 `IntoIterator` 구현을 사용할지 알 수 있습니다. 이 경우 `&linked_list`를 전달하고 있으므로 컴파일러는 `&T`를 반환하는 형태로 `LinkedList`의 `iter()` 메서드를 호출합니다.

반복자를 구현하면 `for_each()`, `map()`, `reduce()`, `filter()`, `zip()`, `fold()` 등 많은 내장 기능을 사용할 수 있습니다. `IntoIterator` 또는 `Iterator`를 구현하는 구조체와 함께 `for ... {}`를 사용할 수도 있습니다.

> **NOTE** 저는 일반적으로 `for ... {}` 루프 구문 대신 `for_each()` 메서드를 사용하는 것을 선호하지만, 이 두 방식은 기능적으로 동일합니다. `for_each()`는 함수를 인자로 받아들이므로 클로저나 다른 함수를 직접 전달할 수 있습니다. `async/await`를 사용하는 경우와 같은 특별한 경우에는 `for_each()`가 아닌 `for` 루프를 사용해야 합니다.

3.2.5 반복자의 기능

반복자를 통해 사용할 수 있는 기능에 대해 간단히 살펴보겠습니다. 다음은 `map()`의 예제입니다.

```rust
let arr = [1, 2, 3, 4];
println!("{:?}", arr);
```

```
let vec: Vec<_> = arr.iter().map(|v| v.to_string()).collect();
println!("{:?}", vec);
```

먼저 정수로 배열을 초기화합니다. 다음으로 정수를 문자열로 변환합니다(즉, 문자열로 출력합니다). 이를 위해 `map()`을 사용하여 각 값을 문자열에 매핑합니다. `map()`은 고차 함수를 인자로 받습니다. `map()`의 시그니처를 간단히 살펴보겠습니다.

```
fn map<B, F>(self, f: F) -> Map<Self, F>
where
    F: FnMut(Self::Item) -> B,
{ ... }
```

`map()` 메서드는 트레이트 바운드에 명시된 대로 `Self::Item`만을 입력받는 함수를 받습니다. `Iterator` 트레이트에서 다루었던 것처럼, `Self::Item`은 반복자 스스로에 의해 정의됩니다. 슬라이스, 배열 또는 Vec의 경우 `Self::Item`은 &T입니다. 이 함수는 B 제네릭 매개변수로 표시되는 모든 타입을 반환할 수 있습니다. `map()`의 가장 흥미로운 점은 Map이라는 특별한 반복자를 반환한다는 것입니다. `map()`에 클로저를 전달할 수도 있지만 `i32::to_string()` 함수를 직접 인자로 전달할 수도 있습니다.

> **TIP** 러스트의 반복자는 `map()`에서처럼 가능한 경우 지연 평가를 사용합니다. 결과는 `collect()`를 호출하는 것처럼 강제로 값을 평가할 때까지 계산되지 않습니다.

마지막 단계는 `collect()`를 호출하여 반복자를 컬렉션(일반적으로 Vec)으로 변환하는 것입니다. 컴파일러가 자동으로 타입을 파악할 수 없기 때문에 대상 타입이 무엇인지 알려줘야 합니다. 위의 코드를 실행하면 다음과 같은 출력이 생성됩니다.

```
[1, 2, 3, 4]
["1", "2", "3", "4"]
```

좀 더 복잡한 작업을 하고 싶다고 가정해 봅시다. 러스트 표준 라이브러리에서 Vec을 LinkedList로 변환하는 동시에 타입 변환을 적용하고 싶을 수 있습니다. 앞의 예제에서 두 번째 vec을 사용해서 문자열을 다시 정수로 변환해 보겠습니다.

```
let linkedlist: LinkedList<i32> =
    vec.iter().flat_map(|v| v.parse::<i32>()).collect();
println!("{:?}", linkedlist);
```

새로운 코드에서는 `map()` 대신 `flat_map()`을 사용했습니다. 왜 `flat_map()`을 사용했을까요? `String::parse()`는 Result를 반환하므로 파싱 작업의 결과를 꺼내야 하기 때문입니다. 파싱 후 `unwrap()`을 호출할 수도 있지만, `flat_map()`이 좀 더 깔끔하고 오류를 좀 더 우아하게 처리합니다(오류를 옆으로 던져버리죠).

자세히 설명하자면, `flat_map()`은 Result::into_iter() 메서드를 호출해 Result로부터 값을 꺼냅니다. 이 메서드는 Ok 값이 있는 경우 반복자를, 없는 경우 빈 반복자를 반환합니다. Result가 Err를 포함하고 있더라도 무시됩니다.

문제는 파싱에 오류가 포함되어 있으면 이를 포착하지 못할 수도 있다는 점입니다. 걱정하지 마세요. `partition()`을 사용하면 됩니다.

```
let arr = ["duck", "1", "2", "goose", "3", "4"];
let (successes, failures): (Vec<_>, Vec<_>) = arr
    .iter()
    .map(|v| v.parse::<i32>())
    .partition(Result::is_ok);
println!("successses={:?}", successes);
println!("failures={:?}", failures);
```

여기서는 문자열 리스트를 가져와서 각 문자열을 정수로 파싱하려고 합니다. 여기에는 정수가 아닌 duck과 goose가 포함되어 있으므로 파싱에 실패할 것입니다. 결과가 Ok인 경우 true를 반환하는 Result::is_ok()에서 파싱 작업의 결과를 분할하겠습니다. 위의 코드를 실행하면 다음과 같이 출력됩니다.

```
successses=[Ok(1), Ok(2), Ok(3), Ok(4)]
failures=[Err(ParseIntError { kind: InvalidDigit }),
Err(ParseIntError { kind: InvalidDigit })]
```

이상하게도 성공과 실패가 여전히 Result로 묶여 있는데, 이는 우리가 값을 제대로 꺼내지 않았기 때문입니다. 한 단계를 더 거쳐서 값을 꺼낼 수 있습니다.

```
let successes: Vec<_> =
    successes.into_iter().map(Result::unwrap).collect();
let failures: Vec<_> =
    failures.into_iter().map(Result::unwrap_err).collect();
println!("successses={:?}", successes);
println!("failures={:?}", failures);
```

Vec에서 `into_iter()`를 호출하는 이유는 `Result`의 값을 꺼낼 때 이를 소비하고 싶기 때문입니다. 기억하시겠지만 `into_iter()`는 Vec과 그 내용을 소비합니다. 위의 코드를 실행하면 다음과 같은 결과가 생성됩니다.

```
successses=[1, 2, 3, 4]
failures=[ParseIntError { kind: InvalidDigit },
ParseIntError { kind: InvalidDigit }]
```

좋습니다. 모든 게 의도한 대로 작동합니다.

> **TIP** for 루프나 while 루프 같은 구문은 사용하지 말고 반복자와 함께 컬렉션을 사용하세요. for 루프 대신 `for_each`를 사용하고, while 루프 대신 `map_while()`을 사용할 수 있습니다.

반복자로 연속적인 연산을 매우 정교하게 할 수 있습니다. 또한 `Enumerate`와 같은 좀 더 복잡한 작업을 처리하기 위한 몇 가지 특수한 반복자를 제공합니다. 다음은 개 품종 리스트에 `Enumerate`를 사용하는 방법을 보여주는 예제입니다.

```
let popular_dog_breeds = vec![
    "Labrador",
    "French Bulldog",
    "Golden Retriever",
    "German Shepherd",
    "Poodle",
    "Bulldog",
    "Beagle",
    "Rottweiler",
    "Pointer",
    "Dachshund",
];

let ranked_breeds: Vec<_> =
    popular_dog_breeds.into_iter().enumerate().collect();

println!("{:?}", ranked_breeds);
```

이 코드를 실행하면 다음과 같은 결과가 나옵니다.

```
[(0, "Labrador"), (1, "French Bulldog"), (2, "Golden Retriever"),
(3, "German Shepherd"), (4, "Poodle"), (5, "Bulldog"), (6, "Beagle"),
(7, "Rottweiler"), (8, "Pointer"), (9, "Dachshund")]
```

비슷하지만 우리가 원하는 결과는 아닐 수 있습니다. 카운트를 0이 아닌 1에서 시작하는 것이 좋습니다. 코드를 조금만 변경하면 원하는 결과를 얻도록 개선할 수 있습니다.

```
let ranked_breeds: Vec<_> = popular_dog_breeds
    .into_iter()
    .enumerate()
    .map(|(idx, breed)| (idx + 1, breed))
    .collect();
```

enumerate() 뒤에 map()을 추가해 enumerate()로 생성된 튜플에서 값을 꺼내고 인덱스에 1을 더한 상태로 반환합니다. 이제 원하는 결과를 얻었습니다.

```
[(1, "Labrador"), (2, "French Bulldog"), (3, "Golden Retriever"),
(4, "German Shepherd"), (5, "Poodle"), (6, "Bulldog"), (7, "Beagle"),
(8, "Rottweiler"), (9, "Pointer"), (10, "Dachshund")]
```

만약 내림차순으로 나타내길 원한다면 어떻게 해야 할까요? rev()로 리스트를 반전시킬 수 있습니다.

```
let ranked_breeds: Vec<_> = popular_dog_breeds
    .into_iter()
    .enumerate()
    .map(|(idx, breed)| (idx + 1, breed))
    .rev()
    .collect();
```

반복자는 제가 러스트에서 가장 좋아하는 추상화 중 하나입니다. 몇 가지 반복자 트레이트를 구현하는 것만으로 간단한 데이터 구조에서 모든 기능을 갖춘 컬렉션으로 얼마나 빠르게 발전할 수 있는지 놀라울 정도입니다.

> **TIP** 러스트의 반복자가 제공하는 모든 기능은 표준 라이브러리(https://doc.rust-lang.org/std/iter/index.html)를 참조하세요.

반복자와 클로저를 통해 러스트는 순수 함수형 코드를 쉽게 작성하는 데 필요한 기능들을 제공합니다. 러스트의 메모리 모델은 다른 언어에서는 사소할 수 있는 특정 작업을 더 까다롭게 만들기도 합니다. 하지만 기능, 안전성, 성능을 모두 포괄한 측면에서 러스트를 따라올 수 있는 언어는 거의 없습니다.

3.3 정리하며

- 패턴 매칭을 사용하면 `if/else` 문 조합을 사용하는 것보다 훨씬 깔끔하게 데이터 구조 내부의 값을 꺼내고 다양한 상황을 처리할 수 있습니다.
- `?` 연산자와 함께 패턴 매칭을 사용하면 오류를 우아하게 처리하고 값을 꺼내거나 구조체를 분해할 수 있습니다.
- 패턴 매칭 시 중첩된 구조체와 열거형을 분해할 수 있으며, 값에 대해서도 사용할 수 있습니다.
- 러스트는 클로저와 반복자를 사용하는 함수형 프로그래밍 패턴을 권장합니다. 이러한 패턴을 배우면 러스트를 효과적으로 사용하는 데 도움이 됩니다.
- 반복자는 플루언트 인터페이스를 사용하며 클로저와 함께 데이터 구조에 대한 연산과 값 변경을 쉽게 표현할 수 있습니다.
- 반복자는 일반적으로 소유권을 대여한 데이터의 레퍼런스를 보유하거나 시퀀스로부터 값을 이동시킵니다.
- 일반적으로 `iter()` 메서드는 레퍼런스가 있는 반복자를 반환하고 `into_iter()`는 이동을 통해 소유권을 가져오는 반복자를 제공합니다.

# PART II
핵심 패턴

핵심 패턴은 거의 지겨울 정도로 반복해서 사용하는 패턴을 말합니다. 따라서 이러한 핵심 패턴을 숙달하고 잘 이해하는 것은 매우 중요합니다. 또한 다른 사람들에게 우리의 시스템과 디자인을 잘 설명할 수 있는 방식으로 패턴을 표현할 수 있어야 합니다.

패턴 자체가 목표가 아니라는 점을 잊지 말아야 합니다. 해결하려는 문제를 이해하지 못한 채 무분별하게 패턴을 적용하지 않으려면, 하고자 하는 일에서 한 발 물러나 더 높은 수준에서 바라봐야 할 수도 있습니다.

소프트웨어 설계의 목표는 언어의 모든 기능을 사용하거나 코드 라인을 늘리는 것이 아닙니다. 그보다는 문제를 해결하고 지속적인 가치를 창출하는 것이 목표입니다. 패턴은 이러한 목표를 달성하는 데 도움이 되는 도구이지만, 패턴만이 유일한 도구는 아닙니다. 때로는 가장 단순한 해결책이 가장 좋은 해결책이거나 가장 잘 이해되는 해결책일 수도 있습니다. 우리는 때때로 재미로 소프트웨어를 만들기도 하는데, 그것도 괜찮습니다.

PART II
Core patterns

CHAPTER 4

기본 패턴

이번 장에서 다루는 내용
- 리소스의 획득은 초기화
- 인자를 값으로 전달하기와 레퍼런스로 전달하기
- 생성자 사용하기
- 객체 멤버 가시성과 접근 권한 이해하기
- 오류 처리
- `lazy-static.rs`, `OnceCell`, `static_init`를 사용한 전역 상태 처리하기

이제 좀 더 구체적인 패턴을 살펴볼 준비가 되었습니다. 먼저 RAII, 값 전달, 생성자, 가시성과 같은 기본 주제를 살펴보겠습니다. 그런 다음 오류 처리와 전역 변수 같은 좀 더 복잡한 주제로 넘어가겠습니다. 이 장에서는 많은 주제를 다루지만, 우리가 많이 사용하게 될 작은 패턴들에 초점을 맞춥니다.

이 장에서는 커뮤니티에서 구축한 러스트 라이브러리인 **크레이트**crate에 대해서도 소개합니다. 러스트 언어는 크레이트를 핵심 기반으로 구축되었기 때문에 크레이트를 사용하지 않고는 제대로 사용하기가 어렵습니다. '내가 개발하지 않은 건 믿을 수 없어!'라고 생각하며 크레이트를 피할 수도 있지만, 이 접근 방식은 그다지 바람직하지 않습니다. 아무리 규모가 크고 자금력이 뛰어난 조

직이라도 기술 스택을 구축하기 위해 오픈소스 소프트웨어에 크게 의존하고 있습니다. 다만 그 의존도의 정도는 조직마다 다를 수 있습니다.

러스트로 작업하다 보면 표준 라이브러리가 다소 빈약하고 최신 언어에서 기대할 수 있는 많은 기능이 포함되어 있지 않다는 사실을 금방 알 수 있습니다. 러스트 팀은 표준 라이브러리를 최소한으로 유지하고 대신 크레이트를 사용하여 추가 기능을 제공하는 방식을 선택했습니다. 이 접근 방식에는 몇 가지 장점이 있습니다.

- 표준 라이브러리는 더 작고 유지 관리가 쉽습니다.
- 표준 라이브러리는 더 안정적이고 변경될 가능성이 적습니다.
- 표준 라이브러리는 핵심 기능에 더 중점을 둡니다.
- 커뮤니티는 전문 기능을 위한 별도의 경쟁 크레이트를 구축하고 유지 관리할 수 있습니다. 개발자는 자신의 필요에 가장 적합한 크레이트를 선택할 수 있습니다.

독점 소프트웨어로만 작업하려면 각 크레이트에서 제공하는 라이선스에 주의를 기울여야 합니다. 이 책은 교육용이므로 상업적 또는 독점적 사용과 호환되지 않을 수 있는 라이선스가 있는 오픈소스 소프트웨어에 의존해도 괜찮다고 가정하겠습니다. 대부분의 러스트 크레이트는 거의 모든 용도를 허용하는 자유 라이선스를 사용합니다.

4.1 리소스의 획득은 초기화

리소스의 획득은 초기화 Resource Acquisition Is Initialization, RAII는 C++에서 시작되었으며 가장 중요한 최신 프로그래밍 관용어 중 하나입니다. RAII는 러스트의 핵심 기능으로, 다양한 패턴을 안정적으로 구현할 수 있게 해주며 러스트의 안전 기능에서 중요한 역할을 합니다.

RAII가 관용구인지 패턴인지에 대한 의문이 있을 수 있지만, 비공식적인 코드 형식 지정 방식이 아니라 프로그램에서 리소스를 처리하는 공식화된 방식이기 때문에 관용구보다는 패턴으로 설명하겠습니다. 또한 RAII는 전체 프로그램 구조와 아키텍처에 영향을 미치므로 관용구보다는 패턴에 더 가깝습니다.

4.1.1 C와 C++의 RAII

이 절에서는 RAII를 처음 접하는 분들을 위해 RAII의 개념과 작동 방식을 간략하게 설명하겠습니다. 노련한 프로그래머라면 이번 절은 이미 잘 알고 있는 개념을 복습하는 수준일 것입니다. C++가 C를 개선하여 RAII를 탄생시켰기 때문에 C와 C++ 코드를 살펴볼 것입니다. 두 언어에 익숙하지 않더라도 예제가 간단하기 때문에 쉽게 이해할 수 있으니 걱정하지 않으셔도 됩니다.

RAII는 특정 범위 내에서 스택을 사용하여 변수와 같은 리소스를 해제할 수 있는 시기를 결정합니다. 이름에서 알 수 있듯이 RAII는 일반적으로 리소스의 획득 및 초기화 대신 리소스의 해제를 처리하는 방법으로 생각되기 때문에 이름이 헷갈릴 수 있습니다. 하지만 이 두 기능은 서로 연관되어 있습니다. 먼저 C에서 함수 내에서 간단한 변수를 선언하면 어떤 일이 발생하는지 살펴봅시다.

```c
void func() {
    int a;
    // a로 무언가를 하는 코드
}
```

이 C 함수에서는 변수 `a`를 **선언**declare했지만, 변수에 값을 할당하는 **초기화**initialize가 이루어지지 않았습니다. 따라서 예제에서 `a`의 값은 초기화되지 않았기 때문에 정의되지 않은 상태입니다. 일반적으로 선언과 초기화를 모두 처리하는 C에서는 다음 코드 스니펫과 같은 경우가 일반적입니다.

```c
void func() {
    int a = 0;
}
```

이 코드는 `a`를 선언함과 **동시에** 값을 `0`으로 초기화합니다. 선언 시점에 `a`가 `0`이라는 것을 알 수 있습니다. 함수가 반환되면 `a`는 범위를 벗어나 스택에서 튀어나오며, 이는 변수가 해제됨을 의미합니다. C 언어는 변수가 해제될 때 특별한 조치를 취하지 않습니다.

그렇다면 `a`가 포인터일 때는 어떻게 될까요? 다시 말해, `a`가 다른 메모리를 가리키고 있을 때 `a`가 해제되면 어떻게 될까요? C에서는 다음과 같은 코드가 가능합니다.

```c
void func() {
    int *a = malloc(sizeof(int));
}
```

이 코드는 메모리 누수memory leak를 발생시키는데, 이는 `malloc()`을 사용하여 힙heap에서 메모리를 할당하고 `malloc()` 함수에서 반환되는 주소를 a에 할당하기 때문입니다. `sizeof(int)`는 int 또는 정수의 바이트 단위 크기를 의미하는데, 이 값은 CPU 아키텍처에 따라 다릅니다.

이 함수에서 반환할 때 포인터 `a`는 해제되지만 포인터가 가리키는 메모리 블록은 해제되지 않으므로 메모리 누수가 발생합니다. 해결책은 함수에서 반환하기 전에 `free(a)`를 호출하여 `a`의 주소를 해제하는 것입니다.

하지만 여기에 문제가 있습니다. 함수 내에서 여러 위치에서 반환할 수 있다면 어떨까요? 다음 코드를 살펴봅시다.

```c
void leaky_func() {
    FILE *fp;
    int *a = malloc(sizeof(int));
    *a = 0;  // ← a의 값을 0으로 초기화합니다.

    // 파일을 열어 읽으려도 시도
    fp = fopen("file.txt", "r");
    if (fp == NULL) {
        // 오류 발생!
        return;
    }

    // fp를 사용해 파일을 읽을 수 있음
    // ...

    fclose(fp);  // ← 파일 포인터를 닫습니다.
    free(a);     // ← a가 가리키는 메모리를 해제합니다.
}
```

`leaky_func` 함수는 파일을 열어서 읽으려고 하지만, 파일을 열 때 오류가 발생하면(예: 파일이 존재하지 않는 경우) 함수에서 일찍 반환합니다. 또한 오류가 발생할 때 메모리를 해제하지 않기 때문에 메모리 누수가 발생합니다. 이 상황은 전형적인 메모리 누수이며, C와 같은 언어로 작업할 때의 단점 중 하나입니다.

C++의 야망 중 하나는 메모리 누수가 발생하기 어렵게 만드는 것이었고, 이를 위한 한 가지 방법이 **생성자**constructor와 **소멸자**destructor를 사용하는 것이었습니다. C++에서 클래스나 구조체를 생성하면 생성 시 항상 생성자를 호출합니다. C++에서 객체를 소멸할 때는 항상 소멸자를 호출합니다.

C++에서 스택에 객체를 생성하면 생성자와 소멸자가 자동으로 호출됩니다. 그러나 힙에 객체를 생성하는 경우에는 `new` 키워드를, 메모리를 해제할 때는 `delete` 키워드를 사용해서 생성자와 소멸자를 각각 호출해야 합니다. C++의 `new`와 `delete`는 C의 `malloc()` 및 `free()`와 동일합니다. 이러한 키워드는 메모리 누수 문제를 해결하지 못하지만, RAII는 스마트 포인터를 사용하여 메모리 누수를 방지할 수 있도록 도와줍니다.

스마트 포인터smart pointer는 `new`를 감싸는 생성자와 `delete`를 감싸는 소멸자를 제공하는 특수한 종류의 포인터입니다. 컴파일러는 범위를 벗어나는 모든 변수가 소멸자를 호출하도록 보장하기 때문에 이 동작을 기반으로 메모리 누수를 효과적으로 제거할 수 있지만 이는 스마트 포인터를 사용하는 경우에만 가능합니다.

더 복잡하게 말하자면, C++는 C와 역호환이 가능하기 때문에 C 코드는 완벽하게 올바른 C++입니다. 이러한 이유로 C++는 생성자, 소멸자, 스마트 포인터를 도입했음에도 불구하고 C와 마찬가지로 스스로의 발등을 찍을 수 있는 여지를 많이 제공합니다.

C++는 사람들에게 한 가지 종류의 메모리 누수를 해결할 수 있는 도구를 제공했지만, 짐작하듯이 사람들은 항상 도구를 올바르게 사용하지 않았고 또는 전혀 사용하지 않았기 때문에 C++는 이 문제를 해결하는 데 약간의 진전만 이루었습니다. 앞의 C 코드에 해당하는 C++ 코드(이번에는 일반 C 포인터 대신 `std::shared_ptr`을 사용)는 다음과 같습니다.

```cpp
#include <fstream>
#include <memory>

void func() {
    std::shared_ptr<int> a(new int(0));
    std::ifstream stream("file.txt");
    if (!stream.is_open()) {
        // 오류!
        return;
    }

    // 이제 파일에서 읽어올 수 있습니다.
    // ...
}
```

포인터 `a`에 `std::shared_ptr`을 사용해 메모리 누수를 제거했습니다. 함수에서 반환할 때 코드가 항상 `a`에 대한 소멸자를 실행하여 메모리를 해제하도록 컴파일러가 보장하기 때문에 함수에서 반환하는 위치는 더 이상 중요하지 않습니다. 예외가 발생하더라도 소멸자는 실행이 보장됩니다.

> **C에서의 범위 지정**
>
> 이전 버전의 C에서는 함수의 최상위 또는 파일 수준에서만 변수를 선언할 수 있었습니다. 예를 들어 `for` 루프 내에서는 변수를 선언할 수 없었습니다.
>
> ```c
> void old_C_func() {
>     int a;
>
>     for (a = 0; a < 10; a++) {
>         // OK
>     }
>
>     for (int b = 0; b < 10; b++) {
>         // 변수 b는 블록 범위에서만 유효합니다.
>     }
> }
> ```
>
> 이 예제에서와 같은 블록 범위 지정은 일부 컴파일러들은 더 일찍 지원하는 것이 가능했을 수도 있지만, 1989년 ANSI C가 도입되면서 공식적으로 C에 추가되지 않았습니다. C에는 세 가지 주요 범위가 있습니다.
>
> - **함수 범위**: 함수 수준에서 선언된 변수
> - **블록 범위**: 코드 블록 내에서 선언된 변수
> - **파일 범위**: 파일에 선언된 변수
>
> 블록 내의 변수는 중첩될 수 있으며 섀도잉될 수 있습니다. 다음은 올바른 코드입니다.
>
> ```c
> void shadowing() {
>     int a = 0;
>     {
>         int a = 1;
>         printf("inner a=%d\n", a);
>     }
>     printf("outer a=%d\n", a);
> }
> ```
>
> 이 예제에서는 함수 수준에서 한 번, 코드 블록 내에서 다시 한 번, 이렇게 두 번 선언하여 `a`를 섀도잉합니다. 코드를 실행하면 다음과 같이 출력됩니다.
>
> ```
> inner a=1
> outer a=0
> ```
>
> 러스트에는 블록 범위가 있으며 변수를 섀도잉할 수도 있습니다. 러스트는 최신 C 및 C++와 유사한 범위 지정 규칙을 따르며 소유권 이동과 대여, 그리고 라이프타임에 대한 추가 규칙이 있습니다. 특히 러스트에서는 변수가 이동되면 선언된 범위보다 더 오래 사용할 수 있다는 점이 C 및 C++와의 중요한 차이점입니다.

컴파일러는 RAII를 어떻게 구현할까요? 함수 또는 블록 내에서 스택을 중괄호({ ... })로 나타내서 구현합니다. 함수 내부와 같은 특정 범위에 들어가면 각각의 새 변수가 스택에 푸시됩니다. 범위를 벗어나면 각 변수는 스택에서 튀어나옵니다. 컴파일러는 각 값을 안전하게 삭제하기 위해 각 변수와 함께 약간의 추가 데이터를 저장해야 합니다. 그래도 오버헤드는 매우 작으며, 일반적으로 그 크기는 정리가 필요한 모든 값에 대한 추가 포인터의 수와 같습니다.

4.1.2 러스트의 RAII 둘러보기

러스트의 객체 관리는 `unsafe` 코드와 값 복사라는 두 가지 예외를 제외하면 RAII의 규칙을 따릅니다. 변수는 선언 시 값으로 초기화되어야 하며, 변수가 범위를 벗어나면 소멸자 호출을 통해 소멸됩니다(이 내용은 이번 절의 뒷부분에서 자세히 설명하겠습니다).

변수를 초기화하고 소멸자를 호출하는 과정은 추상화나 간접성 계층 때문에 모호하게 느껴질 수 있습니다. 하지만 초기화되지 않은 변수를 가질 수 있는 C나 C++와 달리 러스트의 변수는 항상 값으로 초기화되어야 하며, 객체가 범위를 벗어날 때는 항상 소멸자가 호출됩니다. `Rc` 및 `Arc`와 같이 포인터가 아닌 변수의 경우, 러스트의 소유권 대여 검사와 소유권 이동을 사용하면 변수나 객체가 범위를 벗어나서 삭제되는 순간을 비교적 쉽게 파악할 수 있습니다.

정수, 실수, 불리언 같은 원시 타입, 그리고 원시 타입으로만 구성된 단순한 구조를 포함해 `Copy`인 객체는 값이 이동되지 않고 복사되기 때문에 소멸자를 호출할 수 없습니다. `Copy` 객체에 소멸자가 없는 것은 특수한 경우이므로 `Copy` 객체로 작업할 때는 주의해야 합니다. `Copy` 객체에 대해서는 소멸자를 정의하거나 소멸자가 호출되도록 할 수 없습니다. 다음의 코드 스니펫은 RAII의 작동 방식을 보여줍니다.

코드 4.1 리소스 획득

```
fn main() {
    let status = String::from("Active");   ◀── 문자열 생성자가 문자열을 저장할 메모리를 획득하고 할당합니다.
    let statuses = vec![status];   ◀── 문자열의 소유권은 초기화 시 Vec<String>으로 전달되며,
    println!("{:?}", statuses);          따라서 status 문자열의 소유권은 statuses로 이동됩니다.
}
◀── statuses가 범위를 벗어남과 동시에
    Vec과 String은 모두 메모리에서 해제됩니다.
```

그림 4.1과 같이 이 코드를 그림으로 나타낼 수 있습니다. 백그라운드에서 힙에 메모리를 `String`에 한 번, `Vec`에 한 번씩 할당합니다. 객체는 우리가 제공한 값으로 초기화된 다음 지역 범위를 위해

스택에 푸시됩니다. status 변수의 소유권을 statuses로 이전하기 때문에 스택의 status는 사실상 유효하지 않은 레퍼런스가 됩니다. 그러나 러스트 컴파일러는 이 과정을 투명하게 처리하므로 걱정할 필요가 없습니다.

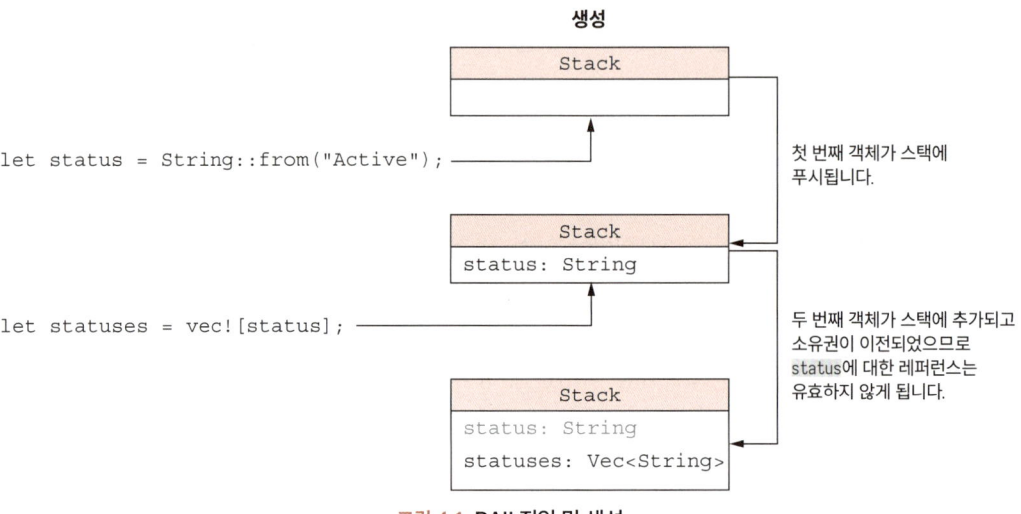

그림 4.1 RAII 진입 및 생성

그림 4.2와 같이 이 코드의 소멸 부분을 그려볼 수 있습니다. 새 객체들은 스택에서 튀어나오면서 한 번에 하나씩 소멸됩니다. Vec과 같은 컨테이너의 경우, 소멸자는 모든 원소에 대해서도 자동으로 소멸자를 호출합니다. 원래 status의 레퍼런스는 이동되었기 때문에 더 이상 유효하지 않지만, 원래 status 문자열은 statuses가 삭제될 때 함께 삭제됩니다.

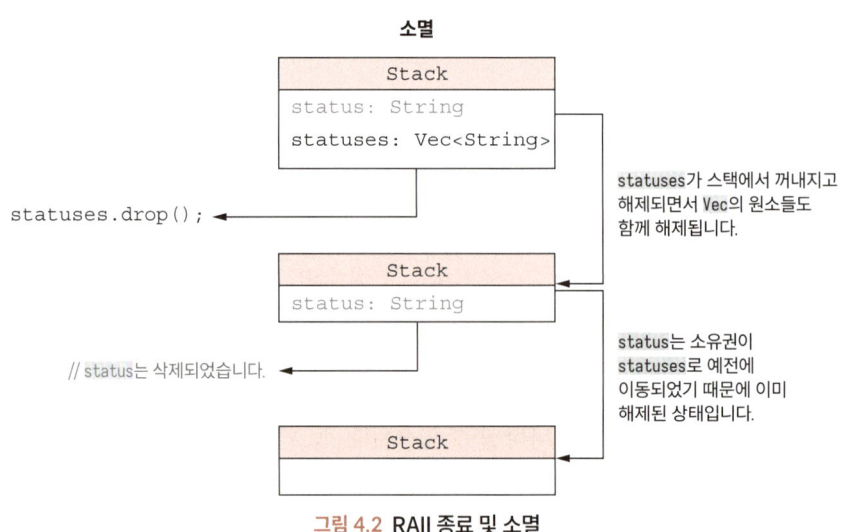

그림 4.2 RAII 종료 및 소멸

러스트에서 소멸은 자동으로 생성된 소멸자에 의해 처리되며, 이 소멸자는 모든 객체 멤버의 소멸자를 반복적으로 호출하기도 합니다. 소멸자는 먼저 주어진 타입에 대해 drop() 메서드를 호출하며, 이는 다음과 같이 Drop 트레이트에 의해 정의됩니다.

```
pub trait Drop {
    fn drop(&mut self);
}
```

어떤 타입에 대해 Drop을 구현하면 해당 타입의 변수가 범위를 벗어날 때마다 해당 drop() 메서드가 반드시 호출됩니다. 그런 다음 소멸자는 자동으로 모든 멤버 변수의 소멸자를 재귀적으로 호출합니다.

러스트는 범위를 벗어날 때마다 항상 모든 객체에 대한 소멸자를 호출하기 때문에 drop()을 직접 호출할 필요가 없습니다. 또한 unsafe를 사용하지 않고는 이 동작을 재정의할 수 없습니다. 즉, 러스트가 소멸자를 호출하는 것을 막을 수 없습니다.

4.1.3 러스트의 RAII 요약

러스트에서 RAII에 대해 기억해야 할 중요한 사항들이 있는데, 그중 대부분은 C++ 및 다른 언어에서와 마찬가지로 RAII에 익숙한 사람이라면 직관적으로 이해할 수 있을 것입니다.

- **RAII는 러스트에서 광범위하게 사용됩니다.**
  - 러스트에는 가비지 컬렉션garbage collection이 없으며 메모리 관리가 명시적입니다. 힙에 메모리를 할당하는 작업은 일반적으로 Box 또는 Vec을 사용합니다.
  - 객체 라이프타임은 스마트 포인터를 사용하는 경우를 제외하면 컴파일 타임에 모두 결정됩니다.
  - 스택에 할당된 객체는 힙에 할당된 객체와 동일한 RAII 규칙을 따릅니다.

- **메모리 관리 객체는 RAII를 사용합니다.**
  - Box와 Vec은 RAII를 사용하여 메모리 리소스를 획득하고, 초기화하고, 해제합니다.
  - Rc와 Arc 같은 스마트 포인터는 포인터가 복제되거나 소멸될 때마다 레퍼런스 카운팅을 구현하기 위해 RAII를 사용합니다.
  - RefCell은 RAII를 사용하여 여러 레퍼런스가 동시에 참조되지 않도록 보호하는 대여 레퍼런스인 Ref와 RefMut를 반환합니다.

- **여러 동기화 프리미티브가 RAII를 사용합니다.**
    - `Mutex::lock()`은 성공 시 `MutexGuard`를 반환합니다. `MutexGuard`는 뮤텍스가 파괴될 때 자동으로 잠금을 해제하는 RAII 기반 잠금 가드입니다.
    - `RwLock`은 읽기-쓰기 잠금을 위해 각각 공유 읽기 또는 배타적 쓰기 권한을 획득할 때 `RwLockReadGuard` 또는 `RwLockWriteGuard`를 반환합니다.
    - `Condvar`는 코드 4.2에 표시된 것처럼 조건 변수를 기다리는 `MutexGuard`가 필요합니다.

러스트에서 RAII를 시연하기 위해 `Mutex`와 `Condvar`를 사용한 간단한 스레드 예제를 만들어 보겠습니다. 이 스레드는 값을 증가시키고 작업이 끝나면 메인 스레드에 알리는 스레드입니다.

코드 4.2 `Mutex` 및 `Condvar`를 사용한 러스트의 RAII

```rust
use std::sync::{Arc, Condvar, Mutex};
use std::thread;

fn main() {
    let outer = Arc::new(
        (Mutex::new(0), Condvar::new())  // 튜플 내에서 뮤텍스와 조건 변수를 선언하고 다음 줄에서
    );                                    // 뮤텍스가 정수를 감싸는 방식으로 값을 복제합니다.
    let inner = outer.clone();

    thread::spawn(move || {
        let (mutex, cond_var) = &*inner;  // 여기서 inner의 Arc와 그 안에 저장된 튜플을 이동시키고,
                                          // 별도의 뮤텍스와 조건 변수를 꺼냅니다.
        let mut guard = mutex.lock().unwrap();  // 뮤텍스를 잠가서 뮤텍스 가드를 확보합니다.
        *guard += 1;  // 뮤텍스가 감싸고 있는 정수를 증가시키면 이 값이 언제 변경되는지 확인할 수 있습니다.
        println!("inner guard={guard}");
        cond_var.notify_one();  // 마지막으로 내부 스레드에서 조건 변수에 데이터가 준비되었음을 알립니다.
    });  // 이 시점에서 스폰된 스레드가 종료되고 inner의 Arc와 뮤텍스 가드가
         // 범위를 벗어나 뮤텍스와 inner 포인터의 잠금이 해제됩니다.
    let (mutex, cond_var) = &*outer;
    let mut guard = mutex.lock().unwrap();  // 값을 읽기 전에 바깥의 메인 스레드에서
                                            // 뮤텍스에 대한 잠금을 획득해야 합니다.
    println!("outer before wait guard={guard}");
    while *guard == 0 {  // 뮤텍스 값이 변경될 때까지 외부 스레드에서 영원히 반복합니다.
        guard = cond_var.wait(guard).unwrap();  // 조건 변수를 기다리기 위해 가드의 소유권을 조건 변수에
                                                // 전달하고 조건 변수는 알림을 받으면 가드를 반환합니다.
    }
    println!("outer after wait guard={guard}");
}
```

이 예제는 누구나 고개를 갸웃거리게 할 만큼 RAII를 동시에 여러 번 사용하는 방법을 보여줍니다. 요약하자면 다음과 같습니다.

- `Mutex`는 범위를 벗어날 때 해제되는 임의의 값을 래핑합니다. 이 경우 정수이지만 어떤 객체든 `Mutex`로 감쌀 수 있습니다.
- `Mutex`와 `Condvar`는 `MutexGuard`의 RAII를 사용하여 잠긴 뮤텍스를 전달합니다.
- `Arc`는 뮤텍스와 조건 변수에 대한 스레드 경합이 발생하지 않는 레퍼런스 카운트 포인터를 제공합니다.

내부 스레드가 종료되면 `MutexGuard`가 해제되어 뮤텍스의 잠금이 해제되고 `Arc`가 삭제되어 뮤텍스와 조건 변수에 대한 포인터가 해제됩니다. 외부 스레드는 동시에 뮤텍스의 잠금을 획득하고 조건 변수가 알림을 받을 때까지 기다렸다가 가드가 범위를 벗어나면 잠금을 해제합니다. 어떤 스레드가 먼저 실행될지 알 수 없으므로 조건 변수가 알림을 받을 때까지 기다려야 진행이 가능하며 실행 순서를 보장할 수 없다는 점에 유의하세요.

RAII는 리소스를 안전하게 관리하고 정리를 자동으로 처리할 수 있는 강력한 패턴입니다. 러스트의 소유권과 대여에 대한 엄격한 규칙을 통해 객체가 범위를 벗어나는 시기와 소멸자가 호출되는 시기를 쉽게 추론할 수 있습니다.

4.2 인자를 값으로 전달하기와 레퍼런스로 전달하기

얼핏 보면 이 주제가 기초적이거나 입문 수준으로 보일 수 있습니다. 하지만 러스트 코드를 어느 정도 작성해 보면, 인자를 값으로 전달할지 레퍼런스로 전달할지 신중히 고민하는 것이 매우 중요하다는 사실을 깨닫게 될 것입니다. 여기에는 많은 미묘한 차이가 있지만, 일반적인 패턴을 어떻게 사용하고 언제 무엇을 해야 하는지에 대한 지침을 알려드리겠습니다.

4.2.1 값으로 전달하기

러스트에서 값으로 인자를 전달하는 것은 일반적으로 소유권의 이동이 적용됩니다. 간단히 말해, **이동**move은 한 범위에서 다른 범위로 객체의 소유권을 이전할 때 발생합니다. 함수가 호출되거나, 클로저가 생성되거나, 객체가 할당되거나, 함수에서 값이 반환될 때 이동이 발생할 수 있습니다. 값 전달의 또 다른 흥미로운 특성은 RAII를 따른다는 사실입니다. 코드 4.3의 간단한 코드는 값 전달 과정을 보여줍니다.

코드 4.3 문자열 뒤집기, 값으로 전달하기

```
fn reverse(s: String) -> String {
    let mut v = Vec::from_iter(s.chars());    ◀── s의 문자에 대한 반복자로부터 Vec을 구축합니다.
    v.reverse();    ◀── 새로 생성된 벡터를 제자리에서 뒤집습니다.
    String::from_iter(v.iter())    ◀── 벡터 v의 뒤집힌 문자에 대한 반복자로부터 새 문자열을 반환합니다.
}
```

이 코드는 문자열을 뒤집는 함수의 예제입니다. 이 함수는 문자열을 값으로 받아 새 문자열을 반환합니다. 다음과 같이 함수를 테스트하여 반환된 값이 제공된 값을 올바르게 뒤집었는지 확인할 수 있습니다.

```
assert_eq!("abcdefg", reverse(String::from("gfedcba")));
```

때로는 위의 예제처럼 값을 함수로 옮겼다가 즉시 다시 밖으로 옮기는 것이 편리할 때가 있습니다. 이렇게 하면 값을 빌리거나 복제하지 않습니다. 반환할 값이 여러 개인 경우 튜플을 반환하면 됩니다.

```
fn reverse_and_uppercase(s: String) -> (String, String) {
    let mut v = Vec::from_iter(s.chars());
    v.reverse();
    let reversed = String::from_iter(v.iter());
    let uppercased = reversed.to_uppercase();
    (reversed, uppercased)
}
```

이 예제에서는 함수에 인자가 하나만 전달되었지만 쉽게 여러 인자를 값으로 전달하고 다시 여러 개의 값을 반환할 수 있습니다. 다음과 같이 코드를 테스트할 수 있습니다.

```
assert_eq!(
    reverse_and_uppercase("abcdefg".to_string()),
    ("gfedcba".to_string(), "GFEDCBA".to_string())
);
```

값으로 전달하는 것을 너무 어렵게 생각할 필요는 없습니다. 또한 `Copy`를 구현하지 않는 모든 타입[1]에 대해서는 소유권이 이동되기 때문에 때로는 성능상 이점을 얻을 수도 있습니다.

---

1 [옮긴이] 원시 타입들 대부분은 Copy를 구현합니다.

4.2.2 레퍼런스로 전달하기

객체나 변수의 소유권을 빌리는 것을 레퍼런스를 얻는다고 합니다. 레퍼런스에 대해서는 비트 연산이나 산술 연산을 수행할 수 없습니다. 또한 새로운 변수에 레퍼런스를 할당한 다음에는 해당 레퍼런스를 수정할 수 없고, 단 한 번만 다른 곳으로 전달하거나 할당할 수 있습니다. 이런 점을 제외하면 포인터와 비슷하게 동작한다고 생각하면 됩니다. 레퍼런스는 타입 지정자 앞에 &를 붙여서 표시하며, & 뒤에 작은따옴표(')로 표시되는 라이프타임과 선택적인 라이프타임인 &'a String 과 같은 식별자를 포함할 수 있습니다. 레퍼런스는 불변(기본값인 &str)이거나 변경 가능(&mut String)일 수 있습니다. reverse 함수를 다시 작성해 보겠습니다. 이번에는 코드 4.4와 같이 레퍼런스로 입력을 전달하겠습니다.

코드 4.4 문자열 뒤집기, 레퍼런스로 전달하기

```rust
fn reverse(s: &str) -> String {
    let mut v = Vec::from_iter(s.chars());
    v.reverse();
    String::from_iter(v.iter())
}
```

이 두 함수에는 단 한 가지 차이점이 있다는 것을 바로 알 수 있습니다. 인자 s: String이 s: &str 로 바뀌었다는 점입니다. 그러나 코드를 테스트할 때는 약간 다르게 수행할 수 있습니다.

```rust
assert_eq!("abcdefg", reverse("gfedcba"));
```

String::from()으로 문자열을 만드는 대신 &'static str과 같은 정적 문자열을 전달할 수 있다는 점에 주목하세요. 이 접근 방식은 좀 더 사용하기 편합니다. 이렇게 하려면 다음과 같이 reverse 함수를 호출하면 됩니다.

```rust
assert_eq!(
  "race car", reverse(&String::from("rac ecar"))
);
```

> String을 빌리면 &str이 나오는데, 이는 String이 Borrow와 BorrowMut 트레이트를 구현하여 각각 &str과 &mut str을 반환하기 때문입니다.

문자열을 제자리에서 업데이트하려면 어떻게 해야 할까요? 이 과정은 값의 복사 없이는 제자리에서 값을 쉽게 뒤집을 수 없기 때문에 조금 더 까다롭습니다. 코드 4.5와 같이 동작을 모방할 수 있습니다. 이 코드는 약간의 임시 메모리 오버헤드를 감수하더라도 적절한 성능을 제공합니다.

코드 4.5 (일종의) 제자리에서 문자열 뒤집기

```rust
fn reverse_inplace(s: &mut String) {
    let mut v = Vec::from_iter(s.chars());
    v.reverse();
    s.clear();
    v.into_iter().for_each(|c| s.push(c));
}
```

이렇게 제자리에서 값이 잘 뒤집어지는지를 테스트해 볼 수 있습니다.

```rust
let mut abcdefg = String::from("gfedcba");
reverse_inplace(&mut abcdefg);
assert_eq!("abcdefg", abcdefg);
```

문자열을 제자리에서 변경할 수 없는 이유

러스트에서 문자열을 제자리에서 조작하는 것이 쉽지 않다는 사실을 눈치채셨을 것입니다. 그 이유는 간단합니다. 러스트의 문자열은 항상 유효한 UTF-8 인코딩을 유지합니다. 이는 문자가 여러 바이트에 걸쳐 있거나 유니코드 표준 문자들로 구성되어 있음을 의미합니다.

그래핌(grapheme)은 문자 체계의 가장 작은 단위로, 문자 a와 같은 일반 문자나 악센트가 포함된 é 같은 문자 또는 이모티콘 문자가 될 수 있습니다. 문자열과 문자에 대해 생각할 때, 표시되는 문자 하나가 1바이트와 같다고 생각하는 경향이 있는데, 이는 엄격한 ASCII 문자에만 해당되는 이야기입니다.

그래핌이 여러 유니코드 문자와 여러 바이트에 걸쳐 있을 수 있기 때문에 이를 올바르게 처리하는 것은 매우 복잡하며 러스트 표준 라이브러리에서는 이를 직접 처리하는 것을 지원하지 않습니다. 대신 `unicode-segmentation`(https://crates.io/crates/unicode-segmentation)과 같은 크레이트를 사용해야 합니다.

문자열의 바이트를 조작하여 제자리에서 문자열을 업데이트해야 하는 경우 두 가지 옵션이 있습니다.

- `std::mem::take` 함수를 사용하여 문자열의 기본 바이트에 접근하여 버퍼를 직접 조작할 수 있습니다.
- 기본 바이트에 대한 레퍼런스를 반환하는 `String::as_mut_vec()` 또는 `str::as_bytes_mut()`와 같은 `unsafe` 메서드를 사용할 수 있습니다.

첫 번째 방법은 `unsafe` 코드가 필요하지 않으므로 선호되지만, 두 경우 모두 UTF-8 문자를 안전하게 처리하는 방법을 고려해야 합니다. 문자열의 바이트를 직접 조작하려고 하면 몇 가지 이상한 결과가 나올 수 있습니다.

4.2.3 언제 무엇을 할 것인가?: 값으로 전달하기와 레퍼런스로 전달하기

처음에는 값을 레퍼런스로 전달해야 하는지, 아니면 이동을 통해 전달해야 하는지 분명하지 않을 수 있습니다. 따라서 직관력을 키우는 데 도움이 되는 일반적인 지침을 알려드리겠습니다. 모든 것이 그렇듯이 연습을 통해 어떤 상황에서 어떤 패턴이 올바른지 감을 잡을 수 있습니다. 러스트(또는 비슷한 의미를 가진 언어)를 중급 또는 고급 수준으로 사용한다고 생각한다면 당연한 이야기일 수 있습니다. 하지만 이러한 아이디어를 공식화해서 머릿속의 신경망을 학습시키는 것은 현재 인공 신경망과 인공지능이 유행하는 상황을 고려하면 충분히 가치 있는 일 같습니다.

복잡성을 한 단계 더 추가하자면, 객체 메서드는 일반적으로 `self`를 인자로 받지만 여전히 동일한 규칙을 따른다는 점을 기억하세요. `self`는 값(이동됨)으로 전달되거나 레퍼런스(이동되지 않음)로 전달될 수 있습니다. 이 책 전반에 걸쳐 논의하겠지만, 이는 러스트만의 다소 독특한 흥미로운 패턴을 만들 수 있다는 점을 기억하세요. 먼저 인자를 처리하는 다양한 방법을 살펴보겠습니다(표 4.1).

표 4.1 인자 전달 요약

인자 전달 방식	접두사	이동 여부	소유권	기본 사용 사례
레퍼런스	&	아니요	호출자 보유	피호출자가 값에 임시 접근이 필요할 때
가변 레퍼런스	&mut	아니요	호출자 보유	피호출자가 소유권 없이 값을 변경해야 할 때
값	해당 없음	예	피호출자로 이전	피호출자가 값의 소유권을 가져야 할 때
가변 값	mut	예	피호출자로 이전	피호출자가 소유권을 얻고 값을 변경해야 할 때

대부분의 경우 인자를 레퍼런스로 전달하고 싶을 것입니다. 레퍼런스로 전달하고 싶지 않은 두 가지 경우가 있습니다. 일반적으로 `i32`나 `usize` 같은 원시 타입을 사용하는 경우와 값의 소유권을 호출자에게 이전하고 새 객체의 일부로 또는 그 자체로 동일한 값을 반환해야 하는 경우입니다. 하지만 소유권을 이전하는 이유에 대해 신중하게 생각해야 합니다. 값을 변경하려는 건가요? 그렇다면 레퍼런스를 사용할 수 없는 이유가 있나요? 복사 또는 메서드 체이닝을 피하기 위해서인가요?

무엇을 해야 할지 판단하는 데 도움이 되도록 그림 4.3에 간단한 순서도를 만들었습니다. 이 순서도를 참고하면 인자 전달 처리에 익숙해질 수 있을 것입니다.

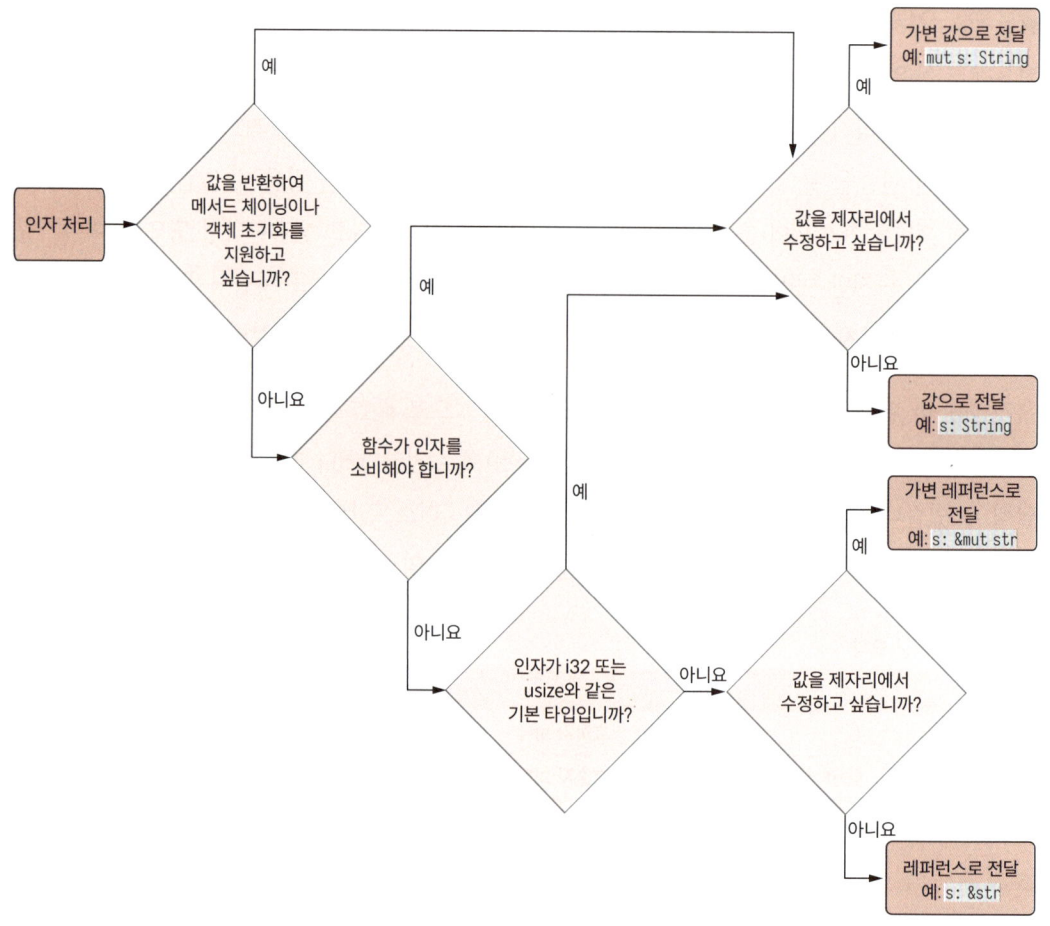

그림 4.3 인자 처리 방법 결정하기

4.3 생성자

엄밀히 말하면 러스트에는 C++, C#, 자바와 같은 언어처럼 생성자라는 공식적인 개념이 없습니다. 러스트에서 **생성자**는 일반적으로 `new()`라고 불리는 메서드를 정의하는 디자인 패턴으로, 이 메서드는 초기화에 필요한 인자를 얼마든지 허용하고 새 객체를 생성한 다음 즉시 해당 객체를 반환합니다. 러스트에는 `new` 키워드가 없지만 다른 언어의 `new`와 동일하다고 생각하면 됩니다. 하지만 이미 언급했듯이 러스트에는 생성자라는 공식적인 개념이 없으므로 러스트에서 찾을 수 있는 모든 생성자는 C++, 자바, C#에서와 마찬가지로 특별한 메서드가 아닌 일반적인 패턴이라는 점을 이해하세요.

코드 4.6은 토핑이 있는 피자를 표현한 객체를 정의합니다. 간단한 생성자에서는 토핑을 벡터에 담고 있습니다. 생성자는 (아직) 토핑을 추가하는 방법을 제공하지 않는다는 점에 주의하세요.

코드 4.6 피자 모델링하기

```
#[derive(Debug, Clone)]
pub struct Pizza {
    toppings: Vec<String>,
}

impl Pizza {
    pub fn new() -> Self {          ◀── 이 생성자는 인자를 받지 않고
        Self { toppings: vec![] }        Self(빈 Pizza)를 반환합니다.
    }
}
```

빈 Pizza를 만들 수 있습니다.

```
let pizza = Pizza::new();
println!("pizza={:?}", pizza);
```

위의 코드를 실행하면 다음과 같이 출력됩니다.

```
pizza=Pizza { toppings: [] }
```

생성자 메서드가 간단한 경우, 생성자 인자에서 파생된 일부 값으로 객체를 초기화할 수 있습니다. 러스트에서 `new()`는 일반적으로 빈 벡터 `Vec::new()`의 경우와 마찬가지로 인자를 받지 않고 빈 객체를 반환합니다.

`new()`에 초기화 인자를 포함하는 것에 대한 규칙은 없지만, 다른 객체에서 새 객체를 생성하려는 경우 `From` 트레이트를 대신 구현하는 것이 일반적입니다. 이 접근 방식은 1:1 매핑이 존재하는 경우에만 의미가 있습니다. 예를 들면 `String::from(...)`이 새 문자열을 생성하는 경우입니다. 피자의 토핑을 초기화할 수 있도록 코드 4.6의 생성자를 다시 작성해 보겠습니다.

코드 4.7 더 나은 피자 생성자

```
impl Pizza {
    pub fn new(toppings: Vec<String>) -> Self {    ◀── 생성자는 토핑이 포함된 Vec을 받아
        Self { toppings }    ◀── 생성자 인자와 Pizza 멤버의 이름이 같기 때문에
    }                              toppings: toppings를 toppings로 짧게 표현할 수 있습니다.
}
```

새 생성자를 테스트해 보겠습니다.

```
let pizza = Pizza::new(vec![
    String::from("tomato sauce"),
    String::from("mushrooms"),
    String::from("mozzarella"),
    String::from("pepperoni"),
]);
println!("pizza={:#?}", pizza);
```

훨씬 더 맛있을 것 같은 피자를 테스트하면 다음과 같이 출력됩니다.

```
pizza=Pizza {
    toppings: [
        "tomato sauce",
        "mushrooms",
        "mozzarella",
        "pepperoni",
    ],
}
```

러스트에서는 함수 오버로드를 허용하지 않으므로 `new()`라는 메서드는 하나만 만들 수 있습니다. 따라서 이 함수가 어떤 기능을 수행할지 신중하게 생각하세요. 대부분의 경우 함수는 최소한의 인자를 사용하여 새로운 빈 객체를 반환하는 등, 최소한의 필요한 동작(예: `Vec::new()`와 같이)을 제공해야 합니다. 또한 어떤 사람들은 함수 이름이 `new_`로 시작하고 추가 인자를 받는 추가적인 생성자를 만들기도 합니다. 예를 들어, 나이틀리 러스트에서만 사용 가능한 `Vec::new_in(alloc: A)`는 메모리 할당자를 선택적으로 받아들이고 지정된 할당자를 사용하는 빈 `Vec`을 반환합니다.

> **NOTE** 초기화 인자들이 복잡해지면 5장에서 설명할 빌더 패턴을 사용하고 싶을 것입니다.

4.4 객체 멤버 가시성과 접근성

러스트의 엔티티들은 기본적으로 비공개로 설정됩니다. 선택적으로 pub 키워드를 사용해 엔티티를 공개로 설정할 수 있습니다. 공개 가시성은 콘텍스트에 따라 약간 다른 의미를 갖습니다. 여기서는 pub 키워드를 추가하면 직접 접근하거나 수정할 수 있는 객체 멤버에 대해 설명하겠습니다. 4.3.1절의 피자 예제를 다시 살펴보고 이번에는 토핑을 현재 모듈 외부에서 공개 상태로 변경해 보겠습니다.

코드 4.8 pub toppings가 있는 피자

```
#[derive(Debug, Clone)]
pub struct Pizza {
    pub toppings: Vec<String>,    ◀── pub 가시성 지정자에 주목하세요.
}
```

실제로 이 코드를 사용하면 toppings 멤버를 일반 변수로 취급하고 다음과 같은 작업을 수행할 수 있습니다.

```
let mut pub_pizza = Pizza {
    toppings: vec![String::from("sauce"), String::from("cheese")],
};
// 마지막에 추가한 토핑을 삭제합니다.
pub_pizza.toppings.remove(1);
println!("pub_pizza={:?}", pub_pizza);
```

이 코드를 실행하면 다음과 같이 출력됩니다.

```
pub_pizza=Pizza { toppings: ["sauce"] }
```

언제 이 작업을 하고 싶으신가요? 일반적으로 메서드가 없고 데이터를 담는 것이 유일한 목적인 데이터 컨테이너가 있는 경우를 제외하고는 이 작업을 하고 싶지 않을 것입니다. 대부분의 경우, **접근자**accessor(비공개 멤버를 가져오는 메서드)로 멤버에 대한 접근을 제어하고 **변경자**mutator(비공개 멤버를 변경할 수 있는 메서드)로 멤버의 값을 변경하고자 할 것입니다. 접근자와 변경자를 흔히 **게터**getter와 **세터**setter라고 부르지만, 러스트에서는 move로 값을 설정하는 것과 값을 제자리에서 변경하는 것을 구분하는 것이 중요합니다.

> **TIP** 이 방법에는 약간의 상용구들이 포함되어 있습니다. 하지만 `rust-analyzer` 같은 도구를 사용하면 각 멤버에 대한 게터와 세터를 쉽게 생성할 수 있습니다. 저의 다른 책인 《러스트 프로페셔널 코드》(https://jpub.tistory.com/468755)에 `rust-analyzer`에 관한 절이 있지만, 자세한 내용은 생성기와 관련된 문서(https://mng.bz/5lV8)를 참조하세요.

`toppings`를 공개 상태로 두고 싶지 않기 때문에 다시 비공개로 변경합니다. 그리고 접근자, 변경자, 세터를 추가하여 피자 코드를 고쳐보겠습니다.

코드 4.9 피자 `toppings`에 대한 액세스 권한 제공하기

```rust
impl Pizza {
    pub fn toppings(&self) -> &[String] {    // 접근자 또는 게터는 toppings 벡터의 슬라이스를 반환합니다.
        self.toppings.as_ref()
    }

    pub fn toppings_mut(&mut self) -> &mut Vec<String> {    // 변경자는 기본 toppings 벡터에 대한 가변 레퍼런스를 반환합니다.
        &mut self.toppings
    }

    pub fn set_toppings(&mut self, toppings: Vec<String>) {    // 세터는 새 벡터의 소유권을 받은 다음, 새로운 벡터로 기존 벡터를 대체합니다.
        self.toppings = toppings;
    }
}
```

이 예제에서 각 메서드는 `self`에 대한 레퍼런스를 사용하고, 가변 메서드는 가변 레퍼런스를 사용합니다. 레퍼런스를 바로 반환하는 대신 객체 내부의 `Vec`에서 슬라이스를 반환하고 있다는 점에 유의하세요. 데이터를 `Vec`으로 반환하는 것과 슬라이스로 반환하는 것은 동일하지만 슬라이스는 일반적으로 불변의 연속 시퀀스(최하위 공통 분모와 같은)를 나타내는 데 사용되므로 슬라이스를 반환하는 것이 약간 더 관용적인 방법입니다.

또한 현재 `toppings`를 대체하면서 기존 `toppings`를 반환 또는 이동하도록 `set_toppings()`를 약간 수정할 수도 있습니다. 이 함수의 이름을 `replace_toppings()`로 정의하겠습니다.

코드 4.10 `toppings`를 교체하는 메서드 제공하기

```rust
impl Pizza {
    pub fn replace_toppings(
        &mut self,
        toppings: Vec<String>,
    ) -> Vec<String> {
        std::mem::replace(&mut self.toppings, toppings)
```

        }
    }

`std::mem::replace()`를 사용하면 기존 `toppings`의 값을 이동시켜서 기존 `toppings`를 대체한 다음, 기존 값을 이동시켜서 반환할 수 있습니다. 이 접근 방식은 값이 복사되거나 중복되는 것을 막는 훌륭한 최적화 방식입니다.

4.5 오류 처리

러스트의 오류 처리는 의외로 복잡하지 않습니다. 이번 절의 뒷부분에서 설명하는 것처럼 언어에서 ? 연산자를 지원하는 러스트의 `Result`를 적극적으로 활용하는 것이 보편적입니다.

코드 샘플을 살펴보기 전에 오류 처리의 두 가지 측면, 즉 오류 생성(오류를 반환할 수 있는 함수 등)과 결과 처리(함수가 오류를 반환할 때 수행할 작업)에 대해 논의해야 합니다.

오류를 생성할 때는 일반적으로 필요한 오류 메타데이터(오류 타입, 메시지 등)를 포함하는 일반 구조체 또는 열거형을 사용합니다. 표준 라이브러리에서는 사용할 수 있는 몇 가지 오류 타입(예: `std::io::Error`)을 제공하지만, 대부분은 자체 오류 타입에 이를 포함시키거나(예를 들어 열거형 변형으로) 그대로 반환하기만 하는 경우가 많습니다. 자신만의 오류 타입을 만드는 것은 구조체나 열거형을 정의하는 것만큼 간단하며, 해당 오류를 `Result` 내부에 포함시켜 반환할 수 있습니다. 표준 라이브러리에는 자체 오류 타입을 구현할 수 있는 오류 트레이트인 `std::error::Error`도 있지만, 이 트레이트를 꼭 사용하지는 않아도 됩니다. 실제로 사용자 정의 오류 타입에 대해 `std::error::Error`를 구현하는 경우는 흔하지 않습니다.

오류를 처리할 때는 일반적으로 패턴 매칭(또는 다른 흐름 제어문)을 통해 각 경우를 명시적으로 처리하거나 호출자에게 오류를 올려보내는 두 가지 전략을 조합하여 사용합니다. 후자의 경우 ? 연산자를 사용하기도 합니다. 연산자를 사용하는 방법은 간단합니다. `Result` 또는 `Option`을 반환하는 함수 호출 뒤에 ? 연산자를 붙이면, 오류가 발생하거나 `None`(`Option`의 경우)인 경우 함수에서 일찍 반환하면서 ? 연산자가 결과를 꺼내게 됩니다. 이 접근 방식은 오류(또는 `Option`의 경우 `None`)를 반환할 수 있는 함수 호출을 연속적으로 연결할 수 있기 때문에 편리합니다. ?를 사용할 때의 단점은 실제로 오류가 명확하게 처리되지 않을 수 있다는 점입니다. 때로는 오류를 처리하고 명시적으로 조치를 취해야 할 때가 있습니다. ?를 사용할 때는 오류 타입에 대해 `From` 트레이트를 구현해 오류 처리 로직을 넣을 수 있는 또 다른 공간을 만들어야 할 것입니다.

파일에서 n번째 줄을 읽고 해당 줄을 문자열로 반환하는 함수를 작성해 보겠습니다. 이 함수는 여러 가지 방식으로 실패할 수 있으므로 각각의 경우를 처리해야 합니다. 코드 4.11은 첫 번째 시도를 보여줍니다.

코드 4.11 파일에서 n번째 줄 읽기

```rust
use std::path::Path;

#[derive(Debug)]
pub enum Error {          // 오류 타입은 두 가지 가능한 값이 있는 열거형입니다.
    Io(std::io::Error),   // Error::Io에는 오류 발생 위치로부터 호출자에게로 올라가면서
                          // 표시되는 std::io::Error가 포함됩니다.
    BadLineArgument(usize), // Error::BadLineArgument는 줄 번호가
                            // 올바르지 않을 때 반환하는 오류입니다.
}

impl From<std::io::Error> for Error {      // From을 구현하여 std::io::Error를 오류 타입
    fn from(error: std::io::Error) -> Self { // Error로 변환할 수 있도록 합니다.
        Self::Io(error)
    }
}

fn read_nth_line(path: &Path, n: usize) -> Result<String, Error> {
    use std::fs::File;
    use std::io::{BufRead, BufReader};
    let file = File::open(path)?;   // 여기서는 ? 연산자를 사용하여
                                    // 파일 핸들을 가져옵니다.

    let mut reader_lines = BufReader::new(file).lines();  // BufReader는 파일 핸들에 대한 버퍼링된
    reader_lines                                          // 읽기 핸들을 제공하고, BufRead 트레이트는
        .nth(n - 1)              // 첫 번째 줄은 파일에서 읽은  // 파일의 각 줄에 대한 반복자를 반환하는
                                 // 0번째 줄이므로, 여기서 n에서 1을  // lines()를 제공합니다.
                                 // 빼야 한다는 점에 유의하세요.
        .map(|result| result.map_err(|err| err.into()))  // nth() 메서드는 Option<Result<String,
                                                          // std::io::Error>>를 반환하므로, 여기에 포함된
        .unwrap_or_else(|| Err(Error::BadLineArgument(n))) // 오류를 우리의 오류 타입으로 변환해야 합니다.
}                                                          // 마지막으로, 반환되는 값이 None인 경우
                                                           // 목표 줄 수에 도달하기 전에
                                                           // 파일의 끝을 지나서 읽게 됩니다.
```

`read_nth_line()` 함수는 파일의 각 줄에 대한 반복자를 반환하는 `lines()` 메서드를 비롯한 몇 가지 편리한 기능을 제공하는 `std::io::BufRead` 트레이트를 사용합니다. 다음 코드를 통해 함수를 테스트해 보겠습니다.

```rust
let path = Path::new("Cargo.toml");
println!(
    "The 4th line from Cargo.toml reads: {}",
    read_nth_line(path, 4)?
);
```

코드를 실행하면 다음과 같이 출력됩니다.

```
The 4th line from Cargo.toml reads: edition = "2021"
```

nth()를 호출할 때 n에서 1을 빼는 부분에 미묘한 버그가 있습니다. n이 0이면 오버플로가 발생하므로 이 버그를 처리해야 합니다. 러스트는 코드가 디버그 모드로 컴파일될 때만 정수 오버플로를 검사하고, 릴리스 모드로 컴파일되면 오버플로 오류가 억제된다는 점에 유의하세요. 이 외의 경우는 C의 기본 동작을 따릅니다.

이 경우를 처리하기 위한 몇 가지 방법이 있지만, 여기서는 n을 검사하고 값이 1보다 작으면 오류와 함께 조기에 반환하도록 하겠습니다.

코드 4.12 파일에서 *n*번째 줄 읽기

```rust
fn read_nth_line(path: &Path, n: usize) -> Result<String, Error> {
    if n < 1 {
        return Err(Error::BadLineArgument(0));
    }
    use std::fs::File;
    use std::io::{BufRead, BufReader};
    let file = File::open(path)?;

    let mut reader_lines = BufReader::new(file).lines();
    reader_lines
        .nth(n - 1)
        .map(|result| result.map_err(|err| err.into()))
        .unwrap_or_else(|| Err(Error::BadLineArgument(n)))
}
```

다음으로 함수가 예상대로 작동하는지 확인하기 위해 함수에 대한 몇 가지 단위 테스트를 작성해야 합니다. 코드 4.13과 같이 테스트를 작성하겠습니다.

코드 4.13 파일에서 *n*번째 줄을 읽기 위한 단위 테스트

```rust
#[cfg(test)]
mod tests {
    use super::*;
    #[test]
    fn test_can_read_cargotoml() {
        let third_line = read_nth_line(Path::new("Cargo.toml"), 3)
            .expect("unable to read third line from Cargo.toml");
```

```rust
        assert_eq!("version = \"0.1.0\\\"", third_line);
    }
    #[test]
    fn test_not_a_file() {
        let err = read_nth_line(Path::new("not-a-file"), 1)    ◀── 존재하지 않는 not-a-file에서 읽기를
            .expect_err("file should not exist");                  시도하고 I/O 오류를 반환합니다.
        assert!(matches!(err, Error::Io(_)));    ◀── matches!를 사용해 반환된 오류의 종류를
    }                                                검사하면 Boolean이 리턴됩니다.
    #[test]                                          이 불리언 값을 assert!로 전달합니다.
    fn test_bad_arg_0() {
        let err = read_nth_line(Path::new("Cargo.toml"), 0)    ◀── 여기서는 n에 0 값을 전달하면
            .expect_err("0th line is invalid");                    오류가 발생하는지 확인합니다.
        assert!(matches!(err, Error::BadLineArgument(0)));    ◀── 여기서는 특정 값(0)과 패턴 매칭을
    }                                                             사용하여 반환되는 오류를 확인합니다.
    #[test]
    fn test_bad_arg_too_large() {
        let err = read_nth_line(Path::new("Cargo.toml"), 500)   ◀── 이 프로젝트의 Cargo.toml은 8줄밖에
            .expect_err("500th line is invalid");                   되지 않으므로 500은 파일 끝을 훨씬
        assert!(matches!(err, Error::BadLineArgument(500)));   ◀── 넘어서서 오류가 발생해야 합니다.
    }                                                               반환된 오류가 예상 값과 일치하는지
}                                                                   다시 한번 확인합니다.
```

지금까지 살펴봤듯이 러스트에서 오류를 처리하는 것은 복잡하지 않습니다. 대부분의 경우 라이브러리나 애플리케이션이 반환할 수 있는 모든 오류를 캡슐화하기 위해 오류 타입을 생성하고, 많은 경우 기본 오류를 변경하지 않고 반환하기만 하면 됩니다.

4.6 전역 상태

모든 개발자는 전역 상태global state를 처리해야 할 때가 있습니다. 전역 상태는 경합 조건, 오염 위험, 잘못된 이해관계 분리와 같은 여러 가지 문제를 일으킬 수 있기 때문에 되도록 피하는 것이 좋습니다. 하지만 아무리 피하려고 노력해도 결국에는 전역 상태가 필요한 상황이 발생하게 됩니다. 이번 장에서는 러스트에서 전역 상태를 처리하는 몇 가지 방법을 설명합니다. 또한 메모리와 소유권 모델 덕분에 생기는 장점과 어려운 점을 함께 다루겠습니다.

전역 상태는 싱글톤singleton 패턴을 통해 구현되기도 하는데, 일부 개발자는 이를 안티패턴으로 간주하기도 합니다. 이 주제는 10장에서 다시 다루겠지만, 여기서는 전역 상태와 싱글톤을 조심스럽게 사용해야 한다는 점을 우선 말씀드리겠습니다.

이제 러스트의 전역 변수에 대해 이야기해 보겠습니다. 러스트에서는 전역 변수를 `static`과 `const` 두 가지로만 만들 수 있습니다. 두 경우 모두 변숫값은 컴파일 타임에 결정되어야 합니다. 즉, 전역 변수의 값은 런타임에 초기화할 수 없습니다. 가변 정적 변수를 정의하면 런타임에 값을 수정할 수 있지만 이 접근 방식은 `unsafe` 키워드를 사용해야 합니다. 또한 정적 변수는 멀티스레드에서 안전하게 접근할 수 있도록, 즉 경합 조건을 방지하기 위해 `Sync`를 구현해야 합니다. 또한 정적 변수에서는 메모리 할당이 허용되지 않습니다. 힙에 메모리를 할당하는 모든 것을 사용할 수 없습니다. 프로그램이 종료될 때 정적 변수는 `Drop` 트레이트의 `drop()` 메서드가 호출되지 않습니다.

이러한 제한사항 때문에 전역 상태에 게으른 JIT_{Just-In-Time} 초기화를 사용하는 것이 일반적입니다. 몇 가지 크레이트를 사용하면 이 작업을 쉽게 수행할 수 있지만, 이러한 크레이트를 살펴보기 전에 직접 수행하는 방법에 대해 논의해 보겠습니다.

`Vec`과 `String`은 모두 힙에 할당되기 때문에 문자열의 정적 벡터를 생성할 수 없습니다. 다음 코드는 컴파일되지 않습니다.

```rust
static POPULAR_BABY_NAMES_2021: Vec<String> = vec![
    String::from("Olivia"),
    String::from("Liam"),
    String::from("Emma"),
    String::from("Noah"),
];
```

이 코드를 컴파일하려고 하면 긴 오류가 발생합니다.

```
error[E0010]: allocations are not allowed in statics
 --> src/main.rs:1:47
  |
1 |    static POPULAR_BABY_NAMES_2021: Vec<String> = vec![
  |    _____^
2 | |      String::from("Olivia"),
3 | |      String::from("Liam"),
4 | |      String::from("Emma"),
5 | |      String::from("Noah"),
6 | |  ];
  | |__^ allocation not allowed in statics
  |
  = note: this error originates in the macro `vec` (in Nightly builds,
  run with -Z macro-backtrace for more info)
```

```
error[E0015]: cannot call non-const fn `<String as From<&str>>::from`
 in statics
  --> src/main.rs:2:5
   |
 2 |     String::from("Olivia"),
   |     ^^^^^^^^^^^^^^^^^^^^^^
   |
   = note: calls in statics are limited to constant functions, tuple
 structs and tuple variants
   = note: consider wrapping this expression in `Lazy::new(|| ...)`
 from the `once_cell` crate: https://crates.io/crates/once_cell
```

컴파일러 오류에서 `once_cell`을 사용하라는 제안을 보셨을 텐데요, 잠시 후에 살펴보겠습니다. 먼저 서드파티 크레이트를 사용하는 대신 이 접근 방식을 사용할 수 있는지 살펴봅시다.

정적 전역 변수를 생성하려면 `std::thread_local!` 매크로를 사용해야 하며, 이는 스레드 안전성을 위한 `Sync` 트레이트를 지원하는 지역 스레드 저장소를 제공합니다. 지역 스레드 저장소는 현재 스레드에만 데이터를 지역적으로 저장할 수 있게 하면서도 메모리에 전역적으로 접근할 수 있도록 해줍니다.

내부 데이터를 안전하게 공유하려면 레퍼런스 카운팅 포인터, `Arc`, `Mutex`를 사용해야 합니다. 마지막으로, 컴파일 타임에 `Vec` 또는 `String`을 초기화할 수 없기 때문에 `Vec<String>`을 `Option`으로 감싸야 합니다. 이 경우 데이터에 접근하기 위해 사용하는 포인터는 현재 스레드에서는 지역적이지만 데이터 자체는 전역적이므로 코드 4.14와 같이 할 수 있습니다.

코드 4.14 스레드 지역적, 전역 정적 변수 선언하기

```
thread_local! {
    static POPULAR_BABY_NAMES_2021: Arc<Mutex<Option<Vec<String>>>> =
        Arc::new(Mutex::new(None));
}
```

이제 `Vec`에 값을 넣어서 초기화해야 합니다. `main()`과 같은 코드의 어딘가에서 데이터를 초기화하기 위해 다음을 수행해야 합니다.

코드 4.15 스레드 지역적, 전역 정적 변수 초기화하기

```
let arc = POPULAR_BABY_NAMES_2021.with(|arc| arc.clone());
let mut inner = arc.lock().expect("unable to lock mutex");
```

```
*inner = Some(vec![
    String::from("Olivia"),
    String::from("Liam"),
    String::from("Emma"),
    String::from("Noah"),
]);
```

이 접근 방식은 이 상황을 처리하기에 다소 불편합니다. 또한 전역 데이터에 다른 객체가 접근을 시도하기 전에 각 값을 적절한 순서로 올바르게 초기화해야 합니다.

실제로는 이런 식으로 전역 상태를 처리해서는 안 됩니다. 대신 표 4.2와 같이 멋진 API를 통해 이 기능을 제공하는 여러 크레이트 중 하나를 사용하는 것이 좋습니다.

표 4.2 전역 상태 크레이트 요약

크레이트	저장소	2024년 3월 3일 기준 다운로드 수	설명
lazy-static.rs	https://mng.bz/oegy	215,759,981	게으른 초기화(lazy initialization)가 된 정적 변수를 선언하기 위한 매크로
once_cell	https://github.com/matklad/once_cell	213,996,727	전역 상태를 초기화하는 데 사용할 수 있는 두 가지 새로운 셀(cell) 타입 제공
static_init	https://gitlab.com/okannen/static_init	3,391,550	더 높은 성능과 데이터 삭제 등 다양한 기능을 갖춘 전역 정적 변수 제공

다음 절에서는 표 4.2의 크레이트를 사용하여 코드 4.14 및 4.15의 예제를 구현해 보겠습니다.

4.6.1 lazy-static.rs

이 글을 쓰는 시점 기준으로, `lazy-static.rs` 크레이트는 러스트에서 전역 상태 문제를 해결하는 데 가장 많이 사용됩니다. API는 `static ref` 구문을 사용하여 전역 변수를 정의하는 간단한 매크로를 기반으로 하며, 클로저를 사용하여 초기화를 수행하는 옵션이 있습니다. 이 크레이트를 사용하여 일부 전역 상태를 초기화할 수 있습니다.

코드 4.16 lazy-static.rs를 사용한 인기 있는 아기 이름들

```
use lazy_static::lazy_static;

lazy_static! {
    static ref POPULAR_BABY_NAMES_2020: Vec<String> = {
        vec![
```

```
            String::from("Olivia"),
            String::from("Liam"),
            String::from("Emma"),
            String::from("Noah"),
        ]
    };
}
```

데이터를 가변으로 만들려면 `Mutex<Vec<String>>` 또는 `RwLock<Vec<String>>`을 사용할 수 있지만 이 예제에서는 이 데이터를 불변으로 처리하겠습니다. 다음과 같이 코드를 테스트할 수 있습니다.

```
println!("popular baby names of 2020: {:?}", *POPULAR_BABY_NAMES_2020);
```

`lazy-static.rs`는 `Deref` 트레이트를 제공하므로 `*` 연산자를 사용해 변수를 역참조하면 해당 값에 접근할 수 있습니다. 위의 코드를 실행하면 다음과 같은 결과가 출력됩니다.

```
popular baby names of 2020: ["Olivia", "Liam", "Emma", "Noah"]
```

4.6.2 once_cell

`once_cell` 크레이트는 빠르게 인기를 얻고 있으며, `lazy-static.rs`보다 전역 상태를 처리하는 데 더 제네릭한 API를 제공합니다. 따라서 새 프로젝트에는 `lazy-static.rs` 대신 `once_cell`을 사용하는 것이 좋습니다. 하지만 이미 `lazy-static.rs`를 사용 중이거나 익숙하다면 이 역시 훌륭한 솔루션입니다.

`once_cell`을 사용하여 동일한 기능을 구현해 보겠습니다. 코드 4.17은 멋지고 간결한 API를 제공합니다.

코드 4.17 `once_cell`을 사용한 인기 있는 아기 이름들

```
use once_cell::sync::Lazy;

static POPULAR_BABY_NAMES_2019: Lazy<Vec<String>> = Lazy::new(|| {
    vec![
        String::from("Olivia"),
        String::from("Liam"),
        String::from("Emma"),
        String::from("Noah"),
```

```
    ]
});
```

once_cell::sync::Lazy API는 * 연산자를 사용하여 값에 액세스할 수 있도록 Deref 트레이트를 제공합니다.

```
println!("popular baby names of 2019: {:?}", *POPULAR_BABY_NAMES_2019);
```

lazy-static.rs와 마찬가지로, 데이터를 Mutex 또는 RwLock으로 감싸면 가변으로 만들 수 있습니다.

4.6.3 static_init

마지막으로, 멋진 기능과 뛰어난 성능을 갖춘 `static_init`에 대해 살펴보겠습니다.

코드 4.18 `static_init`를 사용하는 인기 있는 아기 이름들

```
use static_init::dynamic;

#[dynamic]
static POPULAR_BABY_NAMES_2018: Vec<String> = vec![
    String::from("Emma"),
    String::from("Liam"),
    String::from("Olivia"),
    String::from("Noah"),
];
```

변수를 가변으로 만들려면 `mut` 키워드를 추가하면 됩니다.

```
static mut POPULAR_ BABY_NAMES_2018 ...
```

`static_init`는 lazy-static.rs 및 once_cell과 같은 Deref도 제공하므로 다음과 같이 값에 접근할 수 있습니다.

```
println!("popular baby names of 2018: {:?}", *POPULAR_BABY_NAMES_2018);
```

4.6.4 std::cell::OnceCell

러스트 1.70부터 러스트 표준 라이브러리에는 `std::cell::OnceCell`과 `std::sync::OnceLock`이 포함되어 있습니다. 이는 정적 초기화 문제를 부분적으로 해결하지만, 전역 수준에서 편리한 지연 초기화는 제공하지 않습니다. 이 기능을 위해 실험적인 API인 `std::cell::LazyCell`을 사용할 수 있지만, 아직 안정적인 러스트에서는 사용할 수 없습니다. 이 장의 앞부분에서 설명한 것처럼 `std::cell::OnceCell`을 사용하는 것은 `thread_local!` 매크로를 사용하는 것과 거의 동일합니다.

`std::cell::OnceCell`의 전역 인스턴스를 만들 수는 있지만 단일 표현식 내의 전역 범위에서 값을 초기화할 수는 없습니다. 이 작업에 서드파티 크레이트를 사용하지 않으려는 경우 고려해 볼 만한 방법입니다. 선언과 초기화를 분리할 때의 주된 단점은 이 접근 방식이 명확성을 떨어뜨리고 초기화 코드가 중복되거나 서로 경쟁하는 초기화 코드의 경로가 여러 개 존재할 경우 잠재적인 경합 조건이 발생할 수 있다는 것입니다.

완결성을 위해 `std::cell::OnceCell`을 사용해 동일한 동작을 구현할 수 있지만, 초기화는 전역 콘텍스트가 아닌 함수 내에서 이루어져야 합니다. 코드 4.19는 단순히 `main()` 내에 코드를 배치한 것입니다.

코드 4.19 `std::cell::OnceCell` 사용하기

```
let popular_baby_names_2017: OnceCell<Vec<String>> = OnceCell::new();
popular_baby_names_2017.get_or_init(|| {
    vec![
        String::from("Emma"),
        String::from("Liam"),
        String::from("Olivia"),
        String::from("Noah"),
    ]
});
```

4.7 정리하며

- RAII는 러스트에서 광범위하게 사용되며, 소유권, 리소스 해제 및 동기화를 안전하게 처리하기 위해 러스트의 `move` 시맨틱과 함께 잘 작동합니다.
- RAII를 사용하여 리소스를 안전하게 관리하는 데이터 구조와 컨테이너를 구축하고 `Drop` 트레이트를 구현하여 정리를 수행할 수 있습니다.
- 함수 호출 인자는 값 또는 레퍼런스로 전달할 수 있습니다. 특히 값으로 전달하면 러스트에서 몇 가지 고유한 패턴을 사용할 수 있습니다.
- 값으로 전달된 인자는 호출자의 콘텍스트에서 피호출자의 콘텍스트로 이동되고 피호출자에서 호출자에게 반환될 수 있습니다.
- 객체 멤버는 기본적으로 비공개입니다. 구조체가 데이터 컨테이너로만 사용되고 직접 접근이 선호되는 경우를 제외하고는 일반적으로 공개 멤버를 사용하는 대신 멤버 값에 접근하거나 변경하는 메서드를 작성합니다.
- 오류를 생성할 수 있는 함수는 `Result`를 반환해야 하며, 일반적으로 오류 타입을 생성하여 반환할 수 있는 모든 오류에 대한 세부 정보를 포함합니다.
- ? 연산자를 사용하면 모든 오류 케이스를 명시적으로 처리하지 않고도 코드를 깔끔하게 유지할 수 있습니다.
- 오류 타입에 `From` 트레이트를 구현하면 다양한 오류 케이스를 우아하게 처리할 수 있습니다.
- 러스트에서 전역 상태를 처리하는 것은 까다롭지만, 몇 가지 크레이트를 사용하면 작업이 쉬워집니다. 예를 들어, `once_cell` 크레이트는 지연 초기화 및 전역 상태에 대한 간결한 API를 제공합니다.

CHAPTER 5

디자인 패턴: 기본을 넘어서

이번 장에서 다루는 내용
- 매크로를 사용한 메타프로그래밍
- 러스트에서 빌더 패턴 구현하기
- 플루언트 인터페이스 구축하기
- 관찰자 패턴 살펴보기
- 명령 패턴 이해하기
- 뉴타입 패턴 살펴보기

2장과 3장에서는 제네릭, 트레이트, 패턴 매칭, 함수형 프로그래밍 기능 등 핵심 러스트 구성 요소를 소개했습니다. 이번 장에서는 이러한 주제를 더 자세히 살펴보고 러스트의 설계 패턴을 분석하면서 이전 장에서 배운 내용을 기초로 삼아 진행해 보겠습니다.

배운 내용을 사용해 러스트 관용구와 일치하는 방식으로 좀 더 구체적인 패턴을 구축할 수 있습니다. 가능한 모든 패턴을 살펴보지는 않겠지만, 러스트에서 거의 모든 디자인 패턴을 구축하는 데 필요한 기본 사항을 보여주는 엄선된 예제를 소개하겠습니다.

제네릭, 트레이트, 패턴 매칭, 클로저가 모든 설계 패턴의 기본 요소라면, 이 장의 패턴은 이러한 기능을 결합한 거의 모든 다른 패턴의 원형이라고 할 수 있습니다. 패턴 자체에 대해 알아보기 전에, 패턴 그 자체는 아니지만 고급 디자인 패턴에서 자주 사용되는 매크로에 대해 알아보겠습니다.

이 시점에서 매크로를 소개하는 것이 이상하게 보일 수도 있습니다. 하지만 러스트에서 매크로는 널리 사용되기 때문에 이에 대한 기본적인 이해 없이는 진행하기 어렵습니다. 따라서 계속 진행하기 전에 매크로를 이해하는 것이 중요합니다. 또한 8장에서는 이러한 기능들이 어떻게 상호작용하고, 결합되며, 코드 지원을 제공하는지 살펴보기 위해 매크로를 사용할 것입니다.

이 장에서 설명하는 다섯 가지 패턴 중 네 가지 패턴은 빌더, 플루언트 인터페이스, 관찰자, 명령 패턴입니다. 이들은 프로그래밍 언어, 라이브러리, SDK 전반에서 흔히 볼 수 있습니다. 마지막으로 살펴볼 패턴은 러스트에 특화된 뉴타입입니다. 이러한 패턴은 일반적인 프로그래밍 문제에 대해 잘 이해되고 유용하며 널리 적용 가능한 추상화를 제공한다는 점에서 인기가 높습니다. 이러한 패턴을 구현해 본 적이 없더라도 한번 알아두면 어디에서나 볼 수 있습니다.

5.1 매크로를 사용한 메타프로그래밍

매크로macro는 일반적으로 전처리기preprocessor를 사용하는 메타프로그래밍을 위한 도구입니다. 매크로를 사용하면 프로그래밍 언어의 기능을 확장하거나 보강할 수 있습니다. **메타프로그래밍** metaprogramming은 코드를 사용하여 코드를 생성하는 프로세스이고, **전처리**preprocessing는 코드가 컴파일되기 **전에** 코드 또는 매크로를 실행하는 프로세스입니다.

매크로는 컴파일러가 실행되기 전에 코드를 생성하기 위한 특정 도메인에 해당하는 언어Domain-Specific Language, DSL로 제공되는 경우가 많습니다. 매크로를 지원하지 않는 언어에서는 사용자가 직접 전처리 단계를 구성해서 매크로를 언어에 집어넣을 수도 있습니다.

기본적이면서도 유용한 매크로 시스템을 갖춘 C와 C++를 비롯해 많은 언어가 매크로 기능을 제공합니다. 리스프Lisp는 고급 매크로 시스템으로 잘 알려져 있습니다. 엘릭서, 얼랭, 스칼라, 오캐멀에도 매크로 시스템이 있습니다.

러스트의 매크로는 C와 C++의 매크로와 비교하면 훨씬 더 고급스럽고 복잡합니다. C와 C++의 매크로는 텍스트 치환에 의존하며 타입 검사, 매개변수 일치, 적절한 범위 지정 등의 기능을 거의 제공하지 않습니다.

러스트의 매크로는 다른 시스템의 매크로보다 작업하기 쉽고 안전하게 사용할 수 있는 타입 안전 매크로라는 점에서 특별합니다. 러스트의 컴파일러는 매크로와 함께 유용한 오류 메시지를 제공하는 훌륭한 기능을 제공하지만, 매크로가 너무 복잡해지면 문제가 될 수 있습니다. 러스트의 매크로는 타입 검사 외에도 매크로에 사용된 변수와 식별자가 호출 코드의 변수 및 식별자와 충돌하지 않는지 확인하기 위해 코드의 건전성을 검사합니다.

매크로는 모든 코드베이스에서, 특히 장황하고 반복적인 코드에서 훌륭한 보완 도구가 될 수 있습니다. 다른 도구와 마찬가지로 매크로도 오용될 수 있으며 코드의 악취를 감추는 데 사용될 수도 있습니다.

한 가지 더 말씀드리자면, 러스트는 현재 두 가지 매크로 시스템을 제공합니다. 기본적으로 제공되는 일반 매크로 시스템인 **선언적 매크로**declarative macro와 플래그를 설정해야 활성화되는 **절차적 매크로**procedural macro가 그것입니다. 절차적 매크로는 훨씬 더 복잡하지만 훨씬 더 많은 기능과 유연성을 제공합니다. 8장에서 절차적 매크로를 다시 살펴보겠습니다. 이번 장에서는 선언적 매크로에 대해 설명합니다.

5.1.1 기본적인 선언적 매크로

기본 매크로에 대해 살펴보겠습니다. 러스트에서는 키워드 뒤에 오는 ! 기호로 매크로를 인식할 수 있습니다. 매크로를 호출하는 것은 인자 앞에 ! 기호를 추가한 함수 호출과 비슷합니다. `vec![]`는 실제로 매크로입니다. 자주 사용되는 다른 매크로로는 `println!` 및 `dbg!` 같은 것들이 있습니다. 매크로를 호출할 때 매크로 이름 끝에 오는 `!`는 컴파일러와 코드를 읽는 모든 사람에게 일반 함수가 아닌 매크로를 사용하려는 것임을 알려주는 필수 요소입니다. 매크로 정의는 `macro_rules!`로 시작하고 그 뒤에 매크로의 이름을 붙입니다.

```
macro_rules! noop_macro {
    () => {};
}
```

위의 매크로는 아무 일도 하지 않습니다. `noop_macro!()`로 호출할 수 있습니다. 매크로 정의의 본문이 `match` 문과 비슷하게 보이는데, 실제로 매크로가 `match` 문 그 자체이기 때문입니다. 괄호의 종류를 포함하여 `!` 뒤에 오는 모든 것을 일치시킬 수 있습니다. (), {}, [] 등의 다양한 괄호를 사용할 수 있지만 매크로에는 반드시 괄호가 포함되어야 합니다.

매크로는 컴파일 타임에 실행되므로 매크로 내의 코드는 코드 실행의 결과가 아니라 코드 자체와 일치합니다. 즉, **코드 조각**code fragment과 같은 다양한 종류의 코드의 구조를 매칭시킬 수 있습니다. 다음은 또 다른 매크로입니다.

```
macro_rules! print_what_it_is {
    () => {            ← print_what_it_is!()와 같은 인자를 일치시키지 않습니다.
        println!("A macro with no arguments")
    };
    ($e:expr) => {     ← 인자가 print_what_it_is!({...})와 같은 표현식인 경우입니다.
        println!("A macro with an expression")
    };
    ($s:stmt) => {     ← 인자가 print_what_it_is!(...;)와 같은 문인 경우입니다.
        println!("A macro with a statement")
    };
}
```

위의 매크로에는 인자가 없을 때 일치하는 규칙, 표현식과 일치하는 규칙, 구문과 일치하는 규칙의 세 가지 일치 규칙이 있습니다. 뒤의 두 규칙의 경우 인자는 각각 $e와 $s 변수에서 사용할 수 있습니다. 매크로를 다음과 같이 호출할 수 있습니다.

```
print_what_it_is!();
print_what_it_is!({});
print_what_it_is!(;);
```

이 코드를 실행하면 다음과 같이 출력됩니다.

```
A macro with no arguments
A macro with an expression
A macro with a statement
```

코드 조각은 구문적으로 유효하다면 러스트에서 모든 종류의 코드 구성이 될 수 있습니다. 여러 인자를 일치시킬 수도 있습니다.

```
macro_rules! print_what_it_is {
    // ... 생략 ...
    ($e:expr, $s:stmt) => {
        println!("An expression followed by a statement")
    };
}
```

이 매크로를 print_what_it_is!({}, ;)로 호출하면 실행 시 "An expression followed by a statement"를 출력합니다. 규칙과 일치하지 않는 잘못된 인자로 매크로를 호출하면 컴파일러 오류가 발생합니다. 2개의 구문으로 print_what_it_is!(;, ;)와 같이 호출하면 다음과 같은 오류가 발생합니다.

```
error: no rules expected the token `,`
  --> src/main.rs:27:24
   |
5  | macro_rules! print_what_it_is {
   | ----------------------------- when calling this macro
...
27 |     print_what_it_is!(;, ;); // error!
   |                        ^ no rules expected this token in macro call
```

이 패턴을 일치시킬 수 있도록 수정하면 다음과 같습니다.

```
macro_rules! print_what_it_is {
    // ... 생략 ...
    ($e:stmt, $s:stmt) => {
        println!("Two back-to-back statements")
    };
}
```

문장과 패턴의 조합을 매크로 인자로 사용할 수 있지만, 특히 복잡한 경우 사용자에게 혼란을 줄 수 있으므로 너무 많은 인자 조합으로 매크로를 작성하는 것은 신중해야 합니다. 다양한 상황을 이해하고 있다면 실제 상황에 직면했을 때 어떻게 대처해야 하는지 알 수 있을 것입니다.

5.1.2 언제 매크로를 사용해야 할까요?

러스트에서 매크로는 함수와 매우 비슷해서 "왜 함수 대신 매크로를 사용해야 하나요?"라고 질문하실 수도 있습니다. 함수 대신 매크로를 사용하는 것이 훨씬 유리한 몇 가지 사례가 있습니다. 매크로를 사용하는 한 가지 이유는 매크로를 사용하면 인자를 오버로드할 수 있기 때문입니다. 또 다른 이유는 매크로가 **가변** 인자를 지원하기 때문에 선택적 구분 기호로 임의의 수의 인자를 지정할 수 있기 때문입니다. 매크로의 다른 사용 사례로는 사용자 정의 로깅(예: log 크레이트, https://crates.io/crates/log)과 미니 DSL 생성(예: lazy_static 크레이트, https://crates.io/crates/lazy_static)이 있습니다.

나만의 `println!`을 작성하고 싶다고 가정해 봅시다. 이미 눈치챘겠지만 `println!` 매크로는 N + 1 인자를 받습니다. 인자의 수가 가변적입니다. 첫 번째 인자는 문자열 형식 지정이며, 치환된 변수 interpolated variable를 포함할 수도 있고, 뒤에 오는 N개의 인자는 형식을 지정할 값입니다. `println!`을 감싸는 매크로를 작성할 수 있습니다.

```
macro_rules! special_println {
    ($($arg:tt)*) => {        ← 토큰 트리를 원하는 수만큼 일치시킵니다.
        println!($($arg)*)    ← 인자를 println!에 직접 전달합니다.
    };
}
```

`println!`을 호출할 때와 똑같이 `special_println!`을 호출할 수 있습니다. 위의 예제에서 `println!` 정의를 복사하기만 하면 됩니다. 인자는 `$($arg:tt)*`처럼 생겼습니다.

- 식별자 `$arg`는 이 규칙과 일치하는 인자에 대한 이름이 지정된 식별자입니다.
- **토큰 트리**token tree의 줄임말인 `tt`에서 패턴을 일치시킬 것입니다. 토큰 트리에는 단일 식별자, 식별자 시퀀스 또는 토큰 트리 시퀀스가 포함될 수 있습니다. 토큰 트리는 재귀적이므로 식별자를 포함할 수 있습니다. 재귀적 구조 때문에 **트리**tree라고 불립니다.
- 일치 규칙은 `$(...)`에서와 같이 괄호 안에 있으며, 이는 내부 규칙이 반복적으로 일치할 수 있다는 사실을 나타냅니다. 하지만 다음 항목에서 설명하는 것처럼 반복 횟수를 지정해야 합니다.
- 마지막 문자, 별표(`*`)는 컴파일러에게 이러한 인자가 몇 번이나 반복될 수 있음을 알려줍니다. 러스트는 정규 표현식과 동일한 문법을 사용합니다. 하나 이상 일치하는 경우 `+`, 전혀 일치하지 않거나 1개 이상 일치하는 경우는 `*`, 일치하는 항목이 1개 또는 전혀 없는 경우는 `?`를 사용합니다.
- 토큰 트리는 시퀀스가 될 수 있기 때문에 전체 토큰 트리를 전달합니다. 따라서 구두점을 추가할 필요가 없습니다.

인자의 확장 또는 전사transcription는 `$($arg)*`를 통해 이루어지며, 우리는 단지 `println!`에 이를 전달할 뿐입니다. 매크로는 다른 매크로를 호출할 수 있기 때문에 매크로를 재귀적으로 호출할 수도 있습니다.

매크로를 좀 더 유용하게 만들어 봅시다. 로깅 프레임워크에서 하듯이 모든 호출 앞에 `special_println!` 접두사를 붙이고 싶다고 가정해 보겠습니다.

```
macro_rules! special_println {
    ($($arg:tt)*) => {
        println!("Printed specially: {}", $($arg)*)
    };
}
```
※ 모든 인자를 println!의 두 번째 인자로 전달합니다. 앞의 예제에서는 모든 인자를 첫 번째 인자로 전달했습니다.

깔끔하네요! 이제 이 코드를 `special_println!("hello world!")`로 호출하면 `"Printed specially: hello world!"`가 출력됩니다.

그러나 이 매크로는 현재 형식의 인자를 하나만 받아들이기 때문에 그다지 유용하지는 않습니다. 그 이유는 `{}` 형식 지정자를 `println!` 호출의 첫 번째 인자로 하드코딩했기 때문에 `println!` 호출이 평가될 때 하나의 매개변수만 예상하고 받아들이기 때문입니다.

매크로가 `println!`처럼 여러 개의 인자를 허용하도록 하려면 문자열 치환과 가변 인자를 올바르게 처리하는 특수 매크로인 `format!`으로 인자를 감싸면 됩니다. 러스트 표준 라이브러리(https://doc.rust-lang.org/std/macro.format.html)에 있는 `format!` 매크로의 정의는 러스트 표준 라이브러리의 특수 `format_args!` 매크로와 `std::fmt::format()` 함수를 호출한다는 점을 제외하면 우리 코드와 매우 비슷합니다.

코드 5.1 러스트 표준 라이브러리의 `format!` 매크로 정의

```
macro_rules! format {
    ($($arg:tt)*) => {{
        let res = $crate::fmt::format(
          $crate::__export::format_args!($($arg)*));
        res
    }}
}
```

좀 더 자세히 살펴보면 `format_args!`는 컴파일러에서 구현한 특별한 내장 매크로(https://mng.bz/ngaV)임을 알 수 있습니다. 더 자세히 알아보려면 러스트 컴파일러 소스 코드를 살펴봐야 합니다. 코드 5.2는 러스트 표준 라이브러리에서의 해당 정의를 보여줍니다.

코드 5.2 러스트 표준 라이브러리의 `format_args!` 매크로 정의

```
macro_rules! format_args {
    ($fmt:expr) => {{ /* compiler built-in */ }};
    ($fmt:expr, $($args:tt)*) => {{ /* compiler built-in */ }};
}
```

다음으로, `println!` 호출 전에 인자를 평가하기 위해 `format!`을 사용하도록 `special_println!`을 업데이트해 보겠습니다.

```
macro_rules! special_println {
    ($($arg:tt)*) => {
        println!("Printed specially: {}", format!($($arg)*))
    };
}
```

> 인자를 println!에 전달하기 전에 먼저 format!으로 전달합니다. 그러면 인자를 형식화된 문자열로 평가할 수 있습니다.

이제 `special_println!("with an argument of {}", 5)`로 매크로를 호출하면 `"Printed specially: with an argument of 5"`가 출력됩니다. 매크로를 디버깅하려면 다음 애트리뷰트를 추가하여 매크로 추적 기능(나이틀리에만 해당)을 활성화할 수 있습니다.

```
#![feature(trace_macros)]
```

> **TIP** 다음과 같은 방법으로 나이틀리로 전환할 수 있습니다.
> - `rustup default nightly` 명령을 실행하여 전체 시스템의 기본값을 나이틀리로 설정할 수 있습니다.
> - `rustup override set nightly` 명령으로 현재 프로젝트의 툴체인을 나이틀리로 오버라이드할 수 있습니다.
> - `cargo` 명령과 함께 `+nightly` 인자를 사용하여 특정 크레이트를 나이틀리로 실행할 수 있습니다. 예를 들면 `cargo +nightly build`와 같습니다.
> - 프로젝트 루트 디렉터리에 `rust-toolchain.toml` 파일을 생성하고 `toolchain.channel = "nightly"`를 추가합니다.

이 코드는 매크로 확장 결과를 보여주는 컴파일러 메시지를 생성합니다. 매크로 추적을 사용하려면 `trace_macros!`를 사용해 특정 호출에 대한 매크로 추적을 활성화해야 합니다.

```
trace_macros!(true);
special_println!("hello world!");
trace_macros!(false);
```

이제 코드를 컴파일하면 다음과 같은 컴파일러 출력이 생성됩니다.

```
note: trace_macro
  --> src/main.rs:84:5
   |
84 |     special_println!("hello world!");
   |     ^^^^^^^^^^^^^^^^^^^^^^^^^^^^^^^^
```

```
  |
  = note: expanding `special_println! { "hello world!" }`
  = note: to `println! ("Printed specially: {}", format! ("hello world!"))`
  = note: expanding `println! { "Printed specially: {}", format!
("hello world!") }`
  = note: to `{
            $crate :: io ::
            _print($crate :: format_args_nl!
            ("Printed specially: {}", format! ("hello world!"))) ;
        }`
  = note: expanding `format! { "hello world!" }`
  = note: to `{
            let res = $crate :: fmt ::
            format($crate :: __export :: format_args! ("hello world!")) ; res
        }`
```

또는 `cargo expand`를 사용해 확장된 매크로를 표시할 수 있는데, 안정적인 러스트를 계속 사용하고 싶을 때 편리합니다. 언제든 `+nightly` 인자로 `cargo`를 실행해서 나이틀리가 적용된 크레이트를 테스트하고 기능을 사용할 수 있습니다.

> **TIP** `cargo expand`를 처음 사용하는 경우 `cargo install cargo-expand`로 설치할 수 있습니다.

새로운 매크로를 작성해 몇 가지 기능을 더 시연해 보겠습니다. 원하는 수의 식별자를 받아 이름=값 형식으로 값을 출력하는 매크로를 작성하겠습니다. 이 접근 방식은 디버깅 등에 유용할 수 있습니다. 이 용도로 이미 `dbg!` 매크로가 존재하지만 여기서는 학습을 위해 직접 매크로를 작성해 보겠습니다. 정의는 다음과 같습니다.

```
macro_rules! var_print {
    ($($v:ident),*) => {        ◀── 쉼표로 구분된 식별자 리스트와 일치시킵니다.
        println!(
          concat!($(stringify!($v),"={:?} "),*), $($v),*    ◀── 각 인자를 문자열화하고 결합하여 println!의
        )                                                      첫 번째 인자로 사용하되, 나머지 인자로는
    };                                                         전체 인자 리스트를 포함합니다.
}
```

이 매크로는 좀 더 복잡하므로 세부적으로 살펴봅시다.

- 매크로는 `$($v:ident),*`로 표시된 쉼표로 구분된 식별자 리스트를 일치시킵니다.
- 매크로에는 `$v`의 내부 확장이 2개 있는데, 하나는 `println!` 호출을 위한 첫 번째 인자를 생성하고 다른 하나는 나머지 인자를 전달합니다.

- `println!`의 첫 번째 인자는 매크로에 전달되는 각 변수를 이름=값 형식으로 포함하는 형식 지정 문자열입니다.
- `stringify!` 매크로는 토큰을 문자열로 변환합니다.
- `concat!` 매크로는 문자열을 연결합니다.
- 첫 번째 확장의 `$(stringify!($v),"={:?}? "),*`는 매크로의 각 인자의 문자열화된 토큰을 `"={:?}"`로 연결합니다.
- 별도의 확장은 `$($v),*`이며, `println!`의 두 번째 인자로 전달됩니다.
- 여기서 구두점(,)을 꺼내기 때문에 확장에서는 다시 `,*`로 추가해야 한다는 점에 유의하세요.

새 매크로를 다음과 같이 테스트할 수 있습니다.

```
let counter = 7;
let gauge = core::f64::consts::PI;
let name = "Peter";
var_print!(counter, gauge, name);
```

이 코드를 실행하면 다음과 같이 출력됩니다.

```
counter=7 gauge=3.141592653589793 name="Peter"
```

`cargo expand`로 이 매크로의 확장을 살펴볼 수 있습니다.

```
let counter = 7;
let gauge = 3.14;
let name = "Peter";
{
    ::std::io::_print(::core::fmt::Arguments::new_v1(
        &["counter=", " gauge=", " name=", " \n"],
        &[
            ::core::fmt::ArgumentV1::new_debug(&counter),
            ::core::fmt::ArgumentV1::new_debug(&gauge),
            ::core::fmt::ArgumentV1::new_debug(&name),
        ],
    ));
};
```

> **NOTE** var_print! 매크로는 러스트 표준 라이브러리의 dbg! 매크로와 매우 유사하지만, dbg! 매크로에는 추가 기능이 포함되어 있음을 알 수 있습니다. 자세한 내용은 dbg! 매크로 정의를 참조하세요.

이 코드는 하나의 문자열에서 형식 인자를 각 인자에 대해 하나씩 분할하는 `println!`으로 더욱 확장된다는 점에 유의하세요. 이 과정은 컴파일러가 내부적으로 처리합니다.

5.1.3 매크로를 사용해 미니 DSL 작성하기

5.1.2절에서 언급했듯이 매크로를 사용해 미니 DSL을 만들 수 있습니다. DSL이 꼭 작을 필요는 없으며 상당히 복잡할 수도 있습니다. 하지만 매크로 기반 DSL의 경우 단순함을 추구하는 것이 가장 좋습니다.

4장에서 설명한 `lazy_static` 크레이트는 매크로를 사용하여 DSL을 만드는 좋은 예입니다. 코드 5.3에서 매크로 정의를 살펴보겠습니다.

코드 5.3 `lazy_static` 크레이트의 매크로 정의

```
macro_rules! lazy_static {
    ($(#[$attr:meta])* static ref $N:ident : $T:ty = $e:expr; $($t:tt)*) => {
        // `()`를 사용해 비공개 아이템 정보를 명시적으로 전달함
        __lazy_static_internal!($(#[$attr])* () static ref $N : $T = $e; $($t)*);
    };
    ($(#[$attr:meta])* pub static ref $N:ident : $T:ty = $e:expr; $($t:tt)*) => {
        __lazy_static_internal!($(#[$attr])* (pub) static ref $N : $T = $e; $($t)*);
    };
    ($(#[$attr:meta])* pub ($($vis:tt)+) static ref $N:ident : $T:ty = $e:expr; $($t:tt)*) => {
        __lazy_static_internal!($(#[$attr])* (pub ($($vis)+)) static ref $N : $T = $e; $($t)*);
    };
    () => ()
}
```

매크로는 언뜻 복잡해 보이지만 매우 간단합니다. 매크로는 다음과 같은 두 가지 패턴만 일치시킵니다.

- `static ref NAME: TYPE = EXPR;`
- `pub static ref NAME: TYPE = EXPR;`

각 패턴의 시작 부분에 있는 `$(#[$attr:meta])*` 일치를 사용하면 선택적으로 애트리뷰트를 포함할 수 있으며, 각 패턴의 끝에 있는 `$($t:tt)*`는 첫 번째 일치 이후의 모든 것을 `$t` 변수에 포함시켜 매크로를 재귀적으로 만듭니다.

코드 생성과 같은 구현 세부 사항은 `__lazy_static_internal` 매크로에서 처리됩니다. 이 매크로는 재귀를 사용하여 패턴의 끝부분을 확장합니다. 패턴의 끝부분이란 다음 재귀를 실행하는 `;` 뒤에 있는 `$t` 변수를 말합니다.

마지막 일치 항목인 `() => ()`는 일치 항목이 더 이상 발견되지 않을 때 재귀를 종료하는 방법입니다. 그렇게 하지 않으면 다음 재귀 일치 시 최종 표현식이 실패하기 때문에 오류가 발생합니다.

5.1.4 DRY에 매크로 사용하기

선언적 매크로의 또 다른 일반적인 사용 사례는 약간의 변형이 있는 반복이 많은 구조나 코드 블록을 정의할 때입니다. 때로는 이름이나 다른 프로퍼티를 제외하고는 동일한 많은 항목에 대한 구체적인 구현이 필요할 때가 있습니다. 일반적으로 이러한 매크로는 비공개로 사용하기 때문에 외부에 노출시키고 싶지 않을 것입니다.

수백 가지의 견종 각각에 대한 구조체를 만들고 싶다고 가정해 봅시다. 각 구조체를 개별적으로 정의하는 대신 매크로를 사용할 수 있습니다.

```
macro_rules! dog_struct {
    ($breed:ident) => {
        struct $breed {
            name: String,
            age: i32,
            breed: String,  ◀── 구조체 내에 품종 이름을 저장할 수 있습니다.
        }
        impl $breed {
            fn new(name: &str, age: i32) -> Self {
                Self {
                    name: name.into(),
                    age,
                    breed: stringify!($breed).into(),  ◀── 이름을 문자열로 만들어 저장합니다.
                }
            }
        }
    };
}
```

```rust
dog_struct!(Labrador);
dog_struct!(Golden);
dog_struct!(Poodle);
```

cargo expand를 실행하면 dog_struct! 매크로의 결과가 표시됩니다.

```rust
struct Labrador {
    name: String,
    age: i32,
    breed: String,
}
impl Labrador {
    fn new(name: &str, age: i32) -> Self {
        Self {
            name: name.into(),
            age,
            breed: "Labrador".into(),
        }
    }
}
struct Golden {
    name: String,
    age: i32,
    breed: String,
}
impl Golden {
    fn new(name: &str, age: i32) -> Self {
        Self {
            name: name.into(),
            age,
            breed: "Golden".into(),
        }
    }
}
struct Poodle {
    name: String,
    age: i32,
    breed: String,
}
impl Poodle {
    fn new(name: &str, age: i32) -> Self {
        Self {
            name: name.into(),
            age,
            breed: "Poodle".into(),
```

```
            }
        }
    }
```

러스트에서 리플렉션reflection 기능을 구현하려면 매크로를 사용하는 것이 한 가지 방법입니다. 러스트 코드를 런타임에 수정할 수는 없지만, 매크로를 사용하여 컴파일 타임에 코드 생성을 모방할 수 있습니다. Dog 구조체에 트레이트를 추가해 각각을 구분할 수 있습니다.

```
trait Dog {
    fn name(&self) -> &String;
    fn age(&self) -> i32;
    fn breed(&self) -> &String;
}
```

Dog 트레이트는 품종 구조체의 멤버에 대한 접근자를 제공하고 필요에 따라 트레이트 바운드를 사용해 각각을 구분할 수 있게 해줍니다. 트레이트를 사용하도록 매크로 정의를 업데이트해 보겠습니다.

```
macro_rules! dog_struct {
    ($breed:ident) => {
        struct $breed {
            name: String,
            age: i32,
            breed: String,
        }
        impl $breed {
            fn new(name: &str, age: i32) -> Self {
                Self {
                    name: name.into(),
                    age,
                    breed: stringify!($breed).into(),
                }
            }
        }
        impl Dog for $breed {
            fn name(&self) -> &String {
                &self.name
            }
            fn age(&self) -> i32 {
                self.age
            }
```

```
            fn breed(&self) -> &String {
                &self.breed
            }
        }
    };
}
```

이렇게 리플렉션을 테스트할 수 있습니다.

```
let peter = Poodle::new("Peter", 7);
println!(
    "{} is a {} of age {}",
    peter.name(),
    peter.breed(),
    peter.age()
);
```

매크로는 `"Peter is a Poodle of age 7"`이라고 출력합니다.

러스트의 선언적 매크로는 효과적으로 사용하면 매우 강력합니다. 복잡한 특정 문제에는 절차적 매크로(6장에서 설명)를 사용해야 할 수도 있습니다. 선언적 매크로를 사용하면 많은 작업을 수행할 수 있지만, 할 수 있는 작업이 다소 제한적입니다.

매크로 사용 여부는 개인적인 취향과 코딩 스타일에 따라 결정할 수 있습니다. 일반적으로 매크로는 다른 솔루션에 비해 확실한 이점이 있는 경우에만 드물게 사용해야 합니다. 반복적이거나 장황하거나 오류가 발생하기 쉬운 코드가 있다면 매크로를 사용하기에 적합할 수 있습니다. 그러나 매크로는 대체해야 할 값, 블록, 문 또는 변수가 몇 개에 불과하고 코드의 상당 부분이 반복되는 경우에만 사용해야 합니다. 반면에 코드가 간단하고 명확하며 이해하기 쉬운 경우에는 매크로를 사용하지 않고 그대로 두는 것이 좋습니다.

> **TIP** 러스트의 매크로와 다양한 사용 방법에 관한 자세한 내용은 샘 밴 오버마이어(Sam Van Overmeire)의 《강력한 러스트 매크로 작성법》(제이펍, 2025)을 참고하세요. 러스트의 선언적 매크로 기능은 러스트 레퍼런스의 매크로 부분(https://mng.bz/v80m)을 참조하세요.

5.2 선택적 함수 인자

많은 언어에서 선택적 함수 인자를 사용할 수 있지만 러스트에서는 불가능합니다. 선택적 함수 인자를 사용하면 함수 정의에서 기본 인잣값을 지정하거나 C++ 및 자바와 같은 언어에서는 함수 오버로딩을 허용할 수 있습니다. 오버로딩은 선택적 인자를 표현하는 또 다른 방법으로, 컴파일러가 인자의 수 또는 타입에 따라 구분된 동일한 이름의 별개의 함수를 생성할 수 있게 해줍니다. 선택적 인자와 함수 오버로딩은 모두 문법적 설탕syntactic sugar의 한 형태입니다.

선택적 인자는 프로그래머가 함수 호출자에게 더 많은 유연성을 제공할 수 있게 해주는 편리한 기능입니다. 함수에 새 인자를 추가하되 이전 버전과의 호환성을 유지하려는 경우에 특히 유용합니다.

그러나 선택적 인자가 문제가 없는 것은 아닙니다. 과도하게 사용하면 설계가 잘못될 수 있습니다. 또한 개발자가 새로운 함수를 만드는 대신 기존 함수를 재사용하도록 유도하여 API를 더 혼란스럽게 만들 수 있습니다. 마지막으로, 함수 오버로딩을 과도하게 사용하면 특정 함수를 호출할 때 어떤 일이 발생하는지 추론하기 어려울 수 있으며, 특히 시간이 지나면서 API가 변경되는 경우 더욱 그렇습니다.

5.2.1 파이썬에서 선택적 인자 살펴보기

선택적 인자를 더 잘 이해할 수 있도록 또 다른 인기 있는 프로그래밍 언어인 파이썬의 사례를 살펴보겠습니다. 파이썬에서 선택적 인자는 각각 기본값이 있는 2개의 인자를 받는 `func` 함수에서처럼 사용할 수 있습니다.

```
def func(optional_bool=True, optional_int=11):
    # ... 함수 본문 ...
```

파이썬의 선택적 인자 기능은 간단하고 간결합니다. 모든 사람이 볼 수 있도록 함수 정의에서 바로 기본값을 지정할 수 있으며, 모호함도 거의 없습니다. 심지어 파이썬에서는 각 인자를 위치뿐만 아니라 이름으로도 지정할 수 있습니다. 다음과 같이 함수를 호출하여 두 번째 인자만 지정할 수 있습니다.

```
func(optional_int=1024)
```

파이썬의 선택적 인자도 좋지만 러스트는 C 라이브러리와의 호환성을 유지하기 위해 이 스타일을 거의 사용하지 않는 다른 접근 방식을 따릅니다.

5.2.2 C++에서 선택적 인자 살펴보기

C++에서는 함수 오버로딩을 통해 선택적 함수 인자를 사용할 수 있습니다. 즉, C++에서는 서로 다른 인자를 가진 여러 함수를 정의할 수 있으며, 누락된 인자에 대해 함수가 기본값을 제공할 수 있습니다. 3개의 오버로드된 함수가 있는 C++의 이 패턴은 다음과 같습니다.

```
void func() {          ◀── 기본값들로 func()를 호출합니다.
    func(true, 11);
}
void func(optional_bool: bool) {    ◀── 첫 번째 기본값으로 func()를 호출합니다.
    func(optional_bool, 11);
}
void func(optional_bool: bool, optional_int: int) {
    // ... 함수 본문 ...
}
```

C++는 함수 이름을 뒤섞는 방식으로 이 작업을 수행하기 때문에 C++ 함수는 C 기반 라이브러리와 호환되지 않습니다. C++에서 C 코드를 호출하는 것은 쉽지만 C에서 C++를 호출하는 것은 피하는 것이 가장 좋습니다.

5.2.3 러스트에는 선택적 인자가 없다

러스트에 선택적 인자나 오버로딩이 명시적으로 없는 이유는 부분적으로는 C 호환성을 위한 것이고, 부분적으로는 이전 절에서 언급한 문제점을 피하기 위해서입니다. 그러나 이러한 기능을 다양한 수준으로 모방할 수 있습니다. 세 가지 방법이 있습니다.

- 트레이트로 확장하기
- 컴파일 시 매크로를 사용하여 인자 일치시키기
- 인자를 Option으로 래핑하기

여기서는 첫 번째 패턴인 트레이트로 확장하는 방법을 집중적으로 살펴보겠습니다.

5.2.4 트레이트로 선택적 인자 모방하기

먼저 같은 메서드 이름을 갖는 두 가지 트레이트를 만들어 보겠습니다.

```
struct Container {
    name: String,
}
trait First {
    fn name(&self) {}
}
trait Second {
    fn name(&self) {}
}
impl First for Container {
    fn name(&self) {}
}
impl Second for Container {
    fn name(&self) {}
}
```

여기에는 이름만 다른 두 가지 트레이트가 있습니다. 두 트레이트 모두 `Container` 구조체에 대해 구현되어 있습니다. 지금까지는 모든 것이 괜찮아 보이지만 `name()`을 호출하면 어떻게 될까요? 시도해 봅시다.

```
let container = Container {
    name: "Henry".into(),
};
container.name();
```

이 코드를 컴파일하면 다음과 같은 컴파일러 오류가 발생합니다.

```
error[E0034]: multiple applicable items in scope
  --> src/main.rs:25:15
   |
25 |     container.name();
   |               ^^^^ multiple `name` found
   |
note: candidate #1 is defined in an impl of the trait `First` for the type `Container`
  --> src/main.rs:14:5
   |
14 |     fn name(&self) {}
```

```
    |           ^^^^^^^^^^^^^^
note: candidate #2 is defined in an impl of the trait `Second` for the type
`Container`
    --> src/main.rs:18:5
    |
18  |     fn name(&self) {}
    |     ^^^^^^^^^^^^^^
help: disambiguate the associated function for candidate #1
    |
25  |     First::name(&container);
    |     ~~~~~~~~~~~~~~~~~~~~~~~
help: disambiguate the associated function for candidate #2
    |
25  |     Second::name(&container);
    |     ~~~~~~~~~~~~~~~~~~~~~~~~
```

이 코드의 문제점은 매우 명확합니다. 함수 호출 시 모호함이 발생합니다. 컴파일러가 이 문제에 유용한 제안을 하는 것을 알 수 있습니다.

다음으로, 트레이트 메서드의 시그니처가 다르면 어떻게 될까요? Second 트레이트에 인자(bool 매개변수)를 추가해 보겠습니다.

```rust
trait First {
    fn name(&self) {}
}
trait Second {
    fn name(&self, _: bool) {}
}
impl First for Container {
    fn name(&self) {}
}
impl Second for Container {
    fn name(&self, _: bool) {}
}
```

이 코드는 잘 작동할 것 같지만 컴파일하면 동일한 오류가 발생합니다. 다른 방법을 시도해 보겠습니다. 다음과 같이 두 함수를 정의하여 트레이트 바운드를 사용할 수 있습니다.

```rust
fn get_name_from_first<T: First>(t: &T) {
    t.name()   ◀── &self만 받는 First에서 name()을 호출합니다.
}
```

5.2 선택적 함수 인자

```rust
fn get_name_from_second<T: Second>(t: &T) {
    t.name(true)    ◀── Second에서 name()을 호출하며,
}                        &self와 bool을 받습니다.
```

다음과 같이 테스트할 수 있습니다.

```rust
let container = Container {
    name: "Henry".into(),
};
get_name_from_first(&container);
get_name_from_second(&container);
```

드디어 컴파일러가 코드에 만족합니다. 트레이트 바운드를 사용하여 컴파일러에게 콘텍스트에 따라 어떤 메서드를 사용할지 알려줄 수 있다는 것을 배웠습니다. 충돌하는 트레이트가 여러 개 있는 경우에도 컴파일러는 트레이트 바운드에 지정되지 않은 트레이트는 무시합니다. 만일 제네릭 함수의 제네릭 매개변수에 대한 메서드를 호출하려고 하면 컴파일러가 거부할 것입니다.

```rust
fn get_name<T>(t: &T) {
    t.name()
}
```

이 코드는 오류가 발생합니다.

```
error[E0599]: no method named `name` found for reference `&T` in the
current scope
  --> src/main.rs:29:7
   |
29 |     t.name()
   |       ^^^^ method not found in `&T`
   |
   = help: items from traits can only be used if the type parameter is
     bounded by the trait
help: the following traits define an item `name`, perhaps you need to
restrict type parameter `T` with one of them:
   |
28 | fn get_name<T: First>(t: &T) {
   |              ~~~~~~~
28 | fn get_name<T: Second>(t: &T) {
   |              ~~~~~~~~
```

이 예제의 멋진 점은 컴파일러가 우리가 무엇을 하려는지 잘 추측한다는 것입니다. 이 지식을 바탕으로 선택적 인자에 대해 조금 다르게 생각할 수 있습니다. 우리는 다음 사항을 알고 있습니다.

- 함수와 메서드 이름은 인자가 다르더라도 겹칠 수 없습니다.
- 트레이트는 타입에 대해 상충되는 메서드로 구현될 수 있습니다.
- 제네릭을 사용하는 경우 트레이트 바운드를 지정하여 충돌하는 메서드를 명확히 구분할 수 있습니다.

따라서 우리는 트레이트를 통해 제공되는 기능을 예상하도록 소프트웨어를 설계할 수 있습니다. 러스트에서는 어떤 함수에든 트레이트 바운드를 추가할 수 있기 때문에 이러한 목적으로 트레이트를 사용하기가 쉽습니다. `String`이나 숫자 타입 같은 기본 타입을 제외하고는 제네릭 함수 매개변수를 받는 것이 종종 더 좋은 방법입니다.

5.3 빌더 패턴

빌더 패턴builder pattern은 《GoF의 디자인 패턴》에 설명된 기본 패턴 중 하나입니다. 이 패턴은 소프트웨어 디자인에서 매우 널리 사용되었으며, 반복자를 제외하고는 이 책에서 가장 오래 지속되는 패턴 중 하나입니다. 빌더 패턴은 여러 인자를 받는 함수를 각각 하나의 인자를 받는 함수 집합으로 변환하는 방법인 **커링**currying[1]의 한 형태로도 볼 수 있습니다.

저는 빌더 패턴의 열렬한 팬이며, 이 장의 1개 절을 전부 할애할 정도로 빌더 패턴이 매우 유용하다고 생각합니다. 러스트에서 빌더 패턴을 구현하는 것은 특별히 어렵지 않지만, 이 장의 예제를 통해 지금까지 이 책에서 배운 많은 내용을 하나로 묶어보겠습니다.

빌더 패턴은 캡슐화, 편의성, 관심사 분리, 개발자 친화적, 안전 등 여러 가지 장점이 있습니다. 특히 러스트에서는 일반적으로 내부 구조를 직접 노출하고 싶어 하지 않으며, 5.2.4절에서 언급했듯이 러스트는 선택적 인자를 지원하지 않습니다. 따라서 많은 인자를 갖는 생성자를 사용하기보다는 빌더를 사용하는 것이 복잡한 상황에 더 적합합니다.

---

[1] (옮긴이) 수학과 컴퓨터 과학에서 커링(currying)이란 다중 인자(혹은 여러 인자의 튜플)를 갖는 함수를 단일 인자를 갖는 함수들의 함수열로 바꾸는 것을 말합니다. 모지즈 쇤핑클(Moses Schönfinkel)에 의해 도입되었고, 이후 하스켈 커리(Haskell Curry)에 의해 발전했습니다(https://ko.wikipedia.org/wiki/커링).

빌더 패턴에 문제가 없는 것은 아닙니다. 빌더는 또 다른 복잡성을 추가합니다. 언제 빌더 패턴을 사용해야 하는지 아는 것은 과학이라기보다는 예술에 가깝습니다.

5.3.1 빌더 패턴 구현하기

기본 빌더 패턴을 사용해 자전거를 모델링해 보겠습니다. 그림 5.1에 표시된 관계를 모델링하겠습니다.

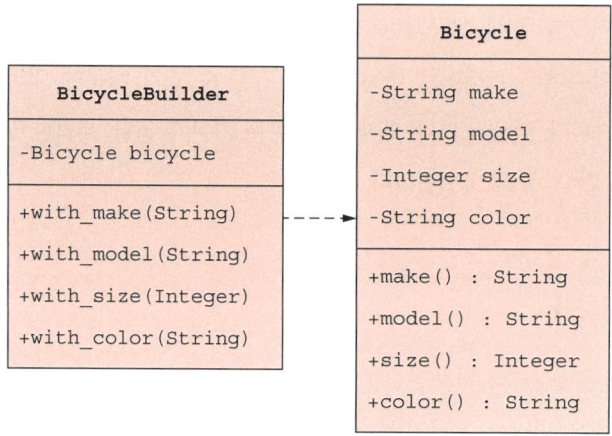

그림 5.1 빌더 패턴의 UML 다이어그램

이제 빌더 패턴을 구현해 보겠습니다.

코드 5.4 빌더 패턴 코드

```
#[derive(Debug)]
struct Bicycle {
    make: String,
    model: String,
    size: i32,
    color: String,
}

impl Bicycle {         ◁── Bicycle 구조체를 위한 접근자를
    fn make(&self) -> &String {     제공하고 있습니다.
        &self.make
    }
    fn model(&self) -> &String {
        &self.model
    }
    fn size(&self) -> i32 {
        self.size
```

```
    }
    fn color(&self) -> &String {
        &self.color
    }
}

struct BicycleBuilder {
    bicycle: Bicycle,   ◀── BicycleBuilder 구조체는 bicycle 멤버를 갖습니다.
}

impl BicycleBuilder {                │ BicycleBuilder를 생성하면
    fn new() -> Self {  ◀────────────│ Bicycle이 기본값으로 초기화됩니다.
        Self {
            bicycle: Bicycle {
                make: String::new(),
                model: String::new(),
                size: 0,
                color: String::new(),
            },
        }
    }
    fn with_make(&mut self, make: &str) {  ◀──┐ Bicycle의 각 프로퍼티에 대해 값을 할당하는
        self.bicycle.make = make.into()       │ 세터 함수를 생성합니다.
    }
    fn with_model(&mut self, model: &str) {
        self.bicycle.model = model.into()
    }
    fn with_size(&mut self, size: i32) {
        self.bicycle.size = size
    }
    fn with_color(&mut self, color: &str) {
        self.bicycle.color = color.into()
    }
    fn build(self) -> Bicycle {  ◀── build()를 호출하면 빌더를 소비하고
        self.bicycle                 빌더 밖으로 이동하여 Bicycle을 반환합니다.
    }
}
```

우리의 구현은 빌더 패턴의 기본 정의를 충족합니다. 테스트해 봅시다.

```
let mut bicycle_builder = BicycleBuilder::new();
bicycle_builder.with_make("Huffy");
bicycle_builder.with_model("Radio");
bicycle_builder.with_size(46);
bicycle_builder.with_color("red");
let bicycle = bicycle_builder.build();
println!("My new bike: {:#?}", bicycle);
```

이 코드를 실행하면 다음과 같이 출력됩니다.

```
My new bike: Bicycle {
    make: "Huffy",
    model: "Radio",
    size: 46,
    color: "red",
}
```

5.3.2 트레이트로 빌더 강화하기

몇 가지 방법으로 구현을 개선해 보겠습니다. `Builder` 트레이트 생성부터 시작해 보겠습니다.

```rust
trait Builder<T> {
    fn new() -> Self;
    fn build(self) -> T;
}
```

새로운 트레이트가 구현되도록 `BicycleBuilder`의 코드를 재구성했습니다.

```rust
impl Builder<Bicycle> for BicycleBuilder {
    fn new() -> Self {
        Self {
            bicycle: Bicycle {
                make: String::new(),
                model: String::new(),
                size: 0,
                color: String::new(),
            },
        }
    }
    fn build(self) -> Bicycle {
        self.bicycle
    }
}
```

`Bicycle`에 빌더의 인스턴스를 제공하는 트레이트를 추가해야 합니다.

```rust
trait Buildable<Target, B: Builder<Target>> {
    fn builder() -> B;
}
```

그런 다음 `Bicycle`에 `Buildable` 트레이트를 구현하겠습니다.

```
impl Buildable<Bicycle, BicycleBuilder> for Bicycle {
    fn builder() -> BicycleBuilder {
        BicycleBuilder::new()
    }
}
```

이제 `Bicycle`에서 직접 빌더의 새 인스턴스를 가져올 수 있습니다.

```
let mut bicycle_builder = Bicycle::builder();
bicycle_builder.with_make("Huffy");
bicycle_builder.with_model("Radio");
bicycle_builder.with_size(46);
bicycle_builder.with_color("red");
let bicycle = bicycle_builder.build();
println!("My new bike: {:?}", bicycle);
```

코드가 좀 더 러스트다워지기 시작했습니다.

5.3.3 매크로로 빌더 발전시키기

빌더의 `with_...()` 메서드를 보면 상대적으로 중복된 부분이 많습니다. 때로는 이러한 함수를 특수화하고 싶을 때도 있지만 일반적으로는 간단한 매크로를 작성하는 것이 좋습니다. 반복되는 코드가 많은 경우 매크로를 사용하면 코드를 많이 작성할 필요가 없어지기 때문에 오타를 방지하는 데도 도움이 됩니다. 이러한 메서드를 매크로로 대체하는 접근 방식을 시도해 보겠습니다.

코드 5.5 **BicycleBuilder**에 `with_str!` 및 `with!` 매크로 추가하기

```
macro_rules! with_str {
    ($name:ident, $func:ident) => {      ◀── with_str!은 멤버와 함수 이름이라는
        fn $func(&mut self, $name: &str) {        두 가지 식별자를 받습니다.
            self.bicycle.$name = $name.into()   ◀── 생성된 함수는 인자를 멤버에 직접 할당하며,
        }                                           (Into 트레이트의) into() 호출을 통해 인자를 할당합니다.
    };
}

macro_rules! with {
    ($name:ident, $func:ident, $type:ty) => {   ◀── with! 매크로는 타입 인자도 받는다는 점을
        fn $func(&mut self, $name: $type) {         제외하면 거의 동일합니다.
            self.bicycle.$name = $name
```

```rust
        }
    };
}
impl BicycleBuilder {
    with_str!(make, with_make);
    with_str!(model, with_model);
    with!(size, with_size, i32);
    with_str!(color, with_color);
}
```

코드 5.5에는 `with_str!`과 `with!` 2개의 매크로가 있습니다. `with_str!` 매크로는 편의상 `&str`을 허용하지만 필드를 `String`으로 저장하는 것이 목적입니다. `with!` 매크로는 타입 매개변수를 허용하며, 값의 소유권이 전달된다고 가정합니다. 단일 매크로를 사용하여 타입을 선택사항으로 만들 수도 있지만 이 방법이 코드를 더 쉽게 이해할 수 있습니다.

TIP 이 예제에서와 같은 작은 일회성 매크로는 흔히 사용됩니다. 공통적인 부분을 재사용 가능한 작은 매크로로 분리하면 많은 타이핑과 오류를 줄일 수 있습니다.

이 시점에서 빌더를 개선하기 위해 더 이상 할 수 있는 일이 많지 않습니다. 좀 더 제네릭하게 만들 수는 있지만 개선 효과가 점점 줄어들고 있습니다.

아직 논의하지 않은 한 가지는 가시성입니다. 우리는 타입, 트레이트, 접근자, 빌더 메서드를 노출하고 싶을 텐데, 필요에 따라 `Buildable`, `Bicycle`, `BicycleBuilder` 트레이트에 `pub` 키워드를 추가하여 이를 수행할 수 있습니다. 먼저 `Buildable` 트레이트와 `Bicycle` 구조체를 업데이트해 보겠습니다.

코드 5.6 `Bicycle` 및 `Buildable`에 대한 공개 가시성

```rust
pub trait Buildable<Target, B: Builder<Target>> {    ← 이제 Buildable 트레이트가 공개됩니다.
    fn builder() -> B;
}

#[derive(Debug)]
pub struct Bicycle {    ← 이제 Bicycle 구조체가 공개되었습니다.
    make: String,
    model: String,
    size: i32,
    color: String,
}
```

```rust
impl Buildable<Bicycle, BicycleBuilder> for Bicycle {
    fn builder() -> BicycleBuilder {
        BicycleBuilder::new()
    }
}
```

다음으로 Builder 트레이트와 BicycleBuilder에 공개 가시성을 추가해 보겠습니다.

코드 5.7 **Builder 및 BicycleBuilder의 공개 가시성**

```rust
pub trait Builder<T> {   ◁── 이제 Builder 트레이트가 공개됩니다.
    fn new() -> Self;
    fn build(self) -> T;
}

pub struct BicycleBuilder {   ◁── 이제 BicycleBuilder 구조체가 공개되었습니다.
    bicycle: Bicycle,
}

impl Builder<Bicycle> for BicycleBuilder {
    fn new() -> Self {
        Self {
            bicycle: Bicycle {
                make: String::new(),
                model: String::new(),
                size: 0,
                color: String::new(),
            },
        }
    }
    fn build(self) -> Bicycle {
        self.bicycle
    }
}
```

접근자를 위한 매크로를 추가하여 코드를 한 번 더 조정하겠습니다. 빌더 매크로의 최종 형태는 코드 5.8과 같습니다.

코드 5.8 **매크로가 포함된 Bicycle과 BicycleBuilder 최종 형태**

```rust
macro_rules! accessor {   ◁── 2개의 일치 가능성이 있는 하나의 accessor! 매크로를 생성합니다.
    ($name:ident, &$ret:ty) => {   ◁── 레퍼런스를 반환하려는 타입과 일치하는 경우
        pub fn $name(&self) -> &$ret {
            &self.$name
        }
```

```
    };
    ($name:ident, $ret:ty) => {        ◄──── 복사본을 반환하려는 타입(예: 기본 숫자 타입)과 일치하는 경우
        pub fn $name(&self) -> $ret {
            self.$name
        }
    };
}

impl Bicycle {
    accessor!(make, &String);
    accessor!(model, &String);
    accessor!(size, i32);
    accessor!(color, &String);
}

macro_rules! with_str {
    ($name:ident, $func:ident) => {
        pub fn $func(&mut self, $name: &str) {
            self.bicycle.$name = $name.into()
        }
    };
}

macro_rules! with {
    ($name:ident, $func:ident, $type:ty) => {
        pub fn $func(&mut self, $name: $type) {
            self.bicycle.$name = $name
        }
    };
}

impl BicycleBuilder {
    with_str!(make, with_make);
    with_str!(model, with_model);
    with!(size, with_size, i32);
    with_str!(color, with_color);
}
```

> **NOTE** 이러한 패턴을 만드는 것은 언어와 그 기능을 배우는 재미있는 방법이 될 수 있지만, 이러한 기능의 대부분은 다양한 크레이트에서 잘 다루고 있습니다. 예를 들어 `derive_builder` 크레이트(https://crates.io/crates/derive_builder) 는 #[derive] 애트리뷰트를 사용하여 빌더를 생성하는 방법을 제공합니다. 이러한 패턴을 직접 구현하는 방법을 이해하는 것도 좋지만, 시간을 절약하고 집단지성을 활용하기 위해 언제 기존 솔루션(예: `derive_builder`)을 사용해야 하는지 알아두는 것도 좋습니다. 특히 `derive_builder` 크레이트는 모든 기능을 갖추고 있으며 널리 사용되고 있고 실전에서 즉시 사용 가능하도록 테스트를 거쳤습니다.

5.4 플루언트 인터페이스 패턴

플루언트 인터페이스 패턴fluent interface pattern은 빌더 패턴을 기반으로 합니다. 플루언트 인터페이스를 정의하는 주요 특징은 메서드 체이닝입니다. **메서드 체이닝**method chaining은 연산을 수행하기 위해 함수 호출을 연결하는데, 일반적으로 연산을 종료하는 메서드 호출에 의해 연산이 종료될 때까지 연산을 수행합니다.

우리는 이미 플루언트 인터페이스 패턴의 좋은 예제를 `Iterator` 트레이트에서 보았습니다. 메서드 체이닝은 체인의 각 메서드 호출에서 다음 단계로 이어지는 타입을 반환함으로써 수행될 수 있습니다. `Iterator` 트레이트의 `map()` 메서드 시그니처는 다음과 같습니다.

```
fn map<B, F>(self, f: F) -> Map<Self, F> where
    F: FnMut(Self::Item) -> B { ... }
```

여기서 반환 타입은 또 다른 반복자인 `Map`입니다. `map()`을 다시 호출하면 또 다른 `Map`이 반환되는 식입니다. 이론적으로는 이런 식으로 함수를 무한히 연결할 수 있습니다.

5.4.1 플루언트 빌더

데모를 위해 이전 절의 빌더 예제를 다시 살펴봅시다. 할당 메서드가 빌더를 반환하도록 업데이트하겠습니다. 업데이트된 UML은 그림 5.2에 표시되어 있으며, 각 할당 메서드가 새 빌더를 반환합니다.

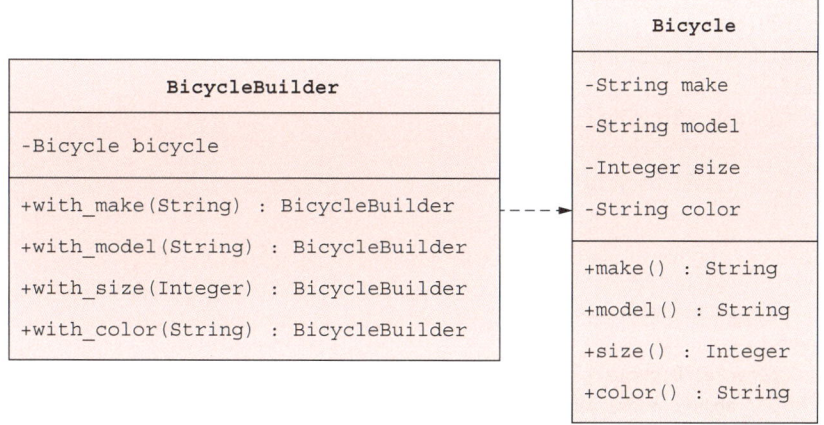

그림 5.2 플루언트 빌더 패턴의 UML 다이어그램

매크로를 사용했기 때문에 이 변경사항을 구현하려면 매크로를 업데이트하기만 하면 됩니다.

```
macro_rules! with_str {
    ($name:ident, $func:ident) => {
        pub fn $func(self, $name: &str) -> Self {
            Self {
                bicycle: Bicycle {
                    $name: $name.into(),
                    ..self.bicycle
                },
            }
        }
    };
}

macro_rules! with {
    ($name:ident, $func:ident, $type:ty) => {
        pub fn $func(self, $name: $type) -> Self {
            Self {
                bicycle: Bicycle {
                    $name,
                    ..self.bicycle
                },
            }
        }
    };
}
```

확장된 빌더의 코드는 다음과 같습니다.

```
impl BicycleBuilder {
    pub fn with_make(self, make: &str) -> Self {
        Self {
            bicycle: Bicycle {
                make: make.into(),
                ..self.bicycle
            },
        }
    }
    pub fn with_model(self, model: &str) -> Self {
        Self {
            bicycle: Bicycle {
                model: model.into(),
                ..self.bicycle
            },
```

```
            }
        }
        pub fn with_size(self, size: i32) -> Self {
            Self {
                bicycle: Bicycle {
                    size,
                    ..self.bicycle
                },
            }
        }
        pub fn with_color(self, color: &str) -> Self {
            Self {
                bicycle: Bicycle {
                    color: color.into(),
                    ..self.bicycle
                },
            }
        }
    }
}
```

멋지네요! 위의 코드에서 몇 가지를 주목할 필요가 있습니다.

- 할당 메서드는 `&mut self`가 아니라 `self`를 사용합니다. 즉, 할당 메서드를 호출할 때마다 이전의 빌더를 사용한다는 뜻입니다.
- 기존 빌더와 내부 구조체를 복사하거나 반환하는 대신 새로운 내부 구조체를 가진 새로운 빌더를 생성합니다.
- 스프레드 구문(`..`)을 사용하여 업데이트된 필드로 `Bicycle` 구조체를 초기화합니다.

> **스프레드 구문으로 구조체 초기화하기**
>
> 구조체 초기화에서 스프레드 구문을 본 적이 없더라도 걱정하지 마세요. 이 표기법은 특정 필드를 업데이트하면서 기존 구조체의 값으로 구조체를 초기화할 때 유용합니다. 이 연산은 값의 소유권을 이동시키기 때문에 할당 시 기존 구조체를 소비합니다. 스프레드 구문은 필드가 많은 구조체를 더 쉽게 처리하기 위한 문법적 설탕입니다.
>
> 스프레드 구문의 편리한 측면 중 하나는 구조체의 필드가 변경 가능하지 않은 경우에도 소유권을 갖고 있는 경우 그 값을 변경할 수 있다는 점입니다. `Bicycle` 구조체는 이 개념을 잘 보여줍니다.
>
> ```
> let bicycle1 = Bicycle {   ◀── 모든 필드가 지정된 Bicycle 구조체의 새 인스턴스를 생성합니다.
>     make: "Rivendell".into(),
>     model: "A. Homer Hilsen".into(),
>     size: 51,
>     color: "red".into(),
> };
> ```

```
println!("{:?}", bicycle1);
let bicycle2 = Bicycle {
    size: 58,
    ..bicycle1
};
println!("{:?}", bicycle2);
// println!("{:?}", bicycle1);
```

> 동일한 구조체의 새 인스턴스를 생성하지만 size 필드를 다른 값으로 변경했습니다.

> 스프레드 구문을 사용한 후에는 새 구조체로 이동되기 때문에 bicycle1을 사용할 수 없습니다.

위의 코드를 실행하면 다음과 같이 출력됩니다.

```
Bicycle { make: "Rivendell", model: "A. Homer Hilsen", size: 51, color: "red" }
Bicycle { make: "Rivendell", model: "A. Homer Hilsen", size: 58, color: "red" }
```

할당은 소유권을 이동시키기 때문에 레퍼런스와 함께 스프레드 구문을 사용할 수 없습니다. 다음 코드를 컴파일하려고 하면 오류가 발생합니다.

```
let bicycle = Bicycle {
    make: "Rivendell".into(),
    model: "A. Homer Hilsen".into(),
    size: 51,
    color: "red".into(),
};
let bicycle = Bicycle {
    size: 58,
    ..&bicycle
};
```

> 컴파일러에서 일치하지 않는 타입이 예상되는 구조체 Bicycle, &Bicycle을 발견했다는 오류가 발생합니다.

5.4.2 플루언트 빌더 테스트

새로운 플루언트 인터페이스를 사용하도록 테스트 코드를 업데이트해 보겠습니다. 업데이트된 코드는 다음과 같습니다.

```
let bicycle = Bicycle::builder()
    .with_make("Trek")
    .with_model("Madone")
    .with_size(52)
    .with_color("purple")
    .build();
println!("{:?}", bicycle);
```

깔끔하네요! 이전 양식보다 훨씬 좋아 보입니다.

5.5 관찰자 패턴

관찰자 패턴observer pattern과 그 변형은 객체가 다른 객체의 변화를 관찰할 수 있도록 하는 데 널리 사용됩니다. 관찰자는 GoF의 디자인 패턴 중 하나로, 네트워크 서비스와 같이 어떤 종류의 이벤트 처리나 이벤트 핸들링을 수행하는 시스템에서 종종 필요합니다.

5.5.1 콜백을 쓰지 않는 이유

관찰자 패턴에 대해 자세히 알아보기 전에 콜백에 대해 알아보겠습니다. 자바스크립트와 같은 언어들은 콜백을 많이 사용합니다. 콜백이 여러 번 중첩되어 이해하기 어려운 코드를 만드는 상황을 **콜백 지옥**callback hell이라고 부릅니다. 누군가는 이 문제를 설명하고 몇 가지 해결책을 제안하기 위해 http://callbackhell.com 웹사이트[2]를 만들기도 했습니다.

콜백은 함수형 언어의 고차 함수 내에서 자주 사용됩니다. **고차 함수**higher-order function는 다른 함수를 매개변수로 받거나 다른 함수를 반환하는 함수입니다. 예를 들어, 반복자는 `map()`과 같은 함수에 콜백을 사용합니다. 러스트에서 콜백의 기본 형태는 다음과 같습니다.

```rust
fn callback_fn<F>(f: F)
where
    F: Fn() -> (),
{
    f();
}

fn main() {
    let my_callback = || println!("I have been called back");  // 여기서는 아무 일도 일어나지 않습니다.
                                                                 // 함수가 호출되지 않고
                                                                 // 선언만 되어 있습니다.
    callback_fn(my_callback);  // 콜백은 callback_fn() 내에서
}                              // 호출됩니다.
```

위의 예제에서는 콜백에 클로저를 사용했지만, 일반 함수를 전달해도 똑같이 쉽게 사용할 수 있습니다. 특히 자바스크립트에서는 클로저를 많이 사용합니다. 이 예제와 같은 단순한 경우는 괜찮지만, 콜백 안에 콜백이 있는 경우 논리적 흐름을 따라가는 것이 매우 어지럽고 혼란스러울 수 있습니다.

콜백 자체가 무조건 나쁜 것은 아닙니다. 관찰자 패턴은 콜백의 느슨한 결합을 제공합니다. 관찰자(동등한 콜백)를 쉽게 연결하고 분리할 수 있으며 일대일이 아닌 다대일 관계를 가질 수 있게 해줍

---

[2] (옮긴이) 현재는 "expired on 07/12/2025 and is not available at this time."이라고 나와 폐쇄된 상태입니다.

니다. 좀 더 일반적으로 관찰자 패턴은 관찰자에 대한 종속성 없이 다른 코드 또는 주체의 이벤트에 대해 알려야 하는 코드가 있을 때 사용할 수 있습니다. 주체는 관찰자가 무엇인지 알 필요 없이 관찰자에게 통지할 수 있습니다.

콜백의 또 다른 문제점은 콜백에 전달한 함수에서 상태를 분리할 수 없다는 것입니다. 클로저나 전역 변수를 사용해 콜백에 상태를 연결해야 합니다.

5.5.2 관찰자 구현하기

관찰자 패턴을 구현하는 방법은 여러 가지가 있고 각 방법에는 장단점이 있습니다. 이번 절의 예제는 다양한 사례에 맞게 필요에 따라 구현 세부 사항을 변경할 수 있을 만큼 유연합니다. 그림 5.3과 같이 관찰자 패턴을 구현해 보겠습니다.

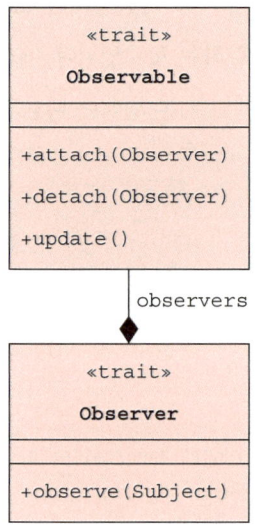

그림 5.3 관찰자 패턴의 UML 다이어그램

`Observer`와 `Observable` 트레이트를 구현하는 것부터 시작하겠습니다. 다른 객체를 관찰하고자 하는 객체에는 `Observer`를 사용하겠습니다. `Observable`은 다른 객체가 자신을 관찰할 수 있도록 허용하려는 객체에서 구현합니다. 코드 5.9는 `Observer` 트레이트를 보여줍니다.

코드 5.9 `Observer` 트레이트

```
pub trait Observer {
    type Subject;    ← 주체에 연관된 타입을 사용합니다.
```

```
    fn observe(&self, subject: &Self::Subject);
}
```
← 업데이트가 발생하면 주체가 observe() 메서드를 호출합니다.

관찰자의 경우 원래 디자인 패턴에 따라 `notify` 대신 `observe`라는 용어를 사용하고 있습니다. 코드 5.10은 `Observable` 트레이트를 보여줍니다.

코드 5.10 `Observable` 트레이트

```
pub trait Observable {
    type Observer;   ← 관찰자에는 연관 타입이 사용됩니다.
    fn update(&self);
    fn attach(&mut self, observer: Self::Observer);
    fn detach(&mut self, observer: Self::Observer);
}
```

`Observable` 트레이트는 주체에 대한 메서드를 제공하며 원래 디자인 패턴과 일치합니다. 관찰자나 주체의 타입에 대해 어떤 가정도 하지 않기 때문에 이 패턴을 좀 더 유연하게 사용할 수 있습니다. 다음으로 주체를 생성하고 그 위에 `Observable`을 구현해야 합니다.

코드 5.11 `Subject`에 `Observable` 구현하기

```
pub struct Subject {
    observers: Vec<Weak<dyn Observer<Subject = Self>>>,
}

impl Observable for Subject {
    type Observer = Arc<dyn Observer<Subject = Self>>;
    fn update(&self) {
        self.observers
            .iter()
            .flat_map(|o| o.upgrade())
            .for_each(|o| o.observe(self));
    }
    fn attach(&mut self, observer: Self::Observer) {
        self.observers.push(Arc::downgrade(&observer));
    }
    fn detach(&mut self, observer: Self::Observer) {
        self.observers
            .retain(|f| {
                !f.ptr_eq(&Arc::downgrade(&observer))
            });
    }
}
```

- Observer 객체에 약한 포인터(weak pointer)를 저장하고 있는데, 여기서 주체는 Self입니다.
- 관찰자는 추가적인 유연성과 공유 소유권을 제공하는 Arc로 제공되어야 합니다.
- self.observers는 여기서 업그레이드해야 하는 약한 레퍼런스를 보유하고 있습니다. Weak의 upgrade()는 Option을 반환하므로 flat_map()은 None 케이스를 꺼내고 제거합니다.
- 마지막으로, 아직 유효한 각 관찰자에 대해 observe()를 호출합니다.
- 새 관찰자가 추가되면 이를 Arc에서 Weak 포인터로 다운그레이드합니다.
- 일치하는 객체를 찾기 위해 ptr_eq()를 사용해야 합니다. Vec::retain()은 이 메서드에 전달된 포인터와 일치하는 모든 객체를 찾아냅니다.

관찰자를 `Arc<dyn Observer>`로 전달하면 약간의 추가적인 유연성을 얻을 수 있습니다. 우선, 포인터를 약한 포인터로 저장할 수 있으므로 범위를 벗어나면 객체를 유지하는 대신 포인터를 무시할 수 있습니다. 또한 `Arc`를 사용하면 소유권을 공유할 수 있습니다. 즉, 주체가 관찰자에 대한 소유권을 갖지 않기를 원합니다. 관찰자는 트레이트에서 연관 타입으로 정의되므로 동일한 트레이트를 재사용하면서 `Arc`에서 다른 타입으로 쉽게 변경할 수 있습니다.

다음으로, 테스트할 수 있도록 주체에 상태를 추가하고, 접근자를 제공하고, `new()` 메서드를 추가해 보겠습니다. 코드 5.12와 같이 코드를 업데이트하겠습니다.

코드 5.12 **Subject**에 상태와 `new()` 추가하기

```rust
pub struct Subject {
    observers: Vec<Weak<dyn Observer<Subject = Self>>>,
    state: String,
}

impl Subject {
    pub fn new(state: &str) -> Self {
        Self {
            observers: vec![],
            state: state.into(),
        }
    }

    pub fn state(&self) -> &str {
        self.state.as_ref()
    }
}
```

다음으로 관찰자를 생성하고 `Observer` 트레이트를 구현해 보겠습니다.

코드 5.13 관찰자 만들기

```rust
struct MyObserver {
    name: String,    ← 관찰자를 식별할 수 있도록 관찰자에게 이름을 추가합니다.
}

impl MyObserver {
    fn new(name: &str) -> Arc<Self> {    ← new() 메서드는 Self 대신 Arc<Self>를 반환합니다.
        Arc::new(Self { name: name.into() })
    }
}
```

```rust
impl Observer for MyObserver {
    type Subject = Subject;   // 우리의 주체 타입은 코드 5.12에서 정의한 Subject입니다.
    fn observe(&self, subject: &Self::Subject) {   // observe() 구현은 호출 시 주체의 상태와 이 관찰자 인스턴스의 이름을 출력합니다.
        println!(
            "observed subject with state={:?} in {}",
            subject.state(),
            self.name
        );
    }
}
```

마지막으로, 관찰자를 테스트할 수 있습니다.

코드 5.14 관찰자 패턴 테스트하기

```rust
let mut subject = Subject::new("some subject state");

let observer1 = MyObserver::new("observer1");
let observer2 = MyObserver::new("observer2");

subject.attach(observer1.clone());   // 포인터를 복제해야 합니다. 그렇지 않으면
subject.attach(observer2.clone());   // 값을 전달할 때 범위를 벗어나게 됩니다.

// ... 작업 수행 ...

subject.update();   // 일반적으로는 상태가 변경될 때마다 객체 내부에서 update()를 호출해 관찰자를 작동시키지만, 여기서는 예시를 보여주기 위해 여기서 호출합니다.
```

이 코드를 실행하면 다음과 같이 출력됩니다.

```
observed subject with state="some subject state" in observer1
observed subject with state="some subject state" in observer2
```

5.6 명령 패턴

명령 패턴command pattern은 상태 또는 명령어를 하나의 구조에 저장한 다음 나중에 값을 변경합니다. 이 패턴은 널리 사용되지만 잘 규정되어 있지 않고 약간 구식일 수 있습니다. 그러나 완전성을 위해 명령 패턴을 구현하는 간단한 예제를 만들어 보겠습니다.

5.6.1 명령 패턴 정의하기

이 패턴을 구현하기 전에 명령 패턴의 본질을 정의해 보겠습니다. 우리는 `Receiver`를 대상으로 하는 `Command` 트레이트에 관심을 가져야 합니다. `Receiver`는 어떤 종류의 구체적인 객체여야 하지만, 반드시 `Receiver`라고 불리거나 `action()`이라는 메서드를 가질 필요는 없습니다. 이 패턴은《GoF의 디자인 패턴》에서 설명하는 객체 지향 버전과 유사합니다. 그림 5.4는 이러한 트레이트 간의 관계를 보여줍니다.

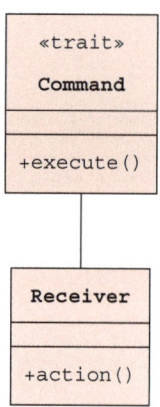

그림 5.4 명령 패턴의 UML 다이어그램

코드 5.15와 같이 `Command` 트레이트를 정의하겠습니다.

코드 5.15 **Command** 트레이트 정의

```
trait Command {
    fn execute(&self) -> Result<(), Error>;
}
```

`Command` 트레이트가 몇 가지 기본적인 오류 처리를 제공하는 `Result`를 반환하도록 만들었습니다 (5.6.2절에서 살펴볼 예정). `Command` 트레이트는 명령 패턴의 핵심이지만, 이 패턴을 이해하려면 모든 조각을 하나로 모아야 합니다. `Command` 트레이트의 구체적인 구현에 정의된 대로, 명령이 실행될 수 있는 객체인 수신자receiver를 제공해야 합니다.

5.6.2 명령 패턴 구현하기

이 예제에서는 파일 핸들에서 작동하는 2개의 명령 객체인 파일을 읽는 명령과 파일을 쓰는 명령을 만들겠습니다. 수신자는 파일 핸들이 될 것입니다. 먼저 `ReadFile` 명령을 정의해 보겠습니다.

코드 5.16 `ReadFile` 명령 구현

```rust
struct ReadFile {
    receiver: File,    // receiver는 명령의 수신자 또는 대상입니다.
}

impl ReadFile {
    fn new(receiver: File) -> Box<Self> {
        Box::new(Self { receiver })    // 나중에 트레이트 객체를 사용할 수 있도록 객체를 Box에 담아 반환합니다.
                                       // 이 시점에서 Box를 반환할 필요는 없지만, 코드를 좀 더 깔끔하게 만들고
                                       // 호출자에게 코드를 어떻게 사용해야 하는지 알려줍니다.
    }
}

impl Command for ReadFile {
    fn execute(&self) -> Result<(), Error> {
        println!("Reading from start of file");
        let mut reader = BufReader::new(&self.receiver);    // 버퍼링된 reader를 사용하면 파일 내
                                                            // 줄에 대한 반복자와 같은 몇 가지
                                                            // 멋진 기능을 사용할 수 있습니다.
        reader.seek(std::io::SeekFrom::Start(0))?;    // 파일을 다시 읽기 전에 항상 파일의 시작 부분을 찾습니다.
                                                      // ? 연산자를 사용하여 I/O 오류를 우아하게 처리합니다.
        for (count, line) in reader.lines().enumerate() {
            println!("{:2}: {}", count + 1, line?);    // 각 줄의 번호와 내용을 함께 출력할 수
                                                       // 있도록 enumerate를 사용합니다.
        }
        // 각 줄이 출력됩니다.
        // 파일을 읽는 동안 오류가 발생하면
        // ? 연산자를 통해 오류를 반환합니다.
        Ok(())
    }
}
```

파일 핸들을 받아 박스형 `ReadFile` 객체를 반환하는 `ReadFile`에 대한 `new()` 메서드를 구현했다는 점에 유의하세요. 코드 5.18에서 이 프로세스의 중요성을 살펴볼 것입니다. 다음으로 `WriteFile` 명령을 정의해 보겠습니다.

코드 5.17 `WriteFile` 명령 구현

```rust
struct WriteFile {
    content: String,    // 명령에는 파일에 쓰려는 콘텐츠인 content 필드가 포함됩니다.
    receiver: File,     // receiver는 ReadFile과 마찬가지로 명령이 적용되는 파일 핸들입니다.
}

impl WriteFile {
    fn new(content: String, receiver: File) -> Box<Self> {
```

5.6 명령 패턴 149

```rust
            Box::new(Self { content, receiver })    ◀── ReadFile과 마찬가지로
        }                                                Box로 감싸진 객체를 반환합니다.
    }

impl Command for WriteFile {
    fn execute(&self) -> Result<(), Error> {
        println!("Writing new content to file");
        let mut writer = self.receiver.try_clone()?;    ◀── 파일에 쓰려면 가변 객체가 필요하며, 이를 얻는
                                                             가장 쉬운 방법은 파일 핸들을 복제하는 것입니다.

        writer.write_all(self.content.as_bytes())?;    ◀── UTF-8 문자열을 원시 바이트로 변환하고
        writer.flush()?;    ◀── 파일 핸들을 새로 고침해서 바이트가    모든 바이트를 파일 커서의 현재 위치에 씁니다.
                                기록되었는지 확인하고 ? 연산자를
        Ok(())              통해 오류를 처리합니다.
    }
}
```

`WriteFile` 명령은 파일에 추가할 내용도 인자로 포함한다는 점을 제외하면 `ReadFile`과 매우 유사합니다. 이 구현에서는 `WriteFile`이 현재 파일 핸들 위치에 쓸 수 있다고 가정하지만, 좀 더 강력한 구현에서는 쓰기 전에 항상 파일의 끝을 찾을 수도 있습니다. 이 경우 `AppendFile`이라는 이름을 쓸 수도 있습니다. 이것을 구현하는 것은 연습용으로 남겨두겠습니다.

다음으로 패턴의 클라이언트를 구현해야 합니다. `main()` 메서드에 클라이언트를 추가하겠습니다.

코드 5.18 명령 패턴에 대한 클라이언트 구현

```rust
use std::fs::File;
use std::io::{BufRead, BufReader, Error, Seek, Write};

fn main() -> Result<(), Error> {
    let file = File::options()    ◀── 표준 라이브러리의 std::fs::File을 사용해 읽기/쓰기 모드에서 파일을 엽니다.
        .read(true)                    만일 파일이 없으면 파일을 생성하거나, 파일이 있는 경우 추가 모드로 파일을 엽니다.
        .write(true)
        .create(true)
        .append(true)
        .open("file.txt")?;
                                                        Box<dyn Command>와 함께 트레이트 객체를 사용해
    let commands: Vec<Box<dyn Command>> = vec![    ◀── Command 트레이트를 구현하는 모든 명령을
        ReadFile::new(file.try_clone()?),                명령 리스트에 넣을 수 있습니다.
        WriteFile::new(                            ◀── 각 명령을 만들 때 파일 핸들을 복제하여
            "file content\n".into(), file.try_clone()?         명령에 전달합니다.
        ),                                         ◀── 텍스트 파일을 여러 줄로 만들기 위해
        ReadFile::new(file.try_clone()?),              파일 내용 끝에 개행 문자 \n을
    ];                                                 포함해야 한다는 점에 유의하세요.
```

```
    for command in commands {      ◀── 각 명령 객체를 반복해 execute() 메서드를 호출하고
        command.execute()?;             ? 연산자를 사용해 오류를 처리합니다.
    }

    Ok(())
}
```

> **NOTE** 2장에서 트레이트에 대해 설명할 때 dyn 트레이트와 같은 트레이트 객체의 사용법을 소개했습니다.

이제 cargo run으로 코드를 테스트할 수 있으며, file.txt가 존재하지 않는다면 다음과 같은 출력이 생성됩니다.

```
Reading from start of file
Writing new content to file
Reading from start of file
 1: file content
```

이 예제는 상태를 저장하고 있습니다. 이전 실행에서 파일이 수정되었기 때문에 코드를 한 번 더 실행하면 다른 결과가 표시됩니다. 코드를 한 번 더 실행하면 다음과 같이 출력됩니다.

```
Reading from start of file
 1: file content
Writing new content to file
Reading from start of file
 1: file content
 2: file content
```

명령 패턴은 때때로 정방향 또는 역방향으로 적용할 수 있는 상태 저장 연산에 사용되기 때문에 훨씬 더 복잡할 수 있습니다. 예를 들어, 변경사항을 적용하고 되돌릴 수 있는 실행 취소/다시 실행 프레임워크를 들 수 있습니다. 이 접근 방식이 작동하려면 명령이 일관성을 유지해야 하며, 정방향 및 역방향 실행에 필요한 상태를 추적해야 합니다. 앞의 예에서 `WriteFile` 명령은 추가 작업을 수행하고 매번 파일의 끝을 찾지 않으므로 일관적이지 않습니다. 이 명령을 일관되게 만드는 한 가지 방법은 매번 파일의 시작 부분을 찾아서 파일의 전체 내용을 덮어쓰는 것입니다.

5.7 뉴타입 패턴

뉴타입 패턴newtype pattern은 **튜플 구조체**tuple struct(튜플처럼 동작하는 러스트의 특수 구조체)의 확장으로, 러스트의 타입 시스템을 사용하여 데이터의 추가 타입 정보나 처리를 제공합니다. 뉴타입은 데이터가 `String`이나 `i32` 같은 기본 타입만으로 표현될 수 있을 때 유용합니다. 튜플로 직접 값에 접근할 수 있기 때문에, 기본 타입 위에 지나치게 많은 캡슐화나 간접성을 추가하는 것을 피하고 싶을 때 유용합니다.

뉴타입은 튜플의 편리함과 단순성을 유지하면서 튜플 위에 추가적인 콘텍스트나 정보를 제공하기 위한 가벼운 패턴이라고 생각할 수 있습니다. 뉴타입의 또 다른 일반적인 용도는 데이터 타입 간의 타입 세이프 변환을 가능하게 하는 것입니다. 뉴타입은 놀라울 정도로 간단하면서도 러스트의 타입 시스템을 사용하기에 매우 편리합니다.

> **NOTE** 이 장의 도입부에서 뉴타입은 **러스트 전용** 패턴이라고 언급했지만, 엄밀히 말하면 다른 프로그래밍 언어에서도 동일한 개념을 적용하는 데 아무런 제한이 없습니다. **러스트 전용**이라는 말은 제가 아는 한, 이 패턴이 러스트 커뮤니티 내에서 시작되었다는 의미일 뿐입니다.

뉴타입의 사용을 보여주기 위해 비트와 바이트의 개수를 저장하는 데 사용할 `BitCount`와 `ByteCount` 타입을 생성해 보겠습니다. 1바이트에는 8비트가 포함되어 있다는 사실을 알고 있으므로 이러한 타입을 간단하고 안전하게 변환하는 메서드를 정의할 수 있습니다. 먼저, 각각 `u32`로 튜플 구조체를 정의하겠습니다.

```
#[derive(Debug)]
struct BitCount(u32);
#[derive(Debug)]
struct ByteCount(u32);
```

이 코드는 뉴타입 패턴의 가장 기본적인 예제입니다. 다음과 같이 테스트할 수 있습니다.

```
let bits = BitCount(8);
let bytes = ByteCount(12);
dbg!(&bits);
dbg!(&bytes);
```

이 코드를 실행하면 다음과 같이 출력됩니다.

```
[src/main.rs:9] &bits = BitCount(
    8,
)
[src/main.rs:10] &bytes = ByteCount(
    12,
)
```

다음으로 비트 수와 바이트 수를 서로 변환하려고 합니다. 두 가지 변환 방법을 정의해 보겠습니다.

```
impl BitCount {
    fn to_bytes(&self) -> ByteCount {
        ByteCount(self.0 / 8)   ◀── 비트 수가 8로 나누어 떨어지지 않는 경우
    }                                예기치 않은 결과를 반환할 수 있습니다.
}

impl ByteCount {
    fn to_bits(&self) -> BitCount {
        BitCount(self.0 * 8)
    }
}
```

> **변환 메서드의 이름 규칙: as_...(), to_...(), into()**
>
> 타입 간에 변환할 때 메서드 이름에 `as_` 또는 `to_`, `into()`를 접두사로 붙이는 세 가지 일반적인 관용구가 사용된다는 사실을 눈치채셨을 것입니다. 모든 개발자가 이러한 규칙을 엄격하게 따르지는 않지만 대부분의 라이브러리, 특히 러스트 표준 라이브러리는 다음과 같은 규칙을 준수합니다.
>
> - `as_...()`: `AsRef` 트레이트의 `as_ref()`와 같은 저비용 변환의 경우. 레퍼런스를 가져오는 것은 비교적 저렴한 작업이며, 경우에 따라 컴파일러에서 최적화할 수 있습니다.
> - `to_...()`: `ToString`의 `to_string()`과 같은 고비용 변환의 경우. 할당, 새 객체 생성, 변환 수행 또는 데이터 복사와 같은 작업을 수행해야 함을 암시합니다.
> - `into()`: `From` 트레이트를 통해 `into()`를 사용하는 변환. 이러한 변환은 일반적으로 비용이 많이 들며 할당, 복사 또는 복제를 포함하는 경우가 많습니다.
>
> 한 가지 주목할 만한 예외는 `Borrow` 트레이트의 `borrow()` 사용으로, 일반 레퍼런스(`Ref<', T>` 또는 `&T`)가 아닌 7장에서 설명할 레퍼런스 객체를 반환한다는 점을 제외하면 `AsRef`의 `as_ref()`와 비슷하게 동작합니다. 예를 들어, `std::cell::RefCell`은 런타임 대여 검사로 인해 발생하는 추가 오버헤드 때문에 `as_ref()`는 제공하지만 `borrow()`는 제공하지 않습니다.

다음 코드를 통해 변환이 예상대로 작동하는지 확인할 수 있습니다.

```
dbg!(bits.to_bytes());
dbg!(bytes.to_bits());
```

이 코드를 실행하면 다음과 같이 출력되며, 생성된 새 객체를 확인할 수 있습니다.

```
[src/main.rs:24] bits.to_bytes() = ByteCount(
    1,
)
[src/main.rs:25] bytes.to_bits() = BitCount(
    96,
)
```

원한다면 비트에서 바이트로, 또는 그 반대로도 변환할 수 있습니다.

```
dbg!(bits.to_bytes().to_bits());
dbg!(bytes.to_bits().to_bytes());
```

이 코드를 실행하면 다음과 같이 출력됩니다.

```
[src/main.rs:27:5] bits.to_bytes().to_bits() = BitCount(
    8,
)
[src/main.rs:28:5] bytes.to_bits().to_bytes() = ByteCount(
    12,
)
```

뉴타입은 사실상 튜플이기 때문에 뉴타입의 내부 값에 접근하는 것은 튜플 구문을 사용하는 것만큼이나 간단합니다.

```
dbg!(bits.0);
dbg!(bytes.0);
```

이 코드를 실행하면 다음과 같이 출력됩니다.

```
src/main.rs:30:5] bits.0 = 8
[src/main.rs:31:5] bytes.0 = 12
```

비트와 바이트, 섭씨와 화씨, 미터와 피트 등 단위 간 변환은 뉴타입의 일반적인 사용 사례로, 이 패턴을 사용하면 변환 로직을 한 곳에서 처리할 수 있고 변환의 정확성이 보장됩니다. 변환에 부동소수점 연산과 같은 손실이 있는 연산이 포함된 경우 변환할 때마다 정밀도가 떨어질 수 있으므로 향후 변환을 위해 원본 값을 보관해 두는 것을 고려할 수 있습니다.

뉴타입은 편리하고, 상용구가 많이 필요하지 않으며, 다른 사람들이 쉽게 파악할 수 있습니다. 이 패턴은 기본적으로 관련 타입 간의 변환과 같이 하나 이상의 메서드가 정의된 네임드 튜플과 같습니다.

5.8 정리하며

- 매크로는 러스트에서 메타프로그래밍의 한 가지 방법을 제공합니다. 매크로를 사용하여 코드를 생성하면 반복적인 코드를 생성해야 할 때 발생할 수 있는 많은 타이핑을 절약하고 오류를 줄일 수 있습니다.
- 러스트의 핵심 언어 패턴인 제네릭과 트레이트를 사용하면 빌더 패턴과 플루언트 인터페이스 패턴 같은 고급 패턴을 만들 수 있습니다.
- 빌더 패턴은 캡슐화된 데이터를 효과적으로 사용하고 문제를 분리하는 방법을 보여줍니다.
- 플루언트 인터페이스 패턴은 연속적인 연산과 타입 간 변환을 처리하는 데 유용한 방법입니다.
- 관찰자 패턴은 콜백의 대안으로, 상용구를 사용하는 대신 더 깔끔한 추상화를 제공합니다. 간단한 경우에는 콜백으로 충분할 수 있습니다.
- 명령 패턴은 작업의 대상 또는 수신자의 관점에서 명령의 실행, 실행 순서와 시점을 추상화하는 방법을 제공합니다.
- 뉴타입 패턴은 튜플 구조체 내에서 다른 타입을 감싸서 타입에 대한 추가 정보를 인코딩하거나 안전한 데이터 변환을 가능하게 합니다. String 같은 핵심 타입이나 i32 같은 기본 타입을 주로 뉴타입에서 사용합니다. 뉴타입을 사용하면 유사하지만 서로 다른 타입 간에 쉽게 변환할 수 있습니다.

CHAPTER 6

라이브러리 디자인하기

이번 장에서 다루는 내용
- 멋진 라이브러리를 설계하는 방법
- 아름다운 인터페이스 만들기
- 예기치 않은 동작 없이 정확하게 동작하기
- 러스트 라이브러리 인체공학 및 패턴

이 장은 이 책의 대략적인 중간 지점입니다. 다른 내용에서 약간 벗어나 주관적이고 다소 논란의 여지가 있는 주제, 즉 좋은 라이브러리 설계란 무엇인가에 대해 논의해 보겠습니다. 좋은 설계가 나쁜 설계보다 낫다는 데는 이견이 없지만, 무엇이 '좋은' 설계인지에 대해서는 합의점을 찾기가 어렵습니다. 좋은 설계와 나쁜 설계를 둘러싼 의견의 시대정신은 시간이 지남에 따라 변화하고 흔들리는 경향이 있기 때문에 설계 시 중요하게 고려해야 합니다.

좋은 소프트웨어 설계에 대한 진실은 보편적인 규칙은 거의 존재하지 않는다는 것입니다. 좋은 설계를 구성하는 많은 요소는 유행, 상황, 가용성, 도구의 품질, 그리고 이러한 차원에서 인간과 컴퓨터 사이의 상호작용이 어떻게 작동하는지에 관한 문제입니다. 이러한 상호작용은 라이브러리의 API이며, 라이브러리 디자인에서 가장 중요한 부분입니다.

이 장에서는 사용하기 쉽고, 작업하기 즐겁고, 잘못 사용하기 어렵고, 다양한 문제를 해결할 수 있을 만큼 유연한 라이브러리를 만드는 것을 목표로, 라이브러리를 설계할 때 고려해야 할 몇 가지 아이디어, 프로세스와 방법을 살펴보겠습니다. 이 책의 앞부분에 있는 예제를 사용해 라이브러리를 구축해 보겠습니다.

이 장은 자체 라이브러리를 오픈소스 프로젝트, SDK 또는 내부용 API로 공개하는 데 관심이 있는 사람들을 위해 작성되었습니다. 또한 라이브러리를 디자인하는 과정과 사용하기 쉽고 유지 관리 및 확장하기 쉬운 라이브러리를 만들기 위해 고려해야 할 사항에 대해 자세히 알아보고자 하는 분들을 위한 것입니다.

구체적인 사례를 살펴보기 전에 소프트웨어 라이브러리의 관리자로서 우리가 직면하는 문제에 대해 잠시 생각해 보겠습니다. 이는 좀 더 실용적인 예시를 위한 발판이 될 것입니다.

6.1 좋은 라이브러리 디자인

라이브러리를 설계할 때, 아니 모든 것을 설계할 때는 항상 트레이드오프가 따릅니다. 소프트웨어 개발자로서 우리가 내리는 모든 선택은 이진, 스칼라, 3D, 4D 또는 N차원 등 다양한 트레이드오프 사이에서 적절한 균형을 맞추는 일이라고 생각할 수 있습니다. 이러한 트레이드오프의 연속선 어딘가에는 좋은 균형을 이루는 지점이 있습니다.

이진 선택의 예로는 기능을 구현하기 위해 종속성을 추가할지 아니면 직접 해결책을 작성할지 여부를 들 수 있습니다. 스칼라 결정에는 모든 것을 구성 가능하게 하거나, 일부만 구성 가능하게 하거나 또는 아무것도 구성 가능하지 못하게 하는 등 최소 두 가지 선택지 간의 균형을 맞추는 것이 포함됩니다.

대부분의 실용적인 프로그래밍 작업에서 주요 제약 조건은 품질 저하 없이 최소한의 시간 내에 필요한 기능을 제공하는 것입니다. 속도, 완성도, 품질이라는 세 가지 차원에 걸쳐 다른 차원을 최적화하기 위해 하나 이상의 차원을 타협해야 할 가능성이 높습니다. 예를 들어, 품질을 위해 속도를 희생하거나 더 빨리 출시하기 위해 일부 기능을 삭제하는 경우입니다.

라이브러리 API를 설계할 때 곤도 마리에近藤 麻理恵의 사례[1]에서 영감을 얻을 수 있습니다. 우리는

---

1 https://ko.wikipedia.org/wiki/곤도_마리에, https://konmari.com/ 참고

라이브러리를 사용하는 사람들에게 기쁨을 주기를 바라며, 무엇이 즐거운 일이고 무엇이 즐거운 일이 아닌지 파악하기 위해 라이브러리를 이용하는 사람들의 머릿속을 들여다봐야 합니다. 대부분의 경우 이 과정은 라이브러리를 사용해 보고, 유사하거나 관련 있는 라이브러리의 인터페이스와 비교하고, 라이브러리가 노출하는 인터페이스와 패턴이 사람들이 라이브러리에서 기대하는 것과 일치하는지 확인하는 것만으로도 쉽게 해결할 수 있습니다. 라이브러리에 노출된 인터페이스 중 흥미롭지 않은 인터페이스는 잘라내야 합니다.

6.2 한 가지만, 올바르게, 잘하기

러스트 생태계의 선량한 관리자로서 저희는 러스트 정신을 따르는 러스트다운 라이브러리를 만들고자 합니다. 많은 크레이트가 작은 일들을 하고 그 일을 잘하는 데 초점을 맞추고 있습니다. 저희는 크레이트가 다른 크레이트와 상호 운용될 수 있기를 바랍니다. 우리는 너무 많은 종속성을 끌어들이고 싶지 않으며, 하위 소비자에게 종속성을 부과할 때 일을 망치지 않기를 원합니다. 때로는 기능 플래그를 사용하여 종속성이나 기능을 옵션으로 만들기도 하지만, 너무 많은 기능 플래그는 혼란스럽고 라이브러리를 사용하기 어렵게 만들 수 있습니다. 이러한 모든 목표를 동시에 달성하는 것은 라이브러리의 복잡성이 증가함에 따라 훨씬 더 어려워집니다.

한 가지를 잘하는 것은 테스트하기 쉽고, 유지 관리하기 쉽고, 사용하기 쉬운 라이브러리를 만드는 좋은 방법입니다. 또한 라이브러리의 정확성을 보장할 수 있는 좋은 방법이기도 합니다.

정확성은 성능이나 완성도보다 더 중요합니다. 정확성을 확보한다는 것은 라이브러리가 사양이나 문서와 일치하는 행동을 하는 것을 말합니다. 이것은 라이브러리가 예측 가능하고 안정적인 방식으로 작동하는지 확인하는 문제입니다. 너무 많은 일을 하려고 하거나 사용하는 언어와 문맥에 맞지 않는 방식으로 일을 할 때는 정확성을 확보하기가 더 어렵습니다.

정확성을 증명하는 것은 한 장으로 요약할 수 없는 복잡한 주제이지만 프로퍼티 기반 테스트, 퍼징fuzzing, 형식적 검증과 같은 도구를 사용하여 라이브러리가 올바른지 확인할 수 있습니다. 특히 형식적 검증은 가장 하드코어한 방법으로, 우리 대부분이 필요로 하는 것은 아니지만 가능하다는 것을 알아두면 좋습니다. 프로퍼티 기반 테스트와 퍼징은 더 쉽게 접근할 수 있으며, 라이브러리가 올바른지 확인하는 데 매우 효과적으로 사용할 수 있습니다.

6.3 과도한 추상화 피하기

라이브러리 설계자는 공개 인터페이스에 무엇을 노출할지 결정해야 합니다. 대부분의 경우, 최소한의 기능 완성도를 제공하는 최소한의 타입, 메서드, 트레이트, 함수 집합을 노출하는 것으로 시작합니다. 특히 원시 데이터에 대해서는 과도한 추상화나 캡슐화를 사용하지 않고, 대신 라이브러리의 사용자들이 원하는 대로 데이터를 처리할 수 있도록 권한을 부여하고자 합니다. `Debug`, `Clone` 등 일반적인 트레이트는 쉽게 사용할 수 있도록 구현할 것입니다. 하지만 모든 구현 가능한 트레이트를 실제로 구현할 필요는 없습니다.

지나친 추상화의 단점은 라이브러리를 사용하기 어렵게 만들어 진입 장벽을 높인다는 점입니다. 특히 라이브러리가 도입하는 추상화가 언어나 문제 영역에 적합하지 않고 사람들이 라이브러리에서 기대하는 것과 다를 경우 사람들이 사용을 꺼리게 될 수 있습니다. 추상화가 너무 복잡하면 라이브러리가 다른 라이브러리와 호환되지 않을 수 있으며, 이는 라이브러리를 다양한 맥락에서 사용하려는 경우 문제가 될 수 있습니다.

미켈란젤로는 다비드상을 어떻게 만들었느냐는 질문에 "다비드처럼 보이지 않는 것은 모두 깎아냈을 뿐"이라고 대답했습니다. 라이브러리 설계도 마찬가지입니다. 해결해야 할 문제에 대한 가장 단순하고 우아한 해결책이 남을 때까지 불필요한 추상적인 부분을 깎아내야 합니다.

6.4 기본 타입에 충실하기

다양한 애플리케이션에서 라이브러리에 접근할 수 있게 하는 한 가지 방법은 가능한 한 기본 타입을 사용하는 것입니다. 새로운 타입과 데이터 구조를 도입하면 라이브러리를 사용하는 모든 사람이 라이브러리의 데이터 구조와 사용자의 데이터 구조 간의 변환이 추가적으로 필요하게 됩니다.

이상적으로는 전적으로 표준 라이브러리 타입에 의존하고, 새로운 타입을 도입해야 하는 경우 표준 라이브러리 타입과 쉽게 변환할 수 있도록 `From` 트레이트와 같은 필요한 변환 기능을 제공해야 합니다. 또한 사용자가 타입 간 변환을 필요로 할 때마다 약간의 성능 오버헤드가 발생하므로 바람직하지 않을 수 있습니다.

러스트의 표준 라이브러리와 `Vec`, `HashMap`, `HashSet`을 포함하는 컬렉션 타입은 대부분의 작업에 유용하게 사용할 수 있기 때문에 최대한 많이 사용하는 것이 좋습니다. 좀 더 나아가자면 슬라이스나 반복자를 함수의 입력으로 받아서 라이브러리를 훨씬 더 유연하게 만들 수 있습니다.

Vec을 입력으로 받는 라이브러리를 생각해 봅시다. 다음 인터페이스는 Vec만 전달할 수 있기 때문에 유연성이 떨어집니다.

```
fn do_something_with_vec<T>(v: &Vec<T>) {
    // ...
}
```

다음 인터페이스는 Vec, 배열 또는 다른 모든 타입을 슬라이스로 전달할 수 있기 때문에 더 유연합니다.

```
fn do_something_with_slice<T>(v: &[T]) {
    // ...
}
```

슬라이스는 반복자보다는 유연성이 약간 떨어질 수 있지만 Vec보다는 훨씬 더 유연합니다.

6.5 도구 사용

Clippy나 rustfmt 같은 도구는 코드가 관용구를 사용하고 규칙을 준수하도록 강제할 수 있습니다. 예를 들어 러스트의 타입 이름 규칙은 카멜 케이스camel case, 변수나 멤버 함수에는 스네이크 케이스snake case, 상수에는 대문자 등을 사용하는 것입니다. Clippy는 이러한 모든 규칙에 대한 린트lint를 제공합니다. Clippy는 코드가 관용적인 러스트가 되도록 하는 데 가장 유용한 도구 중 하나입니다.

Clippy와 rustfmt는 주로 관용어와 관련이 있기 때문에 설계, 아키텍처 또는 정확성에는 큰 도움이 되지 못합니다. 하지만 널리 알려진 함정을 피하고 코드를 비교적 쉽게 읽고 이해할 수 있도록 도와줄 수 있습니다.

코드 에디터와 지속적 통합/지속적 배포integration/continuous delivery, CI/CD 파이프라인에 Clippy와 rustfmt를 통합하면 시간이 지나도 코드가 규칙을 준수하도록 할 수 있습니다. 코드를 작성한 후 코드를 변경하는 데 드는 비용은 처음에 코드를 올바르게 작성하는 데 드는 비용보다 훨씬 높습니다. 이러한 도구는 무료이면서 사용하기 쉬운 데다가 통합이 간단하기 때문에 꼭 사용하는 것이 좋습니다.

6.6 좋은 예술가는 베끼고, 위대한 예술가는 훔친다 (표준 라이브러리에서)

어떤 규칙을 따라야 할지 잘 모르겠다면 인기 있는 러스트 크레이트를 분석해 효과적인 것과 그렇지 않은 것을 파악할 수 있습니다. 인기 있는 크레이트를 참고하면 일반적으로 나쁜 설계를 피하는 데 도움이 됩니다. 그러나 이 말이 인기를 얻은 모든 크레이트가 반드시 좋은 디자인이라는 뜻은 아닙니다.

러스트 표준 라이브러리는 관용적인 러스트를 위한 최고의 표준이므로 여기서 영감을 얻으십시오. 표준 라이브러리는 잘 문서화되어 있고, 테스트가 잘되어 있으며, 잘 설계되어 있습니다. 러스트 저장소에서 소스 코드와 과거 토론 내용을 살펴보면 언어 개발자가 특정 결정을 내린 이유를 이해할 수 있습니다.

표준 라이브러리의 공식 문서는 소스 코드에 직접 링크되어 있어 작동 방식을 이해하는 데 도움이 되는 좋은 자료입니다. 러스트 언어와 표준 라이브러리는 아파치Apache 2.0과 MIT(매사추세츠 공과대학)에 따라 이중 라이선스가 적용되므로 대부분의 경우 프로젝트에서 러스트 소스 코드의 예제를 시작점으로 사용할 수 있습니다.

6.7 모든 것을 문서화하고 예제를 제공하세요

라이브러리를 문서화하는 것은 매우 중요합니다. 코드를 다 작성하고 나서 문서화를 한다고 생각해서는 안 됩니다. 라이브러리를 작성하는 과정에서 예제 코드를 포함한 문서를 작성해야 합니다.

예제는 간혹 놓치는 경우가 있지만 문서에서 가장 중요한 부분 중 하나입니다. 일반적으로 라이브러리를 사용하는 사람은 문서에서 예제를 복사하여 붙여넣고 필요에 맞게 수정하는 것으로 시작합니다. 라이브러리를 사용해 본 사람이라면 누구나 한 번쯤은 같은 일을 해봤을 것이고, 읽으면서 고개를 끄덕이고 있을 것입니다.

6.8 사용자의 코드를 망치지 마세요

가능한 한 이전 버전과의 호환성을 유지하기 위해 노력해야 합니다. 배포하는 크레이트의 경우 시맨틱 버전 관리를 사용하여 다운스트림 소비자에게 버전 간 호환성을 고지해야 합니다. 크레이트를 배포하려면 라이브러리를 유지보수하는 것은 새로운 기능과 패턴을 채택하고 유행이 지난 패턴을 피하는 등의 유동성이 필요한 지속적인 프로세스입니다.

이전 버전과의 호환성은 라이브러리에서 매우 중요한 특성이기 때문에 이를 유지하기 위해 노력해야 합니다. 사용자의 코드를 망가뜨리는 것보다 약간 덜 최적화된 API를 사용하는 편이 낫습니다. 호환성을 깨야 한다면 사용자에게 마이그레이션 경로를 제공하고 문서와 릴리스 노트에 변경사항을 명확하게 전달해야 합니다.

개발자가 이전 버전과 호환되지 않는 변경을 할 때 많은 사람이 릴리스 노트나 변경 로그를 읽거나 문서를 확인하는 것을 귀찮아한다는 점을 명심하세요. 그들은 단순히 종속성을 업데이트하고 모든 것이 작동하기를 기대합니다. 라이브러리 관리자로서 이전 버전과의 호환성을 유지하면 우리와 라이브러리 사용자 모두 골치 아픈 일을 덜 수 있습니다.

6.9 상태를 생각하세요

라이브러리를 설계할 때 가장 중요한 측면 중 하나는 라이브러리 사용자가 상태를 처리하는 방식을 고려하는 것입니다. 하지 말아야 할 일은 전역 변수나 가변 정적 변수를 만드는 것과 싱글톤을 사용하는 것입니다.

대부분의 좋은 라이브러리 설계는 사용자가 라이브러리의 특정 콘텍스트에 맞는 객체들을 생성할 수 있는 방법을 제공합니다. 이러한 콘텍스트 객체들은 라이브러리 사용자가 필요에 따라 전달하기도 하고 라이브러리 기능의 진입점 역할을 합니다. 이 패턴은 사용자가 라이브러리의 인스턴스를 여러 개 만들 수 있고 라이브러리를 테스트하기 쉽기 때문에 따르기 좋은 패턴입니다.

완벽한 라이브러리에는 상태가 없을 수도 있지만 현실에서는 라이브러리의 내부 상태를 관리할 방법이 필요한 경우가 많습니다. 이러한 경우 사용자가 해당 상태를 관리할 수 있는 방법을 제공해야 합니다. 또한 상태가 어떻게 관리되는지, 사용자에게 어떤 영향을 미치는지 명확히 알려야 합니다. 상태를 유지하거나 저장해야 하는 경우, 해당 상태를 직렬화 또는 역직렬화할 수 있는 방법을 제공해야 합니다.

처리해야 할 상태의 예로는 구성, 연결 풀, 캐시, 카운터, 누산기 등이 있습니다. 라이브러리에는 콘텍스트 객체를 받아들이는 진입점이 있을 것이고, 이 진입점은 라이브러리의 다양한 함수에 전달될 것입니다. 콘텍스트 객체 생성은 팩토리 함수 또는 빌더 패턴으로 처리되며, 콘텍스트 객체는 라이브러리의 상태를 관리할 책임이 있습니다. 다음 예제를 살펴보겠습니다.

```
let ctx = MyLibrary::new()     ◀── 가상 라이브러리의 새 인스턴스를 생성합니다.
    .with_option(true)
    .with_param(3.14)
    .with_setting(249295)
    .build();            ◀── 다양한 옵션으로 콘텍스트 객체를 빌드합니다.
ctx.do_operation();      ◀── 콘텍스트 객체를 사용해 연산을 수행합니다.

                                              ┌─ 콘텍스트 객체가 필요한 내부 모듈의
let inner_module = MyLibrary::InnerModule::new(ctx);  ◀─┤  인스턴스를 생성합니다.

inner_module.do_an_inner_operation();   ◀── 내부 모듈을 사용해 연산을 수행합니다.
```

이 예제는 라이브러리에서 상태를 관리하는 간단한 패턴입니다. 사용자는 빌더 인터페이스를 사용하여 콘텍스트 객체를 생성합니다. 또한 콘텍스트 객체를 관리하고 라이브러리의 다양한 함수에 직접 전달해야 합니다. 라이브러리는 콘텍스트 객체의 세부 정보를 외부로 공개할 필요가 없으며, 사용자는 필요한 경우 서로 다른 구성으로 라이브러리의 인스턴스를 여러 개 생성할 수 있습니다. 라이브러리의 다른 모듈에서 콘텍스트 객체에 대한 접근이 필요한 경우 사용자는 위의 예제에서 내부 모듈과 같이 해당 모듈에 콘텍스트 객체를 전달할 수 있습니다.

6.10 미학 고려하기

첫인상은 중요합니다. 라이브러리의 미학은 사람들이 라이브러리를 인식하는 방식에 큰 영향을 미칩니다. 미학은 라이브러리의 겉모습뿐만 아니라 사용 경험도 포함합니다. 사용하기 쉽고, 이해하기 쉽고, 디버깅하기 쉬운 라이브러리는 그렇지 않은 라이브러리보다 미학적으로 더 좋게 인식될 것입니다.

라이브러리의 미학은 타입, 함수, 변수의 이름, 코드의 구조, 문서, 예제, 라이브러리의 전반적인 설계 등 많은 요소에 의해 영향을 받습니다. 잘 정리되어 있고, 잘 문서화되어 있으며, 사용하기 쉬운 라이브러리는 그렇지 않은 라이브러리보다 미적으로 더 만족스러울 것입니다.

라이브러리를 설계할 때는 코드, 문서 및 예제의 미적 감각을 고려하세요. 일관된 명명 규칙을 사용하고, 코드를 논리적으로 구성하며, 명확하고 간결하며 문법적으로 정확하고 오류 없는 문서를 제공하세요. 보기 좋은 문서를 생성하는 문서 도구를 사용하면 이 작업이 훨씬 쉬워집니다. 라이브러리 사용 방법을 간단하고 직관적으로 보여주는 예제를 작성하세요. 라이브러리의 사용자 경험을 고려하여 가능한 한 쾌적한 환경을 만들기 위해 노력하세요.

6.11 러스트 라이브러리의 편리한 사용성

지금까지 책에서 배운 내용 중 일부를 이전의 코드 예제를 기반으로 라이브러리를 만들어서 정리해 보겠습니다. 이 과정은 라이브러리를 작성하는 데 매우 유용합니다. 라이브러리의 최종 사용자 관점에서 코드를 문서화하고 테스트하는 것만으로도 많은 것을 배울 수 있습니다. 또한 다른 사용자의 관점에서 세부 사항에 주의를 기울이면 더 나은 코드를 작성할 수 있습니다. 라이브러리를 작성하면 문제를 캡슐화하고, 분리하고, 좋은 인터페이스를 만들도록 강요받게 됩니다.

라이브러리를 만들 때 해야 할 일과 하지 말아야 할 일의 포괄적인 목록을 찾으려고 여기까지 오셨다면 실망하실 수도 있습니다. 그런 목록을 제공할 수는 없지만 양질의 코드를 작성하는 데 필요한 기술을 알려드릴 수는 있습니다.

6.11.1 연결 리스트 다시 살펴보기

3장의 연결 리스트 예제를 사용해 라이브러리의 기초를 만들겠습니다. 먼저 `cargo new --lib linkedlist`로 라이브러리를 만들겠습니다. 3장의 코드를 src/lib.rs에 복사합니다. 다음으로 라이브러리에 통합 테스트를 생성하겠습니다. tests/integration_test.rs를 생성하고 이전 테스트의 코드로 채우겠습니다.

```
#[test]
fn test_linkedlist() {
    use linkedlist::LinkedList;

    let mut linked_list = LinkedList::new("first item");  ← LinkedList가 비공개라는 문제가 있습니다.

    // ... 생략 ...
}
```

단위 테스트가 아닌 통합 테스트를 사용하는 이유는 크레이트의 범위 밖에서 라이브러리를 테스트하고 싶기 때문입니다. 이전 코드에서 직접 복사한 테스트 코드는 공개 여부를 고려하지 않았기 때문에 현재 상태에서 컴파일되지 않습니다. 컴파일러는 다음과 같이 오류를 출력합니다.

```
error[E0603]: struct `LinkedList` is private
  --> tests/integration_test.rs:3:21
   |
3  |     use linkedlist::LinkedList;
   |                     ^^^^^^^^^^ private struct
   |
note: the struct `LinkedList` is defined here
  --> /Users/brenden/dev/idiomatic-rust-book/c06/
     linkedlist/src/lib.rs:22:1
   |
22 | struct LinkedList<T> {
   | ^^^^^^^^^^^^^^^^^^^^
```

이 오류 메시지는 타당합니다. `impl<T> LinkedList<T> { ... }` 블록의 각 메서드와 `LinkedList` 구조체 자체에 `pub`을 추가해 문제를 고쳐보겠습니다. 러스트에서는 기본적으로 모든 것이 비공개이므로 구조체 내의 개별 필드는 여전히 비공개라는 점에 유의하세요. 다시 컴파일을 시도하면 더 많은 오류가 발생합니다. 첫 번째 오류는 다음과 같습니다.

```
error[E0446]: private type `Iter<'_, T>` in public interface
  --> src/lib.rs:41:5
   |
41 |     pub fn iter(&self) -> Iter<T> {
   |     ^^^^^^^^^^^^^^^^^^^^^^^^^^^^^ can't leak private type
...
62 | struct Iter<'a, T> {
   | ------------------ `Iter<'_, T>` declared as private
```

아, 반복자를 공개하는 것을 깜빡했네요. 3개의 반복자 구조체에 `pub`을 추가하여 반복자를 공개해 보겠습니다. `Iter`, `IterMut`, `IntoIter`입니다.

이렇게 변경하고 나면 코드가 성공적으로 컴파일되고 테스트 코드가 작동합니다. 코드를 제대로 된 라이브러리로 만들기 위해 가시성을 수정해야 했습니다.

6.11.2 rustdoc을 사용해 API 디자인 개선하기

다음으로 라이브러리의 API를 살펴보겠습니다. 가장 좋은 방법은 rustdoc을 사용하여 문서를 생성하는 것입니다. 우리 라이브러리를 사용하는 사람은 누구나 우리 문서를 보는 데 많은 시간을 할애할 가능성이 높습니다. 따라서 누구나 우리 라이브러리를 성공적으로 사용하려면 양질의 문서가 필수적입니다.

문서를 생성하려면 cargo doc 명령을 실행하여 생성된 HTML 파일을 크레이트 내의 target/doc에 저장합니다. 이 파일은 크레이트 문서의 기본 랜딩 페이지인 linkedlist/index.html에서 열 수 있습니다. 아직 문서를 작성하지 않았기 때문에 pub으로 표시한 구조체가 나열된 빈 페이지만 표시됩니다(그림 6.1).

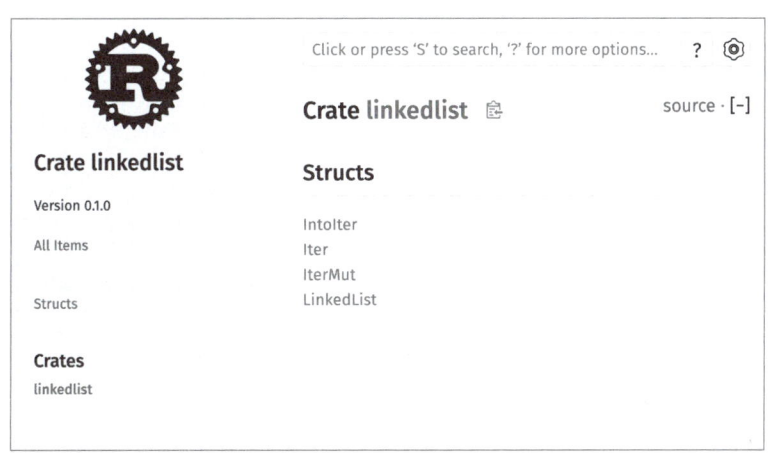

그림 6.1 linkedlist 크레이트에 대한 빈 문서

LinkedList 구조체에 대한 링크를 클릭하면 그림 6.2와 같은 페이지가 표시됩니다.

코드를 문서화하지 않더라도 상당히 유용한 문서가 제공된다는 점에 주목할 필요가 있습니다. 구조체와 메서드를 나열한 것만으로도, (이름을 적절하게 지었다는 전제하에) 사용자는 라이브러리의 기능과 작동 방식에 대해 많은 것을 유추할 수 있습니다. 특히 객체, 메서드, 트레이트에 좋은 이름을 선택했다면 더욱 그렇습니다. 하지만 라이브러리가 아무리 명확하다고 생각하더라도 어쨌든 추가 문서를 작성해야 합니다.

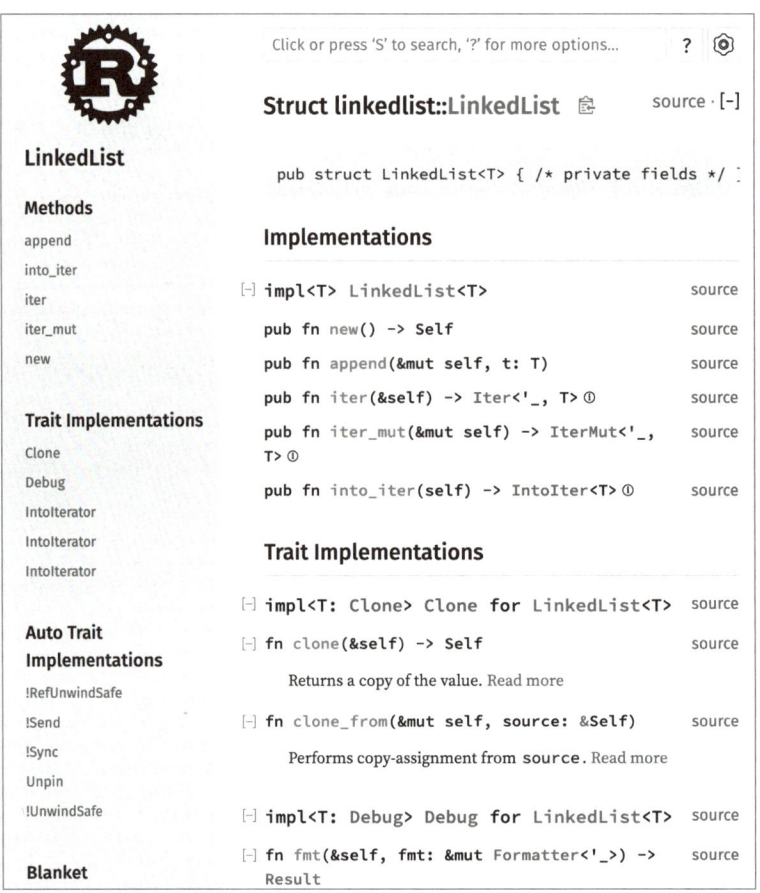

그림 6.2 비어 있는 `LinkedList` 구조체 문서

가장 먼저 해야 할 일은 문서를 보는 모든 사람에게 어디서부터 시작해야 하는지 알려주기 위해 크레이트 자체를 문서화하는 것입니다. lib.rs에 외부 문서를 추가하여 크레이트를 문서화할 수 있습니다. 러스트에서 외부 문서는 `//!`로 시작하는 주석으로 제공되며, 내부 문서는 `///`로 시작하는 주석으로 제공됩니다. 외부 문서는 문서화 중인 파일의 외부 범위에 적용되고, 내부 문서는 문서 주석 다음에 오는 항목에 적용됩니다.

먼저 크레이트에 대한 최상위 수준의 설명과 코드 사용 방법에 대한 높은 수준의 예제를 추가하겠습니다. src/lib.rs의 맨 위에 다음과 같이 코드를 업데이트해 보겠습니다.

```
//! # linkedlist crate
//!
//! 이 크레이트는 간단한 연결 리스트를 구현합니다.
//!
```

```
//! 이 크레이트는 책 [_Rust Advanced Techniques_]
//! (https://www.manning.com/books/idiomatic-rust)의 예제입니다.
//!
//! ## 사용법
//!
//! ```rust
//! use linkedlist::LinkedList;
//!
//! let mut animals = LinkedList::new();
//! animals.append("chicken");
//! animals.append("ostrich");
//! animals.append("antelope");
//! animals.append("axolotl");
//! animals.append("okapi");
//! ```
```

문서를 다시 생성한 후 크레이트 단위의 문서는 그림 6.3과 같이 나타납니다.

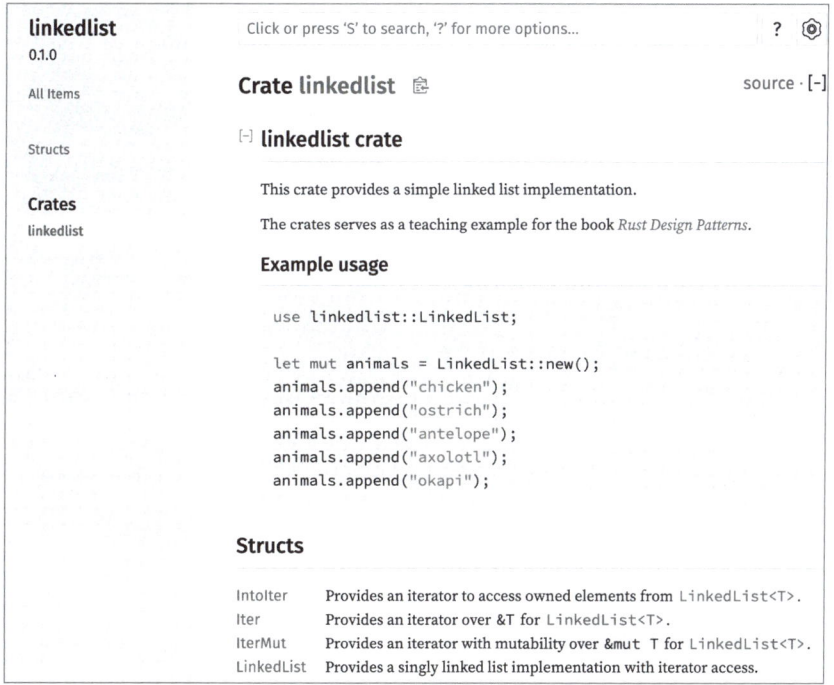

그림 6.3 최상위 문서가 포함된 `linkedlist` 크레이트

멋지네요! 이제 문서가 진짜 크레이트처럼 보이기 시작합니다.

TIP 문서 작업을 할 때 `cargo watch -x doc`을 사용하면 변경사항이 있을 때 자동으로 문서를 다시 생성할 수 있습니다. 아직 `cargo-watch`를 설치하지 않았다면 `cargo install cargo-watch`로 설치할 수 있습니다.

이제 작동하는 예제가 포함된 문서가 생겼으니 문서를 테스트할 수 있습니다. 문서의 모든 코드 샘플은 통합 테스트이기도 합니다. `cargo test`를 실행하면 문서 예제가 자동으로 테스트되는 것을 볼 수 있습니다. `Doc-tests linkedlist`로 표시됩니다.

```
$ cargo test
    Finished test [unoptimized + debuginfo] target(s) in 0.00s
     Running unittests src/lib.rs
      (target/debug/deps/linkedlist-2e0286b0918288ae)

running 0 tests

test result: ok. 0 passed; 0 failed; 0 ignored; 0 measured; 0 filtered out;
finished in 0.00s

     Running tests/integration_test.rs
      (target/debug/deps/integration_test-c95f81c9911957c8)

running 1 test
test test_linkedlist ... ok

test result: ok. 1 passed; 0 failed; 0 ignored; 0 measured; 0 filtered out;
finished in 0.00s

   Doc-tests linkedlist

running 1 test
test src/lib.rs - (line 10) ... ok

test result: ok. 1 passed; 0 failed; 0 ignored; 0 measured; 0 filtered out;
finished in 0.26s
```

문서 예제에서는 `main()` 함수를 작성할 필요가 없습니다. 약간의 전처리가 `rustdoc`에 의해 적용되며, 이는 코드를 `fn main() { ... }`으로 감싸고 `cargo test`로 실행할 테스트 코드를 런타임 생성합니다.

API에 대해 이야기해 보겠습니다. 이 코드를 작성할 때는 사람들이 이 코드를 어떻게 사용할지 크게 생각하지 않았습니다. 그런데 이미 한 가지 눈에 띄는 점은 `LinkedList`의 `new()` 메서드가 조금 이상해 보인다는 것입니다. `new()`에 매개변수가 필요한 이유는 무엇일까요? 저는 러스트의 `Vec` 같은 컬렉션의 동작을 모방해야 한다고 생각합니다. `Vec::new()`에 대한 문서를 보면 다음과 같이 나와 있습니다.

새로운 빈 Vec<T>를 생성합니다.

벡터는 요소가 채워지기 전까지 할당되지 않습니다.

일관성을 위해 Vec과 동일한 패턴을 사용해야 합니다. 빈 LinkedList를 반환하도록 new()를 업데이트해 보겠습니다. 이 과정에서 코드 6.1과 같이 LinkedList를 문서화해야 합니다.

코드 6.1 문서가 있는 LinkedList

```rust
/// 반복자 접근이 가능한 단일 연결 리스트를 제공합니다.
pub struct LinkedList<T> {
    head: Option<ListItemPtr<T>>,
}

impl<T> LinkedList<T> {
    /// 새로운 빈 [`LinkedList<T>`] 객체를 생성합니다.
    pub fn new() -> Self {
        Self { head: None }
    }
    /// 요소를 리스트 끝에 추가합니다. 만일 리스트가 비어 있다면
    /// 해당 요소는 리스트의 첫 번째 요소가 됩니다.
    pub fn append(&mut self, t: T) {
        match &self.head {
            Some(head) => {
                let mut next = head.clone();
                while next.as_ref().borrow().next.is_some() {
                    let n = next.as_ref().borrow()
                        .next.as_ref().unwrap().clone();
                    next = n;
                }
                next.as_ref().borrow_mut().next =
                    Some(Rc::new(RefCell::new(ListItem::new(t))));
            }
            None => {
                self.head = Some(Rc::new(RefCell::new(ListItem::new(t))));
            }
        }
    }
    /// 리스트를 반복할 반복자를 반환합니다.
    pub fn iter(&self) -> Iter<T> {
        Iter {
            next: self.head.clone(),
            data: None,
            phantom: PhantomData,
        }
    }
    /// 리스트의 가변 반복자를 반환합니다.
    pub fn iter_mut(&mut self) -> IterMut<T> {
```

```
        IterMut {
            next: self.head.clone(),
            data: None,
            phantom: PhantomData,
        }
    }
    /// 리스트를 소모해 요소의 값을 반환하는 반복자를 만듭니다.
    pub fn into_iter(self) -> IntoIter<T> {
        IntoIter {
            next: self.head.clone(),
        }
    }
}
```

또한 `head`가 `Option`이 되도록 `LinkedList` 구조체도 업데이트했습니다. 이전 버전에서는 항상 `head` 요소가 있다고 가정했기 때문에 빈 인스턴스를 갖기 위해 이 변경이 필요했습니다. 그림 6.4 는 `LinkedList`에 대한 업데이트된 문서를 보여줍니다.

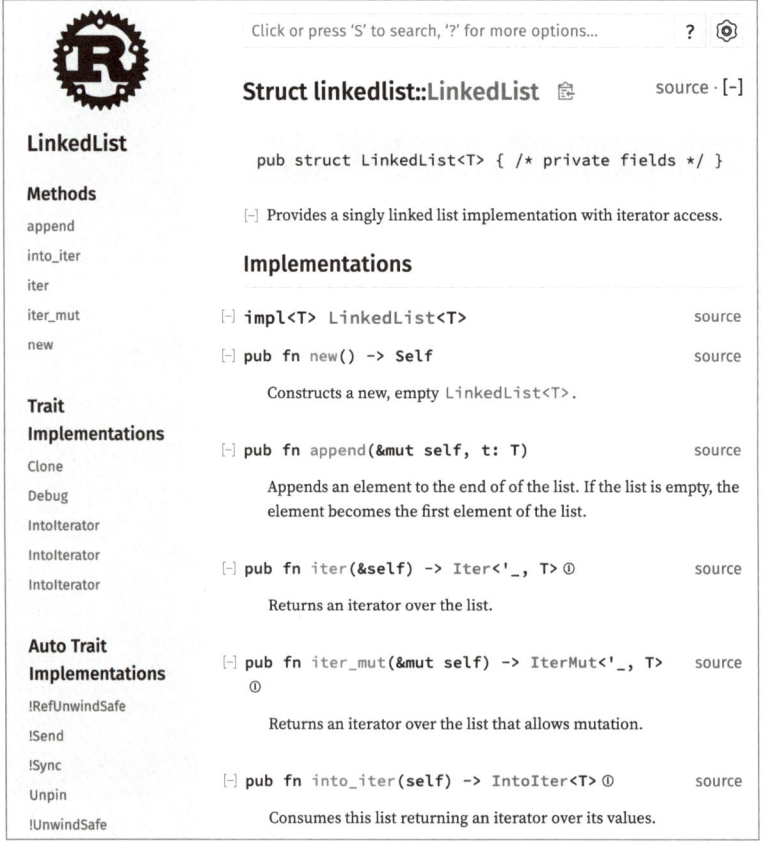

그림 6.4 문서화된 `LinkedList`

이 문서는 좋아 보입니다. 컬렉션 타입에 더 많은 기능을 추가하는 것을 고려할 수도 있지만, 가장 중요한 기능에 집중해 보겠습니다. 리스트의 내용을 출력하는 것과 리스트를 복제하는 두 가지 기능이 빠져 있습니다. 두 기능 모두 겉으로 보이는 것처럼 간단하지 않습니다. `#[derive(Clone, Debug)]`를 사용하면 이러한 문제를 해결할 수 있지만 이상적이지는 않습니다. 이 문제에 대해 따로 이야기해 보겠습니다.

연결 리스트에 `Clone`을 구현하려면 연결 리스트를 복제하는 것이 무엇을 의미하는지 고려해야 합니다. 대부분의 경우 누군가가 리스트에서 `clone()`을 호출할 때는 구조만 복제하는 것이 아니라 리스트의 구조와 내용을 복제하려고 할 것입니다. 즉, 여전히 동일한 데이터를 가리키기 때문에 새 구조에 대한 포인터만 복사하고 싶지 않을 것입니다.

`Clone`을 수정하는 데는 몇 가지 옵션이 있습니다. `Rc<RefCell<T>>`를 사용하지 않도록 `LinkedList`를 다시 작성하거나 `#[derive(Clone)]`을 사용하는 대신 `Clone`에 대한 자체 구현을 제공하는 것입니다. `Rc<RefCell<T>>`를 계속 사용하면 리스트에 더 많은 기능을 추가하기가 더 쉬워집니다. 따라서 `Clone`을 직접 구현해 보겠습니다. `Clone` 트레이트의 정의는 다음과 같습니다.

```
pub trait Clone {
    fn clone(&self) -> Self;
    fn clone_from(&mut self, source: &Self) { ... }
}
```

깔끔하네요. `Clone` 문서를 좀 더 자세히 살펴보면 `clone_from()` 메서드에 대해 다음과 같이 설명되어 있습니다.

> `a.clone_from(&b)`는 기능상 `a = b.clone()`과 동일하지만, 불필요한 할당을 피하고 a의 리소스를 재사용할 수 있습니다.

이 문장을 알아두면 좋은 이유는 `clone()`보다 `clone_from()`을 구현하는 것이 더 쉽기 때문입니다. `clone()` 구현에서 `clone_from()`을 호출할 수 있습니다.

```
impl<T: Clone> Clone for LinkedList<T> {    ← T에 바인딩된 트레이트에 주목하세요. Clone을 구현하는
    fn clone(&self) -> Self {                  타입에 대해서만 Clone을 제공합니다.
        let mut cloned = Self::new();       ← 새 리스트를 생성합니다.
```

```
            cloned.clone_from(self);
            cloned
        }
        fn clone_from(&mut self, source: &Self) {
            self.head = None;
            source.iter().for_each(|item| {
                self.append(item.clone())
            });
        }
    }
```

- `cloned.clone_from(self);` ← 아래에서 정의한 clone_from()을 호출하여 이전 리스트인 self의 요소를 새 리스트에 복제합니다.
- `cloned` ← 마지막 표현식은 새 리스트를 반환합니다.
- `self.head = None;` ← 리스트의 head를 None으로 설정하면 리스트가 효과적으로 초기화됩니다.
- `self.append(item.clone())` ← 반복자를 사용하여 리스트의 각 값을 복제하고 그 값을 대상 리스트인 self에 추가합니다.

이 코드는 작업을 간단하게 만들어 주며, 보너스로 DRY_{Don't Repeat Yourself}(반복하지 않기) 원칙을 따르기 때문에 `clone_from()`의 모든 변경사항이 `clone()`에 반영됩니다.

6.11.3 더 많은 테스트를 통해 연결 리스트 개선하기

새로운 기능이 많이 추가되었으니 코드를 테스트해야 합니다. 각 기능을 개별적으로 테스트하기 위해 통합 테스트를 업데이트해 보겠습니다. `LinkedList`의 `iter()` 메서드를 테스트하는 코드 6.2부터 시작하겠습니다.

코드 6.2 `LinkedList`에 대한 `iter()` 테스트하기

```rust
#[test]
fn test_linkedlist_iter() {
    use linkedlist::LinkedList;
    let test_data =
        vec!["first", "second", "third", "fourth", "fifth and last"];

    let mut linked_list = LinkedList::new();
    test_data
        .iter()
        .for_each(|s| linked_list.append(s.to_string()));

    assert_eq!(
        test_data,
        linked_list
            .iter()
            .map(|s| s.as_str())
            .collect::<Vec<&str>>()
    );
}
```

- `.for_each(|s| linked_list.append(s.to_string()));` ← Vec<&str>이 있음에도 불구하고 테스트 리스트에 문자열을 추가합니다.
- `.collect::<Vec<&str>>()` ← assert_eq!()를 사용하기 때문에 비교하는 타입이 일치해야 합니다. Vec<&str>을 Vec<String>으로 변환하는 대신, collect()를 사용해 연결 리스트에서 일시적 Vec<&str>을 가져옵니다.

다음으로, 코드 6.3은 LinkedList에서 가변 반복자 메서드인 iter_mut()를 테스트합니다.

코드 6.3 **LinkedList**에 대한 **iter_mut()** 테스트하기

```
#[test]
fn test_linkedlist_iter_mut() {
    use linkedlist::LinkedList;
    let test_data =
        vec!["first", "second", "third", "fourth", "fifth and last"];

    let mut linked_list = LinkedList::new();
    test_data
        .iter()
        .for_each(|s| linked_list.append(s.to_string()));

    assert_eq!(
        test_data,
        linked_list
            .iter_mut()
            .map(|s| s.as_str())
            .collect::<Vec<&str>>()
    );
}
```

코드 6.4는 LinkedList의 into_iter() 메서드를 테스트합니다.

코드 6.4 **LinkedList**에 대한 **into_iter()** 테스트하기

```
#[test]
fn test_linkedlist_into_iter() {
    use linkedlist::LinkedList;
    let test_data =
        vec!["first", "second", "third", "fourth", "fifth and last"];

    let mut linked_list = LinkedList::new();
    test_data
        .iter()
        .for_each(|s| linked_list.append(s.to_string()));

    assert_eq!(
        test_data
            .iter()
            .map(|s| s.to_string())
            .collect::<Vec<String>>(),
        linked_list.into_iter().collect::<Vec<String>>()
    );
}
```

into_iter() 테스트의 경우, 테스트 데이터를 다른 방식이 아닌 Vec<String>으로 변환합니다.

코드 6.5는 `Clone` 트레이트의 구현을 테스트합니다.

코드 6.5 `LinkedList`에 대한 `Clone` 테스트하기

```rust
#[test]
fn test_linkedlist_cloned() {
    use linkedlist::LinkedList;
    let test_data =
        vec!["first", "second", "third", "fourth", "fifth and last"];

    let mut linked_list = LinkedList::new();
    test_data
        .iter()
        .for_each(|s| linked_list.append(s.to_string()));

    let cloned_list = linked_list.clone();

    linked_list
        .into_iter()    // ◀ 복제가 의도한 대로 작동했는지 테스트하기 위해,
                        //   확인하고자 하는 기본 소유 값을 반환하는 into_iter()를 사용합니다.
        .zip(cloned_list.into_iter())
        .for_each(|(left, right)| {
            assert_eq!(left, right);    // ◀ 원본과 복제된 리스트의 값이
                                        //   일치하는지 확인합니다.
            assert!(!std::ptr::eq(&left, &right));  // ◀ 원본과 복제된 값의 메모리 위치가 다른지 확인합니다.
                                                    //   이 검사는 범위 내에서 동일한 소유 객체를 가리키는
                                                    //   2개의 변수를 가질 수 없기 때문에 다소 중복되지만,
        });                                         //   어쨌든 만들겠습니다.
}
```

테스트가 통과되었으니 계속 진행할 수 있습니다.

6.11.4 다른 사람이 디버깅하기 쉬운 라이브러리 만들기

이제 `Debug` 트레이트에 대해 이야기해 보겠습니다. 재미로 `#[derive(Debug)]`를 사용하고 `dbg!(linked_list)`를 사용하여 테스트 데이터로 리스트를 출력하면 어떤 결과가 나오는지 살펴봅시다. 출력은 다음과 같습니다.

```
[tests/integration_test.rs:20] linked_list = LinkedList {
    head: Some(
        RefCell {
            value: ListItem {
                data: RefCell {
                    value: "first",
                },
                next: Some(
                    RefCell {
```

```
                    value: ListItem {
                        data: RefCell {
                            value: "second",
                        },
                        next: Some(
                            .. snip ..
                        ),
                    },
                },
            ),
        },
    },
),
}
```

오, 이런! 이 결괏값은 전혀 도움이 되지 않습니다. 누군가가 연결 리스트를 사용하려고 할 때, 특히 중첩 구조가 깊게 있는 경우 이 출력은 큰 혼란을 야기할 것입니다. 이 코드를 그대로 사용할 수 없습니다. Debug 트레이트에 대해 살펴보고 이를 구현해 보겠습니다.

```
pub trait Debug {
    fn fmt(&self, f: &mut Formatter<'_>) -> Result<(), Error>;
}
```

Debug 트레이트의 흥미로운 부분은 `Formatter`입니다. 문자열을 출력하기 위해 대부분의 형식을 처리하는 복잡한 작업이 필요합니다. 러스트에서는 `Formatter`가 이 작업을 수행합니다. `Formatter`는 `debug_list()`를 사용해 리스트의 디버그 출력 형식을 쉽게 지정할 수 있는 방법을 제공합니다.

> **NOTE** `Formatter`에 대한 전체 레퍼런스는 https://mng.bz/67VG에서 확인할 수 있습니다.

`Formatter::debug_list()`를 사용해 Debug 트레이트를 구현해 보겠습니다.

```
impl<T: Debug> Debug for LinkedList<T> {
    fn fmt(&self, fmt: &mut std::fmt::Formatter<'_>) -> std::fmt::Result {
        fmt.debug_list().entries(self.iter()).finish()
    }
}
```

새로운 Debug 구현을 사용하면 `dbg!()`를 사용한 테스트의 출력이 다음과 같이 현저하게 개선됩니다.

```
[tests/integration_test.rs:20] linked_list = [
    "first",
    "second",
    "third",
    "fourth",
    "fifth and last",
]
```

마지막으로, 우리가 만든 반복자에 대한 문서를 살펴봅시다. `Iter`, `IterMut`, `IntoIter`에 대한 문서는 작성하지 않았습니다. 하지만 생성된 문서를 보면 `Iterator` 트레이트가 우리에게 많은 함수를 제공했고, 그 함수들은 이미 문서화되어 있음을 알 수 있습니다. 완성도를 위해 각 반복자에 대한 간단한 설명을 작성해 보겠습니다(그림 6.5).

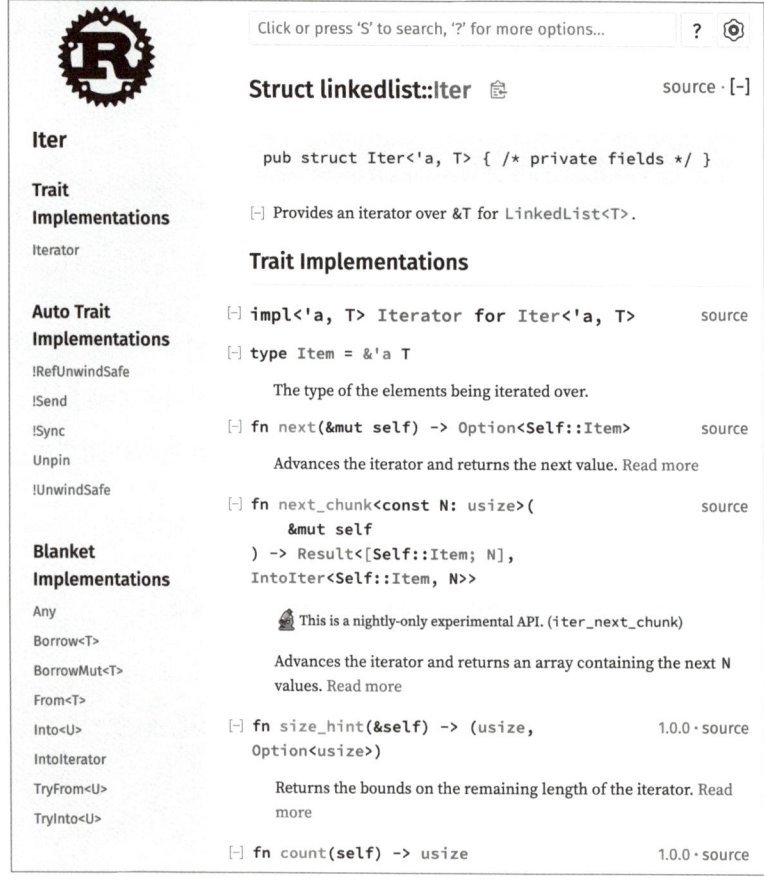

그림 6.5 반복자에 대한 문서화

이제 꽤 괜찮은 크레이트가 생겼습니다! 우리 라이브러리는 상당히 러스트답다고 할 수 있습니다. 이는 양질의 문서를 작성하고, 주요 트레이트의 구현을 제공하고, Vec의 API를 미러링했기 때문입니다. Vec에 이미 익숙한 사람이라면 언어의 기존 패턴을 따랐기 때문에 큰 어려움 없이 저희 컬렉션을 사용할 수 있을 것입니다.

6.12 정리하며

- 좋은 라이브러리를 설계하는 것은 어렵고, 신중하게 생각해야 하며, 많은 반복 작업이 필요할 수 있습니다.
- 라이브러리는 사용자를 염두에 두고 설계해야 합니다. 사용하기 쉽고 이해하기 쉬운 라이브러리를 만들기 위해 노력해야 합니다.
- 한 가지 기능에 집중하세요. 라이브러리는 책임이 적어야 하며 특정 문제를 해결하는 데 집중해야 합니다.
- 정확성에 집중하는 것이 필수적입니다. 프로퍼티 기반 테스트나 퍼징 같은 도구를 사용하여 라이브러리가 올바른지 확인해야 합니다.
- 과도한 추상화를 피하고 가능한 한 기본 타입을 고수해야 합니다.
- Clippy나 rustfmt 같은 도구는 코드가 관용적이고 읽기 쉬운지 확인하는 데 도움이 될 수 있습니다.
- 인기 있는 크레이트를 살펴보는 것은 라이브러리 설계에 대한 영감을 얻는 훌륭한 방법입니다.
- 특히 크레이트를 배포하려는 경우 라이브러리 유지 관리는 지속적인 작업이 필요합니다. 새로운 러스트 기능이 출시되면 버그를 수정하고, 기능을 추가하거나, 크레이트를 업데이트해야 할 수도 있습니다. 이전 버전과의 호환성을 유지하는 것은 필수적이며, 버전 간 호환성을 알리기 위해 시맨틱 버전 관리를 따라야 합니다.
- 라이브러리를 설계할 때는 사용자의 관점에서 API가 어떻게 작동하는지에 특히 주의를 기울여야 합니다. 예제와 함께 좋은 문서를 제공하고 자체 API를 기존의 잘 알려진 API와 비교하면 의외로 최소한의 작업으로 훌륭한 라이브러리를 만들 수 있습니다.

PART III

고급 패턴

이 시점에서 이전 장의 패턴을 실험해 보고 그 개념을 이해하는 시간을 충분히 가지셨기를 바랍니다. 3부에서는 좀 더 심화된 패턴을 다루기 때문에 제대로 익히려면 더 많은 연습과 시간이 필요할 수 있습니다. 제가 제대로 설명했다면 지금까지 책을 쉽게 읽으셨을 수도 있습니다. 그렇지 않더라도 걱정하지 마세요. 연습이 완벽을 만듭니다.

또한 이러한 패턴 중 일부는 더 특화되어 있어 널리 적용되지 않을 수도 있습니다. 하지만 실생활에서 자주 접하게 될 가능성이 높기 때문에 이러한 패턴을 알고 이해하는 것이 좋습니다. 러스트를 사용하는 시간이 길어질수록 이러한 패턴에서 더 많은 가치를 얻을 수 있을 것입니다.

PART III
Advanced patterns

CHAPTER 7
특수한 작업에 트레이트, 제네릭, 구조체 사용하기

이번 장에서 다루는 내용

- 상수 제네릭 사용하기
- 외부 크레이트 타입에 트레이트 적용하기
- 확장 트레이트로 타입 확장하기
- 블랭킷 트레이트 구현하기
- 마커 트레이트를 사용하여 애트리뷰트로 타입 표시하기
- 구조체로 태그 표시하기
- 레퍼런스 객체로 내부 데이터에 대한 접근 제공하기

이전 장에서는 몇 가지 고급 기법을 소개했습니다. 이번 장에서는 이러한 주제 중 일부를 바탕으로 좀 더 고급 설계 패턴을 살펴봅니다. 이러한 패턴은 많은 상황에서 유용하긴 하지만 구현하기가 더 복잡합니다. 또한 흔히 발생하지 않는 시나리오에 적용되는 경우가 많기 때문에 자주 사용하지는 않을 것입니다.

비유하자면, 이전 장에서 설명한 패턴은 망치, 펜치, 드라이버, 전동 드릴 등 다양한 작업에 사용할 수 있는 표준적인 도구들입니다. 이러한 도구들은 어떤 공구 상자를 열어봐도 하나쯤은 포함되어 있습니다. 이번 장에서 설명하는 패턴은 목공소에서 볼 수 있는 테이블 톱, 대패, 선반, 띠톱 등과 같은 좀 더 전문적인 작업에 대한 것입니다. 이러한 패턴은 일상적인 러스트 프로그래밍에는 덜 유용하지만, 필요할 때 사용하는 방법을 알기 위해 살펴보는 것이 좋습니다.

7.1 상수 제네릭

러스트의 **상수 제네릭**const generic은 상숫값을 제네릭으로 사용할 수 있게 해주는 편리한 기능입니다. 상수 제네릭은 구조체에 배열의 길이와 같은 상숫값에 의존하는 필드를 포함하고자 할 때 발생하는 문제를 해결합니다. 이 문제는 제네릭이 존재하는 언어들에서 공통적으로 발생하는 오래된 문제입니다. 상숫값은 인스턴스화할 때만 알 수 있기 때문에 상수 제네릭이 없으면 원하는 크기마다 구조체를 생성하는 것이 유일한 방법이며, 이는 많은 라이브러리에서 사용하는 방식입니다.

배열의 크기를 정의하는 것처럼 기본 상수와 제네릭 매개변수가 모두 있는 곳이라면 어디에서나 상수 제네릭을 사용할 수 있습니다. `i32`, `u32`, `usize`와 같은 모든 크기의 정수 기반 원시 상수를 사용할 수 있습니다. 또한 `char` 타입과 `bool` 타입(컴파일러 수준에서는 대부분의 플랫폼에서 `u8`에 해당)을 사용할 수 있지만 부동소수점 값은 허용되지 않습니다.

상수 제네릭을 이해하기 위해 이 제네릭이 해결하는 문제를 살펴봅시다. 우리가 버퍼로 사용할 바이트 배열이 있는 제네릭 구조체가 있다고 가정해 봅시다.

```
struct Buffer {
    buf: [u8; 256],
}
```

버퍼는 256바이트를 저장합니다. 바이트뿐만 아니라 모든 타입을 담을 수 있도록 제네릭으로 만들려면 어떻게 해야 할까요? 그렇게 해봅시다.

```
struct Buffer<T> {
    buf: [T; 256],
}
```

짜잔! 간단합니다. 이제 버퍼에 256개의 요소를 담을 수 있습니다. 하지만 잠깐만요. 배열의 길이를 임의적으로 만들려면 어떻게 해야 할까요? 인스턴스를 생성할 때 배열의 길이를 가변적으로 만들어야 합니다. 한 가지 방법은 런타임에 크기를 조정할 수 있는 `Vec`을 사용하는 것입니다. `Vec`을 사용할 때의 문제점은 일반 배열은 스택에 할당할 수 있는 반면 `Vec`은 힙 할당이 필요하고 값을 이동하는 대신 복사하는 등 필요하지 않을 수 있는 오버헤드가 어느 정도 발생한다는 것입니다.

배열의 길이는 배열이 버퍼에 존재하는 동안 절대 변하지 않는다는 것을 알고 있다면(종종 그렇듯이), **상수** 제네릭 매개변수를 사용할 수 있습니다. 상수 제네릭을 사용하는 LENGTH 매개변수를 도입해 보겠습니다.

```
#[derive(Debug)]
struct Buffer<T, const LENGTH: usize> {
    buf: [T; LENGTH],
}
```

이제 구조체에는 배열 요소의 타입과 길이라는 두 가지 제네릭 매개변수가 있습니다. LENGTH 매개변수는 타입이 아닌 상숫값이라는 점을 제외하면 다른 제네릭 매개변수처럼 취급할 수 있으며, 그 결과 몇 가지 깔끔한 부작용이 생깁니다. 인스턴스가 생성될 때 새로운 고유 타입을 생성합니다. 예를 들어, 임의의 길이를 갖는 배열에 러스트의 타입 시스템을 사용하고자 할 때 유용합니다. 또한 특정 상숫값에 대한 구체적인 트레이트 구현을 제공할 수 있습니다. 예를 들어, 배열의 제공된 길이와 예상 길이가 일치하지 않는 경우와 같은 모든 종류의 프로그래밍 오류를 방지하는 데 도움이 됩니다. 예를 들어, [u8; 256] 배열에 대한 From 트레이트와 같이 이 구조체의 특정 구성을 구체화할 수 있습니다.

```
impl From<[u8; 256]> for Buffer<u8, 256> {
    fn from(buf: [u8; 256]) -> Self {
        Buffer { buf }
    }
}
```

이 구현을 사용하면 배열을 구조체로 이동하여 [u8; 256] 타입의 배열에서 Buffer를 생성할 수 있습니다. 하지만 다른 타입에 대해서는 적용되지 않습니다. 실제로 이 접근 방식은 그다지 유용하지 않습니다. 대신 제네릭 From을 구현하고 필요에 따라 구체적으로 만드는 것이 좋습니다.

```
impl<T, const LENGTH: usize> From<[T; LENGTH]> for Buffer<T, LENGTH> {
    fn from(buf: [T; LENGTH]) -> Self {
        Buffer { buf }
    }
}
```

이 코드를 사용하면 임의의 타입과 길이를 갖는 배열을 Buffer로 옮길 수 있습니다. 이 접근 방식은 특히 원시 배열이 아닌 Buffer로 작업하도록 코드를 구축한 경우 매우 유용합니다. 다음 코드를 사용하면 버퍼를 빠르게 테스트할 수 있습니다.

```rust
let buf = Buffer::from([0, 1, 2, 3]);   ◀── 길이 매개변수 4를 명시할 필요가 없다는 점에 유의하세요.
dbg!(&buf);                                  컴파일러가 자동으로 이를 추론합니다.
```

이 코드를 실행하면 다음과 같이 출력됩니다.

```
[src/main.rs:14] &buf = Buffer {
    buf: [
        0,
        1,
        2,
        3,
    ],
}
```

상수 제네릭을 사용하면 길이가 고정된 사용자 정의 배열 기반 타입을 쉽게 구축할 수 있어서 많은 상용구를 절약할 수 있습니다.

7.2 외부 크레이트 타입에 대한 트레이트 구현하기

트레이트에 흥미를 느끼고 모든 타입에 대한 트레이트를 작성하려고 할 것입니다. 이러한 실험은 트레이트의 잘 알려진 설계 한계에 부딪히기 전까지는 재미있을 것입니다. 결론적으로, 크레이트 외부의 타입에 대해서는 트레이트를 구현할 수 없습니다.

이 제한이 존재하는 데는 정당한 이유가 있습니다. 모든 타입에 대해 트레이트를 구현할 수 있다면 같은 타입에 대해 여러 가지 상충되는 트레이트 구현이 빠르게 발생할 수 있기 때문입니다. 서로 다른 크레이트가 서로 다른 시기에 발전하면서 같은 트레이트를 서로 다르게 구현하게 되면 이러한 상황은 더욱 악화될 수 있습니다. 컴파일러는 휴리스틱을 적용하여 구현을 선택할 수 있지만, 이러한 접근 방식은 항상 다소 혼란스럽고 추론하기 어렵기 때문에 러스트 언어에서는 원칙적으로 이를 허용하지 않습니다.

하지만 걱정하지 마세요. 러스트에는 필요한 경우 충돌을 일으키지 않고도 동등한 동작을 구현할 수 있는 몇 가지 기능이 있습니다.

7.2.1 래퍼 구조체

외부 타입 트레이트의 기능을 계속 사용하려면 래퍼 구조체와 `Deref` 트레이트의 두 가지 패턴을 결합해야 합니다. **래퍼 구조체**wrapper struct는 다른 타입을 감싸는 구조체입니다. 가장 간단한 형태는 감싸는 대상의 필드 하나만 포함합니다. 래퍼 구조체를 생성한 후에는 래퍼에 원하는 모든 트레이트를 구현할 수 있습니다.

`Deref`와 함께 래퍼 구조체를 사용하면 외부 크레이트의 타입에 대한 트레이트를 구현하여 외부 타입 트레이트의 제한을 우회하고 객체가 그 주체처럼 동작하도록 만들 수 있습니다. 예시로 `Vec`을 감싸보겠습니다.

```
struct WrappedVec<T>(Vec<T>);    ◀── 이 구조체 구성은 튜플과 동일합니다.
```

> [NOTE] WrappedVec과 같은 튜플 구조체는 이름을 가진 새로운 타입을 정의하고 다른 구조체처럼 `impl` 블록을 작성할 수 있다는 점을 제외하면 사실상 일반 튜플과 동일합니다.

충분히 쉽습니다. 하지만 `WrappedVec`을 `Vec`처럼 사용하려고 하면 작동하지 않습니다.

```
let wrapped_vec = WrappedVec(vec![1, 2, 3]);
wrapped_vec.iter().for_each(|v| println!("{}", v));    ◀── iter() 호출 시 "method not found in `WrappedVec<{integer}>`" 오류가 발생했습니다.
```

이 코드가 작동하지 않는 것은 당연합니다. `iter()`를 구현하지 않았기 때문입니다. `Vec`이 제공하는 모든 메서드를 다시 구현하는 것이 아니라 래퍼 구조체로 기존의 메서드를 전달하고 싶습니다.

7.2.2 Deref를 사용하여 래핑된 구조체 언래핑하기

래퍼 구조체를 잘 작동하게 만드는 비결은 `WrappedVec`에 `Deref` 트레이트를 구현하는 것입니다. `Deref`를 구현하면 컴파일러는 존재하지 않는 메서드를 호출할 때 자동으로 래퍼를 역참조합니다. 이 접근 방식을 역참조 강제coercion라 부르는데, 이를 과도하게 사용하지 않도록 주의해야 합니다. `Deref`를 구현하는 것은 간단합니다.

```
impl<T> Deref for WrappedVec<T> {
    type Target = Vec<T>;   ◀── Target 타입은 자동으로 참조 해제하려는 대상입니다.
    fn deref(&self) -> &Self::Target {
        &self.0  ◀── self의 .0은 튜플 구조체의 첫 번째 요소를 나타냅니다.
    }            튜플의 각 요소는 이름이 지정되지 않습니다.
}
```

이제 `Vec`에서 `iter()`와 같은 모든 메서드를 호출할 수 있습니다. 하지만 몇 가지 제한사항이 있습니다. 우선, `into_iter()`와 같이 `self`를 값으로 취하는 메서드는 사용할 수 없습니다. 이를 위해서는 `into_iter()` 메서드를 구현해야 합니다.

```
impl<T> WrappedVec<T> {
    fn into_iter(self) -> IntoIter<T> {
        self.0.into_iter()
    }
}
```

`&mut self`를 취하는 `Vec` 메서드를 호출하려면 `Deref`와 거의 동일한 `DerefMut` 트레이트를 구현해야 합니다. 감싸진 벡터에 대해 간단한 테스트를 작성해 보겠습니다.

```
let wrapped_vec = WrappedVec(vec![1, 2, 3]);
wrapped_vec.iter().for_each(|v| println!("{}", v));
wrapped_vec.into_iter().for_each(|v| println!("{}", v));
```
WrappedVec에는 반복자 메서드가 없지만 일반 벡터처럼 Vec에서 호출할 수 있습니다.

위의 코드를 실행하면 다음과 같이 출력됩니다.

```
1
2
3
1
2
3
```

7.3 확장 트레이트

확장 트레이트extension trait는 정의된 크레이트 외부의 타입과 트레이트에 기능을 추가하는 트레이트입니다. 확장 트레이트는 핵심 타입 `Vec`에 메서드를 추가하는 것과 같이 표준 라이브러리 타입에 기능을 추가하는 것을 예로 들 수 있습니다. 확장 트레이트는 일반적으로 이름 뒤에 `Ext` 접미사를 붙입니다. 프로젝트에서 사용 중인 업스트림upstream 크레이트에 기능을 제공하는 크레이트나 표준 라이브러리에서 확장 트레이트를 만날 수 있습니다.

확장 트레이트를 설명하기 위해 벡터의 거꾸로 된 복사본을 반환하는 `reversed()` 메서드를 추가하는 새로운 트레이트인 `ReverseExt`를 추가해 `Vec`을 확장해 보겠습니다. 트레이트 정의는 다음과 같습니다.

```rust
pub trait ReverseExt<T> {
    fn reversed(&self) -> Vec<T>;    // ← reversed() 메서드는 Vec<T>를 반환합니다.
}
```

이 예제에서는 편의를 위해 `Vec<T>`를 반환합니다. 이 인터페이스를 개선하려면 반환되는 컨테이너 타입에 대한 두 번째 제네릭 매개변수를 추가할 수 있습니다. `std::iter::Iterator`의 `collect()`와 `collect_into()` 메서드가 구현된 방식과 비슷합니다.

실제로는 이 트레이트를 하나 이상의 구현과 함께 내보내는 라이브러리를 작성하고, 이를 사용하고자 하는 곳에서 불러올 수 있습니다. 확장 트레이트를 사용하기 위해 반드시 라이브러리를 작성할 필요는 없으며, 내보내지 않고도 크레이트나 애플리케이션 내에서 사용할 수도 있습니다. `Vec`에 `ReverseExt`를 구현해 보겠습니다.

```rust
impl<T> ReverseExt<T> for Vec<T>
where
    T: Clone,    // ← Vec의 각 항목을 복제할 수 있도록 T에 대한 Clone 트레이트를 추가합니다.
{
    fn reversed(&self) -> Vec<T> {
        self.iter().rev().cloned().collect()    // ← 벡터를 거꾸로 만들기 위해 반복자를 얻고, rev()로 반전시키고,
                                                //   각 항목을 복제하고, 그 결과를 새 Vec에 모으기만 하면 됩니다.
    }
}
```

이 코드를 다음과 같이 테스트할 수 있습니다.

```
let forward = vec![1, 2, 3];
let reversed = forward.reversed();
dbg!(&forward);
dbg!(&reversed);
```

코드를 실행하면 예상대로 다음과 같이 출력됩니다.

```
[src/main.rs:17] &forward = [
    1,
    2,
    3,
]
[src/main.rs:18] &reversed = [
    3,
    2,
    1,
]
```

확장 트레이트를 사용하는 또 다른 방법은 타입이 아닌 다른 트레이트에 적용하는 것입니다. 앞의 예제에 따라 `std::iter::DoubleEndedIterator`에 `to_reversed()` 메서드를 추가할 수 있습니다.

```
pub trait DoubleEndedIteratorExt: DoubleEndedIterator {    ◀── 나중에 설명할 슈퍼트레이트(supertrait)를
    fn to_reversed<'a, T>(self) -> Vec<T>                       사용하여 트레이트의 범위를
    where                                                       DoubleEndedIterator에만
        T: 'a + Clone,      ◀── 대상 타입인 T에 대해              적용하도록 제한합니다.
                                Clone 트레이트가 필요합니다.
        Self: Sized + Iterator<Item = &'a T>;  ◀── 반복자 아이템 타입과 라이프타임이 T와 일치해야 하며,
}                                                   반복자는 Sized가 필요합니다.

impl<I: DoubleEndedIterator> DoubleEndedIteratorExt for I {
    fn to_reversed<'a, T>(self) -> Vec<T>
    where
        T: 'a + Clone,
        Self: Sized + Iterator<Item = &'a T>,
    {
        self.rev().cloned().collect()   ◀── iter() 호출이 없는 것을 제외하면 이전 버전과 거의 동일합니다.
    }
}
```

이 확장 트레이트는 다음과 같이 테스트할 수 있습니다.

```
let other_reversed = forward.iter().to_reversed();
dbg!(&other_reversed);
```

이 코드를 실행하면 예상했던 것처럼 출력됩니다.

```
[src/main.rs:38] &other_reversed = [
    3,
    2,
    1,
]
```

확장 트레이트를 타입이 아닌 다른 트레이트에 적용했을 때의 좋은 점 중 하나는 Vec, 슬라이스, std::collections::LinkedList 등 DoubleEndedIterator 트레이트를 구현하는 모든 타입에서 이 트레이트를 사용할 수 있다는 점입니다.

7.4 블랭킷 트레이트

때로는 거의 모든 타입에 적용된다는 점에서 제네릭하게 사용되는 트레이트가 있습니다. 이러한 트레이트의 경우 포괄적인 구현체를 의미하는 블랭킷 구현이 유용합니다. **블랭킷 트레이트 구현** blanket trait implementation은 구체적인 구현과 달리 제네릭 매개변수를 사용합니다. 일부 매개변수에는 특화되어 있지만 다른 매개변수에는 제네릭인 부분적 블랭킷 구현을 만들 수도 있습니다.

블랭킷 트레이트를 사용하면 기준을 충족하는 모든 타입에 대해 쉽고 빠르게 트레이트를 구현할 수 있습니다. 기준은 트레이트 바운드로 지정되며, 블랭킷 트레이트 구현은 트레이트 바운드에서 트레이트를 구현하는 모든 타입에 적용됩니다.

러스트 표준 라이브러리의 일부 트레이트는 블랭킷 구현을 제공합니다. 블랭킷 트레이트 구현은 종종 다른 트레이트나 타입에 의존하는데, 예를 들어 ToString 트레이트는 다음과 같이 블랭킷 구현을 제공합니다.

```
impl<T: Display> ToString for T {
    // ...
}
```

러스트 표준 라이브러리에서 가져온 이 구현은 `T`에 대해 구현되는 `Display`에 따라 달라집니다. `Display`를 제공하는 모든 타입에는 `ToString`이 자동으로 제공됩니다(to_string() 메서드를 호출할 수 있게 된다는 뜻입니다).

블랭킷 구현을 만드는 것은 비교적 간단합니다. 대상 타입의 전체 또는 일부에 제네릭 매개변수를 사용하기만 하면 됩니다. 원한다면 크레이트의 모든 타입에 대한 블랭킷 트레이트를 만들 수도 있습니다.

```
trait Blanket {}
impl<T> Blanket for T {}    ◀── 크레이트의 모든 타입에 대해 Blanket을 구현합니다.
```

이 예제는 아직까지는 그다지 유용하지 않지만 코드는 매우 정확합니다. 블랭킷 구현은 특정 타입에 적용하거나 트레이트 바운드를 사용해 다른 트레이트에 바인딩할 때 유용합니다. 7.5절에서 설명한 것처럼 블랭킷 트레이트를 마커로 사용하고 싶을 때도 있습니다. 블랭킷 트레이트의 또 다른 용도는 여러 개의 다른 트레이트를 하나로 결합하는 것입니다.

블랭킷 트레이트는 가능한 모든 타입의 조합을 구현하지 않고도 사용자에게 기능을 제공하고자 하는 라이브러리 작성자에게 유용할 수 있습니다. 7.1절의 `Buffer` 예제를 떠올려 보면 `Vec<T>`에서 `Buffer`로 변환하는 블랭킷 트레이트를 제공하는 것이 좋다는 걸 알 수 있습니다.

코드 7.1 상수 제네릭을 사용한 블랭킷 트레이트 구현

```
impl<T: Default + Copy, const LENGTH: usize> From<Vec<T>>
    for Buffer<T, LENGTH>
{
    fn from(v: Vec<T>) -> Self {
        assert_eq!(LENGTH, v.len());   ◀── Vec의 크기는 선언된 LENGTH 매개변수와 일치해야 합니다.
        let mut ret = Self {
            buf: [T::default(); LENGTH],
        };
        ret.buf.copy_from_slice(&v);   ◀── copy_from_slice()는 내부적으로 memcpy()를 사용하며,
        ret                                 원본과 대상의 길이가 같아야 합니다.
    }
}
```

이 코드는 우리가 `Vec`에 대해 구현했던 것처럼, 모든 타입이나 길이의 `Buffer`에 대해 `From` 트레이트에 대한 블랭킷 구현을 제공합니다. 이 코드를 사용하면 `into()` 또는 `from()`을 사용하여 `Vec`을

`Buffer`로 변환할 수 있습니다. 이 코드는 또한 자주 사용되는 다른 두 가지 트레이트인 `Default`와 `Copy`를 결합하기 때문에 대부분의 타입에 사용할 수 있을 것입니다. 다음과 같이 블랭킷 트레이트를 빠르게 테스트할 수 있습니다.

```rust
let group_of_seven = vec![
    "Canada",
    "France",
    "Germany",
    "Italy",
    "Japan",
    "United Kingdom",
    "United States",
    "European Union",
];
let g7_buf: Buffer<&str, 8> = Buffer::from(group_of_seven);  // 컴파일 타임에 컴파일러는
dbg!(&g7_buf);                                                // 벡터의 길이를 알지 못하기 때문에
                                                              // 대상 버퍼의 길이를 8로 지정해야 하며,
                                                              // 벡터는 가변 길이입니다.
```

> **NOTE** `group_of_seven` 리스트가 8개의 항목을 갖고 있다는 사실을 눈치채셨나요? 이건 실수가 아닙니다. 이 책의 범위를 벗어나는 이유로, 유럽 연합은 구성원의 수를 셀 때에는 포함되지 않았습니다.

위의 코드를 실행하면 다음과 같이 출력됩니다.

```
[src/main.rs:34] &g7_buf = Buffer {
    buf: [
        "Canada",
        "France",
        "Germany",
        "Italy",
        "Japan",
        "United Kingdom",
        "United States",
        "European Union",
    ],
}
```

라이브러리 작성자에게는 블랭킷 트레이트 구현이 라이브러리의 사용성을 향상할 수 있는 유용한 도구입니다. 하지만 가장 제네릭한 구현이나 상상할 수 있는 모든 구체적인 구현을 제공해야 한다고 생각할 필요는 없습니다. 그보다는 `Vec`에 `From`을 제공한 것처럼 가장 일반적인 경우를 처리하는 데 집중해야 합니다.

7.5 마커 트레이트

트레이트에 익숙해지면 다른 러스트 프로젝트에서 마커 트레이트의 사용이 눈에 띄기 시작할 것입니다. **마커 트레이트**marker trait는 동작을 제공하지 않고 러스트에서 타입에 대한 특징이나 애트리뷰트를 표시하거나 나타내는 추상적인 트레이트입니다. 마커 트레이트는 종종 메서드가 없는 것으로 표시됩니다. 마커 트레이트는 구체적인 사용 사례는 없지만 여러 상황에서 유용하게 사용될 수 있습니다.

마커 트레이트와 일반 트레이트의 차이점은 마커 트레이트가 반드시 행동을 제공하지는 않는다는 것입니다. 예를 들어 `Sync` 및 `Send` 트레이트는 마커 트레이트이지만 `Sync`나 `Send`는 메서드나 기능 자체를 제공하지 않습니다. `Sync`와 `Send`는 특별한 경우로, 컴파일러만 안전하게 구현할 수 있는 `unsafe`를 사용하지 않고는 구현할 수 없기 때문입니다.

마커 트레이트의 한 형태는 다른 트레이트들을 결합하는 포괄적인 구현을 제공하는 것입니다. 예를 들어, 특정 타입이 주어진 트레이트 집합을 구현한다는 것을 나타내는 간단한 방법은 그에 따라 마킹을 하는 것입니다. 코드 7.2의 트레이트를 생각해 보세요.

코드 7.2 전체 기능이 포함됨을 나타내는 마커 트레이트

```
#[derive(
    Clone, Copy, Debug, Default, Eq, Hash, Ord, PartialEq, PartialOrd,
)]
struct KitchenSink;    ◀── 표준 라이브러리에서 파생 가능한 모든 트레이트를 도출하는 빈 구조체입니다.

trait FullFeatured {}   ◀── 빈 마커 트레이트

impl<T> FullFeatured for T where    ◀── 바인딩된 여러 트레이트를 모두 구현하는
    T: Clone                            타입들에 대한 마커 트레이트의 블랭킷 구현
        + Copy
        + std::fmt::Debug
        + Default
        + Eq
        + std::hash::Hash
        + Ord
        + PartialEq
        + PartialOrd
{
}
```

이 코드는 FullFeatured라는 빈 마커 트레이트를 생성합니다. 그런 다음 파생 가능한 모든 트레이트의 리스트인 트레이트 바운드를 충족하는 모든 경우에 대한 블랭킷 구현을 만들 수 있습니다. 이 예제에서는 KitchenSink 단위 구조체를 의도적으로 비워두었습니다. 하지만 #[derive(...)] 애트리뷰트를 사용해 표준 라이브러리에서 제공하는 파생 가능한 모든 트레이트를 파생했습니다. 이제 매번 모든 기능을 나열하지 않고도 모든 기능이 구현되었는지 확인하고 싶을 때마다 마커 트레이트를 사용할 수 있습니다.

```rust
#[derive(Debug)]
struct Container<T: FullFeatured> {  ◀── T에 바인딩된 FullFeatured 트레이트를 지정합니다.
    t: T,
}
```

이 코드는 단일 요소를 담는 컨테이너 타입을 생성합니다. 해당 요소의 타입을 FullFeatured 트레이트를 제공하는 타입으로 제한했습니다. 이 트레이트는 명시적으로 구현하지 않았으므로 블랭킷 구현에 의존하고 있습니다. 다음과 같이 테스트해 보겠습니다.

```rust
let container = Container { t: KitchenSink {} };
println!("{:?}", container);
```

위의 코드를 실행하면 다음과 같이 출력됩니다.

```
Container { t: KitchenSink }
```

마커 트레이트는 비어 있을 필요는 없지만, 종종 비어 있는 경우가 있습니다. 메서드가 있는 트레이트를 마커 트레이트로 취급할 수는 있지만, 이를 혼용하기 시작하면 다른 사람들이 헷갈릴 수 있습니다. 일반적으로 마커 트레이트는 비어 있어야 합니다. 즉, 메서드나 타입을 포함하지 않아야 합니다.

> **슈퍼트레이트**
>
> 여기서는 FullFeatured 트레이트의 예제에서처럼 다른 트레이트들로 구성된 트레이트를 지정하는 **슈퍼트레이트**(supertrait)를 다뤄보겠습니다.
>
> 여러 트레이트들을 하나의 트레이트로 결합하고 싶을 때 슈퍼트레이트를 사용할 수 있습니다. 이 접근 방식을 사용하면 트레이트 바운드를 지정하는 데 필요한 고유한 트레이트의 수를 줄일 수 있어서 코드를 간소화할 수 있습니다. 트레이트 바운드는 상당히 복잡해질 수 있기 때문에 슈퍼트레이트를 사용하면 필요한 트레이트 리스트를 통합할 수 있습니다.

슈퍼트레이트를 만들려면 트레이트 바운드와 유사하게 트레이트를 만들고 포함될 트레이트들을 지정합니다. `Clone`과 `Debug`를 결합한 마커 슈퍼트레이트는 다음과 같습니다.

```
trait CloneAndDebug: Clone + Debug {}
```

슈퍼트레이트를 사용하는 것과 트레이트 바운드로 블랭킷 구현을 제공하는 것의 차이점은 슈퍼트레이트를 사용하면 컴파일러 엄격성으로 인해 유연성이 약간 떨어지고 편의성이 좀 더 높아진다는 것입니다. 슈퍼트레이트를 사용하면 타입이 `Clone`과 `Debug`를 모두 구현하지 않는 한 `CloneAndDebug` 트레이트를 파생할 수 없습니다. 대신 블랭킷 구현을 사용하면 특정 타입에 대해 특별한 예외를 만들 수 있습니다. 여전히 모든 타입에 대해 `FullFeatured` 트레이트를 파생할 수 있지만, 컴파일러는 슈퍼트레이트와 마찬가지로 아무것도 적용하지 않습니다.

슈퍼트레이트와 트레이트 바운드를 사용하는 명시적 구현 중에서 선택할 때, `FullFeatured`와 마찬가지로 기존 트레이트 집합의 별칭만 필요하다면 슈퍼트레이트가 더 적합합니다. 또한 슈퍼트레이트를 사용하면 포함된 트레이트를 사용하는 트레이트 메서드에 대한 기본 구현을 제공할 수 있습니다.

`CloneAndDebug` 트레이트를 업데이트해서 자기 자신의 복제본을 출력하고 반환하게 할 수 있습니다.

```
trait CloneAndDebug: Clone + Debug {
    fn clone_and_dbg(&self) -> Self {
        let r = self.clone();
        dbg!(&r);
        r
    }
}
```

7.6 구조체 태깅

때때로 구조체를 사용해 제네릭 타입(제네릭 매개변수가 있는 타입)에 태그를 지정하거나 마커를 표시하기도 합니다. 이 방식을 **구조체 태깅**struct tagging이라고 합니다. 구조체 태깅을 통해 빈 구조체인 **단위 구조체**unit struct를 사용해 제네릭 타입에 태그를 지정할 수 있습니다. 이때 태그는 실제로는 사용되지 않는 타입 매개변수로 포함됩니다. 태그 자체는 어떠한 상태를 포함하지 않기 때문에 인스턴스화되지 않을 수 있습니다.

마커 트레이트와 마찬가지로 태그 지정에 사용하는 구조체는 일반적으로 비어 있으며, 타입 시스템 자체 내에서 상태를 정의하는 데 사용됩니다. 중요한 점은 상태를 보유하기 위한 추상화(이 경우 구조체)를 사용하지만 구조체 내에 런타임 상태를 보유하는 것이 아니라 구조체를 제네릭 타입 매개변수로 사용할 수 있게 한다는 것입니다.

마커 트레이트와 마찬가지로, 러스트의 핵심 추상화 중 하나를 주요 목적과 다소 상반된 방식으로 사용하고 있습니다. 하지만 이렇게 함으로써 컴파일 시 타입 세이프한 방식으로 몇 가지 흥미로운 프로그래밍 패턴을 구현할 수 있습니다. C++ 용어로 이 접근 방식은 **템플릿 메타프로그래밍** template metaprogramming의 한 형태이며, Boost의 MPL(https://mng.bz/oevN)에서 사용하는 것과 같은 방식입니다.

매크로를 사용하지 않고 컴파일 타임 계산을 수행하고자 할 때 구조체 태깅을 사용할 수 있습니다. 구조체 태깅은 약간의 복잡성을 추가하지만 타입 세이프하고 컴파일러에 의해 검사된다는 장점이 있습니다. 라이브러리를 작성하는 경우 런타임이 아닌 컴파일 타임에 정확성을 검사하는 인터페이스를 구축할 수 있어 더욱 견고한 소프트웨어를 만들 수 있습니다. 구조체 태깅의 사용법을 설명하기 위해 켜짐과 꺼짐의 두 가지 상태를 가진 전구를 모델링해 보겠습니다.

코드 7.3 구조체 태깅으로 전구 모델링하기

```rust
struct LightBulb<T> {       ◀── 타입 매개변수가 전구 상태를 나타내는 구조체
    phantom: PhantomData<T>,
}

struct On;    ◀── 켜진 전구를 나타내는 단위 태그 구조체
struct Off;   ◀── 꺼진 전구를 나타내는 단위 태그 구조체
```

꺼진 상태의 전구를 나타내는 전구 인스턴스 `let bulb = LightBulb<Off> { ... }`를 구성할 수 있습니다. 이러한 추상화는 전구와 같은 외부 장치를 소프트웨어로 관리할 때와 같이 소프트웨어 상태를 외부 상태와 동기화해야 할 때 유용합니다. 변수가 아닌 타입으로 모델링하면 (이 장의 나머지 부분에서 자세히 설명하겠지만) 컴파일러를 사용해 모든 상태와 트랜지션이 유효한지 확인할 수 있습니다.

지금까지의 코드는 괜찮지만 전구 상태에 대한 마커 트레이트를 생성하고 트레이트 바인딩을 추가하고 싶을 것입니다. 또한 T에 좀 더 설명하기 쉬운 이름을 지정해야 합니다.

코드 7.4 전구 모델에 트레이트 추가하기

```rust
trait BulbState {}    ◀── 전구 상태에 대한 마커 트레이트가 추가되었습니다.

struct LightBulb<State: BulbState> {    ◀── LightBulb의 State에 바인딩된 트레이트를 BulbState 트레이트를
    phantom: PhantomData<State>,            제공하는 타입으로 설정했습니다.
}
```

```
struct On {}
struct Off {}

impl BulbState for On {}      ◀── 켜짐 및 꺼짐 상태에 대한
impl BulbState for Off {}         BulbState 마커 트레이트를 구현하겠습니다.
```

이 패턴은 `state` 타입을 사용해 메서드를 만들 때 더욱 유용합니다. 전구를 켜짐과 꺼짐 상태 사이에서 전환하고 싶다고 가정해 봅시다. 켜짐에서 꺼짐으로 또는 그 반대로 상태 전환을 구현할 수 있습니다.

코드 7.5 상태 전환 추가하기

```
impl LightBulb<On> {    ◀── 켜짐 상태의 전구에 대한 구체적인 구현을 만듭니다.
    fn turn_off(self) -> LightBulb<Off> {    ◀── 이 전구를 소비하고 꺼진 상태의 새 전구를 반환하는
        LightBulb::<Off>::default()              turn_off() 메서드를 정의합니다.
    }
    fn state(&self) -> &str {    ◀── 편의를 위해 이 상태의 이름을 반환하는
        "on"                         메서드를 추가했습니다.
    }
}

impl LightBulb<Off> {    ◀── 반대의 상태에서도 동일한 메서드를 정의하여
    fn turn_on(self) -> LightBulb<On> {    켜짐에서 꺼짐으로 전환합니다.
        LightBulb::<On>::default()
    }
    fn state(&self) -> &str {
        "off"
    }
}
```

이 예제에서 `turn_off()` 및 `turn_on()` 메서드는 모두 `LightBulb`를 소비하고 새 `LightBulb`를 반환하는 소유된 `self`를 취한다는 점에 유의하세요. 제네릭 구조체에서는 타입 매개변수를 변경할 수 없기 때문에 대신 새로운 인스턴스를 생성하고 소멸시켜야 합니다. 마지막으로, 새로 만든 구조체들을 테스트해 보겠습니다.

```
let lightbulb = LightBulb::<Off>::default();
println!("Bulb is {}", lightbulb.state());
let lightbulb = lightbulb.turn_on();
println!("Bulb is {}", lightbulb.state());
let lightbulb = lightbulb.turn_off();
println!("Bulb is {}", lightbulb.state());
```

이 코드를 실행하면 다음과 같이 출력됩니다.

```
Bulb is off
Bulb is on
Bulb is off
```

깔끔하네요! 이 패턴을 사용할 때의 가장 큰 장점은 타입 시스템이 상태를 대신 검사해 준다는 점입니다. 8장에서 설명한 대로 이 패턴을 사용해 타입 세이프 상태 기계를 구축할 수 있습니다.

7.7 레퍼런스 객체

레퍼런스 객체reference object는 내부 데이터에 대한 레퍼런스를 제공합니다. 레퍼런스 객체를 사용하면 내부 데이터를 공개하지 않아도 부분적인 대여를 허용할 수 있습니다. 즉, 비공개 내부 데이터를 공개 레퍼런스 객체로 감싸는 것입니다. 이렇게 하면 메모리 누수 가능성이 있는 추상화를 도입하거나 내부 데이터를 불필요하게 공개하는 것을 피할 수 있습니다. 레퍼런스 객체는 일반적으로 이름에 레퍼런스를 보유하고 있음을 식별하는 `Ref` 접두사를 사용합니다.

그림 7.1은 레퍼런스 객체가 공개와 비공개 데이터 접근 사이의 경계를 유지하면서 객체 내에서 데이터를 부분적으로 또는 전체적으로 참조할 수 있도록 하는 방법을 나타냅니다.

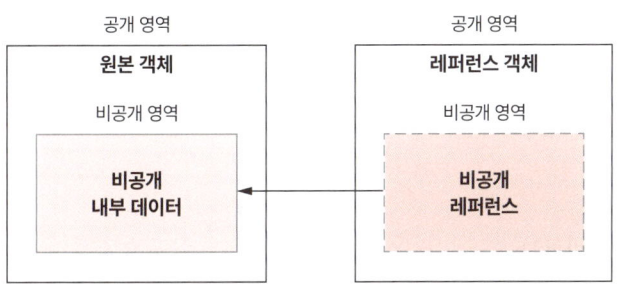

그림 7.1 레퍼런스 객체

레퍼런스 객체를 사용하면 내부 데이터 구조나 구현 세부 사항을 노출하지 않고도 레퍼런스를 통해 데이터를 공유할 수 있습니다. 일반적으로 이러한 레퍼런스 객체는 해당 데이터에서 작동하는 인터페이스의 API로만 허용되기 때문에 특정 상황에서 불필요하게 데이터를 복사하는 것을 방지할 수 있습니다. 이러한 레퍼런스 객체는 해당 객체가 만들어진 API에서만 사용하도록 되어 있습니다.

2개의 구조체 Student와 StudentList가 있다고 가정해 보겠습니다. StudentList는 공개이고 Vec을 포함하지만 Student는 데이터 유출을 원하지 않기 때문에 비공개입니다. 기본 객체 정의는 다음과 같습니다.

```
#[derive(Debug)]
struct Student {
    name: String,
    id: u32,
}

#[derive(Debug)]
pub struct StudentList {
    students: Vec<Student>,
}
```

이제 학생 리스트 내에서 개별 학생에 대한 레퍼런스를 얻도록 코드를 설계하고 싶지만 내부 데이터에 직접 접근할 수는 없도록 하고 싶다고 가정해 보겠습니다. 레퍼런스 객체에서 작동하는 메서드가 있고 연산을 수행할 수 있지만 데이터에 직접 접근할 수는 없습니다. 다음과 같이 공개 레퍼런스 객체를 만들어 보겠습니다.

```
#[derive(Debug)]
pub struct StudentRef<'a> {      ◀──  라이프타임 매개변수 'a를 사용하면 Student 객체의
    student: &'a Student,             라이프타임 동안 이 레퍼런스를 보유할 수 있습니다.
}
```

이제 기본 레퍼런스 객체인 StudentRef가 있습니다. 다음과 같이 테스트할 수 있습니다.

```
let student = Student {
    name: "Walter".into(),
    id: 582,
};
let student_ref = StudentRef { student: &student };
dbg!(&student);
dbg!(student_ref);
```

코드를 실행하면 다음과 같이 출력됩니다.

```
[src/main.rs:59] &student = Student {
    name: "Walter",
    id: 582,
}
[src/main.rs:60] student_ref = StudentRef {
    student: Student {
        name: "Walter",
        id: 582,
    },
}
```

이 예제는 예상대로 동작하지만 좀 더 현실적으로 만들어야 합니다. 먼저 Student 객체에 생성자와 접근자를 추가하겠습니다.

코드 7.6 생성자와 접근자가 있는 Student

```rust
#[derive(Debug)]
struct Student {
    name: String,
    id: u32,
}

impl Student {
    fn new(name: String, id: u32) -> Self {
        Self { name, id }
    }

    fn name(&self) -> &str {
        self.name.as_ref()
    }

    fn id(&self) -> u32 {
        self.id
    }
}
```

다음으로 Student로부터 레퍼런스를 가져오는 방법이 필요합니다. to_ref() 메서드를 만들겠습니다.

코드 7.7 레퍼런스를 가져올 Student::to_ref() 구현

```rust
impl<'a> Student {     // ← 라이프타임 매개변수 'a에 주의하세요.
    fn to_ref(&'a self) -> StudentRef<'a> {
        StudentRef::new(self)
    }
}
```

메서드를 호출하는 self와 반환되는 StudentRef에 동일한 'a 라이프타임 매개변수가 사용됩니다.

StudentRef::new() 메서드는 아직 생성하지 않았습니다.

다음으로 튜플 리스트를 받아들이는 생성자를 추가하고 StudentList에서 개별 학생에 대해 접근할 수 있도록 합니다. ID 또는 이름으로 학생을 편리하게 조회할 수 있도록 해당 메서드를 추가해 보겠습니다.

코드 7.8 생성자 메서드와 `find` 메서드가 있는 `StudentList`

```
#[derive(Debug)]
pub struct StudentList {
    students: Vec<Student>,
}

impl StudentList {
    pub fn new(students: &[(&str, u32)]) -> Self {     ◀── 리스트를 초기화하기 위해 튜플 슬라이스를 받습니다.
        Self {
            students: students
                .iter()
                .map(|(name, id)| {
                    Student::new((*name).into(), *id)     ◀── 각 튜플은 새 학생에게 연결됩니다.
                })
                .collect(),
        }
    }
}

impl<'a> StudentList {     ◀── 라이프타임 매개변수 'a에 주의하세요.
    fn find<F: Fn(&&Student) -> bool>(
        &'a self,
        pred: F,                          │ self와 StudentRef는 동일한 라이프타임
    ) -> Option<StudentRef<'a>> {         │ 매개변수 'a를 가져야 합니다.
        self.students.iter()
            .find(pred)          ◀── pred가 true인 경우 Iterator::find()가 중지됩니다.
            .map(Student::to_ref)     ◀── Student::to_ref() 메서드를 사용해
    }                                      Some(student)를 StudentRef에 매핑합니다.
    pub fn find_student_by_id(&'a self, id: u32) -> Option<StudentRef<'a>> {
        self.find(|s| s.id() == id)  ◀──┐
    }                                    │ 두 메서드 모두 클로저를 전달하는
    pub fn find_student_by_name(         │ 비공개 find() 메서드를 호출하며,
        &'a self,                        │ 검색 매개변수만 다를 뿐 거의
        name: &str,                      │ 동일하게 구현되어 있습니다.
    ) -> Option<StudentRef<'a>> {
        self.find(|s| s.name() == name) ◀┘
    }
}
```

StudentList::find_student_by_id()와 StudentList::find_student_by_name()은 조건부 클로저predicate closure를 허용하는 비공개 메서드인 find()로 리팩터링한 id 및 name 매개변수를 제외하고는 거의 동일합니다. 다음 코드를 통해 지금까지 작성한 내용을 테스트해 보겠습니다.

```rust
let student_list =
    StudentList::new(&[("Lyle", 621), ("Anna", 286)]);

dbg!(&student_list);
dbg!(student_list.find_student_by_id(621));
dbg!(student_list.find_student_by_name("Anna"));
```

코드를 실행하면 다음과 같이 출력됩니다.

```
[src/main.rs:84] &student_list = StudentList {
    students: [
        Student {
            name: "Lyle",
            id: 621,
        },
        Student {
            name: "Anna",
            id: 286,
        },
    ],
}
[src/main.rs:85] student_list.find_student_by_id(621) = Some(
    StudentRef {
        student: Student {
            name: "Lyle",
            id: 621,
        },
    },
)
[src/main.rs:86] student_list.find_student_by_name("Anna") = Some(
    StudentRef {
        student: Student {
            name: "Anna",
            id: 286,
        },
    },
)
```

지금까지는 모든 것이 좋아 보입니다. 생성자를 추가해 `StudentRef`를 완성해 보겠습니다.

코드 7.9 생성자가 있는 `StudentRef`

```rust
#[derive(Debug)]
pub struct StudentRef<'a> {
    student: &'a Student,
}

impl<'a> StudentRef<'a> {
    fn new(student: &'a Student) -> Self {
        Self { student }
    }
}
```

마지막으로, 호출자에게 내부 `Student` 객체를 노출하지 않고 `StudentRef`를 사용해 비공개 데이터에서 작동하는 공개 함수를 만들 수 있습니다. 다음과 같이 학생 ID 번호로 동일성을 검사하는 `PartialEq` 트레이트를 구현할 수 있습니다.

```rust
impl<'a> PartialEq for StudentRef<'a> {
    fn eq(&self, other: &Self) -> bool {
        self.student.id() == other.student.id()
    }
}
```

다음과 같이 `PartialEq`를 테스트할 수 있습니다.

```rust
let student_ref_621 = student_list.find_student_by_id(621).unwrap();
let student_ref_286 = student_list.find_student_by_id(286).unwrap();
dbg!(student_ref_286 == student_ref_621);
dbg!(student_ref_286 != student_ref_621);
```

이 코드를 실행하면 다음과 같이 출력됩니다.

```
[src/main.rs:99] student_ref_286 == student_ref_621 = false
[src/main.rs:100] student_ref_286 != student_ref_621 = true
```

마지막으로, 가변 레퍼런스 객체를 생성하는 것도 가능하지만 이 작업은 여러분이 직접 연습해 보세요. 가변 레퍼런스 객체는 일반적으로 `MutRef`라는 이름 접미사를 사용한다는 점을 제외하면 지금까지 다룬 내용과 거의 동일하며, 소유권 대여 검사기를 통과하려면 모든 레퍼런스에 `mut` 키워드를 추가해야 합니다. 필요에 따라 `&mut`나 `&'a mut`가 될 수도 있겠지만요.

7.8 정리하며

- 상수 제네릭을 사용하면 상숫값을 타입 매개변수로 사용할 수 있어서 임의 크기의 고정 길이 배열과 같은 기능을 사용할 수 있습니다.
- 크레이트 외부의 타입에 대한 트레이트는 구현할 수 없습니다. 하지만 래퍼 구조체, `Deref`와 `DerefMut` 트레이트를 사용해 이 제한을 해결할 수 있습니다.
- 확장 트레이트는 표준 라이브러리와 같은 외부 타입이나 트레이트의 동작을 확장하거나 변경합니다.
- 블랭킷 트레이트라고 하는 제네릭 구현을 사용하면 모든 타입 조합에 대해 트레이트를 자동으로 구현할 수 있습니다.
- 마커 트레이트는 여러 가지 다른 트레이트의 조합과 같이 특정 기능이나 애트리뷰트를 가진 타입을 표시하거나 나타낼 수 있게 해줍니다.
- 빈 구조체 또는 단위 구조체를 사용하면 구조체 자체를 태그로 사용해서 제네릭 타입에 태그를 지정할 수 있습니다.
- 레퍼런스 객체는 소유권을 이전하거나 내부 비공개 객체를 노출하지 않고 비공개 내부 데이터에 대한 접근을 제공합니다.

CHAPTER 8
상태 기계, 코루틴, 매크로, 프렐류드

이번 장에서 다루는 내용
- 트레이트를 사용해 상태 기계 구성하기
- 코루틴으로 일시 중지 가능한 함수 작성하기
- 절차적 매크로 구현하기
- 크레이트의 사용성을 개선하기 위한 프렐류드 제공하기

이 장에서는 7장의 주제 중 일부를 계속 이어가 보겠습니다. 그리고 이 과정은 지금까지 배운 많은 내용을 기반으로 할 것입니다. 먼저 상태 기계와 코루틴에 대해 설명하겠습니다. 그런 다음 컴파일 시 코드를 생성할 수 있는 고급 러스트 기능인 절차적 매크로에 대해 소개합니다. 마지막으로, 사용성을 개선하기 위해 일반적으로 사용되는 러스트 라이브러리 패턴인 프렐류드에 대해 알아보겠습니다.

러스트의 트레이트는 강력하며 제네릭과 결합하면 컴파일 시 정확성을 보장할 수 있는 타입 세이프 추상화를 구축할 수 있습니다. 이는 종종 소프트웨어를 괴롭히는 여러 가지 문제를 피할 수 있다는 점에서 상당히 중요한 의미를 갖습니다. 상태 기계는 상태 저장 시스템을 모델링하는 강력한 방법이며, 이 장에서 살펴보겠지만 러스트에서 타입 세이프 상태 기계를 구축하는 것은 의외로 쉽습니다.

저는 항상 상태 기계에 관심이 많았고 여러 번 사용해 본 경험이 있습니다. 특히 외부 크레이트나 라이브러리를 사용하지 않고 러스트에서 기본 상태 기계를 구축하는 것이 매우 쉽다는 사실이 마음에 듭니다. 저는 러스트에서 상태 저장 시스템을 구축할 때 필요에 따라 작은 상태 기계를 많이 만듭니다.

이 장에서는 러스트의 코루틴을 소개하는데, 이는 향후 중요한 용도로 사용될 예정이기 때문에 논의할 가치가 있는 실험적 기능입니다. 러스트의 코루틴은 파이썬의 제너레이터를 사용해 본 적이 있다면 익숙한 개념일 것입니다.

8.1 트레이트 상태 기계

이제 트레이트와 제네릭을 살펴봤으니 러스트의 타입 시스템 위에 몇 가지 흥미로운 추상화를 구축할 수 있습니다. 그러한 추상화 중 하나이자 매우 유용한 추상화 중 하나는 상태 기계를 구축하는 것입니다. **상태 기계**state machine는 일반적으로 상태 리스트와 상태 전환의 집합 두 가지로 구성됩니다. 원하는 만큼의 상태 또는 전환을 정의할 수 있지만 오직 유효한 전환만 수행할 수 있습니다. 러스트의 타입 시스템은 이러한 규칙을 강제합니다.

7장에서는 전구 예제를 통해 이러한 규칙을 간략하게 설명했으며, 그림 8.1과 같이 상태 기계로 사용자 계정 세션을 모델링해서 더 자세히 살펴보겠습니다. 익명 또는 인증된 사용자가 있다고 가정하겠습니다. 사용자가 어떤 상태인지에 따라 계정 설정 변경과 같은 다양한 작업을 수행할 수 있습니다. 세션에는 쿠키와 같은 사용자 측 상태에 매핑될 수 있는 세션 ID와 데이터베이스의 세션 ID, 임의의 프로퍼티 등이 포함됩니다. 클라이언트 또는 서버 측에서도 유사한 코드를 사용할 수 있습니다. 코드 8.1에 표시된 구조를 만들겠습니다.

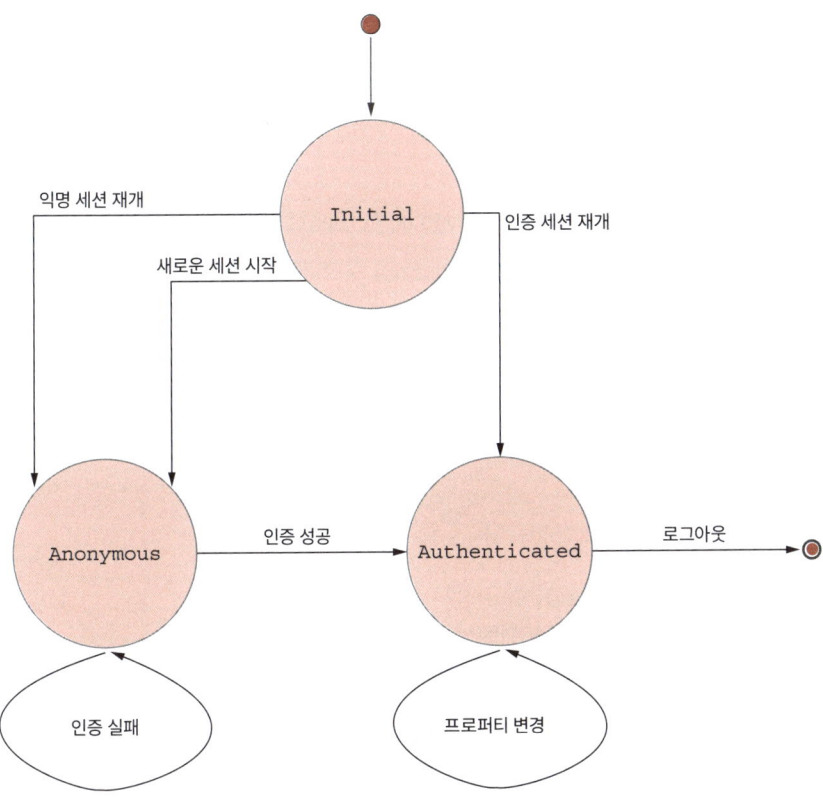

그림 8.1 상태 기계로 사용자 세션 모델링하기

코드 8.1 트레이트와 구조체 태깅으로 세션 상태 모델링하기

```rust
pub trait SessionState {}

#[derive(Debug, Default)]
pub struct Session<State: SessionState = Initial> {  // 기본 세션 상태를 초기 상태로 설정합니다.
    session_id: Uuid,
    props: HashMap<String, String>,  // 데이터베이스에 저장할 수 있는
    phantom: PhantomData<State>,     // 임의 프로퍼티의 해시맵을 유지합니다.
}

#[derive(Debug, Default)]
pub struct Initial;
#[derive(Debug, Default)]
pub struct Anonymous;
#[derive(Debug, Default)]
pub struct Authenticated;
#[derive(Debug, Default)]
pub struct LoggedOut;
```

```
impl SessionState for Initial {}
impl SessionState for Anonymous {}
impl SessionState for Authenticated {}
impl SessionState for LoggedOut {}
```

이 코드는 네 가지 세션 상태 `Initial`, `Anonymous`, `Authenticated`, `LoggedOut`을 정의합니다. 그림 8.1은 이러한 상태 간의 관계를 보여줍니다. `Session` 구조체에 `session_id` 필드를 추가했는데, 여기에는 `uuid` 크레이트에서 제공하는 UUID_{Universally Unique IDentifier}가 저장됩니다. 코드 8.2부터 몇 가지 메서드를 추가해 보겠습니다.

코드 8.2 `Session`의 초기 상태 처리하기

```
#[derive(Debug)]
pub enum ResumeResult {    ◀── 초기 상태 전환의 결과를 나타내는 열거형입니다.
    Invalid,
    Anonymous(Session<Anonymous>),
    Authenticated(Session<Authenticated>),
}

impl Session<Initial> {    ◀── 이 메서드는 초기 상태의 세션과 같이 Session<Initial>로 제한됩니다.
    /// 기본적으로 익명 상태인 새 세션을 반환합니다.
    pub fn new() -> Session<Anonymous> {    ◀── 새 익명 세션에 대한 new() 메서드를 제공합니다.
        Session::<Anonymous> {
            session_id: Uuid::new_v4(),
            props: HashMap::new(),
            phantom: PhantomData,
        }
    }
    /// 기존 ID에서 이 세션을 다시 시작한 결과를 반환합니다.
    pub fn resume_from(session_id: Uuid)
        -> ResumeResult {    ◀── 기존 세션에서 다시 시작하려면 ResumeResult를 반환합니다.
        ResumeResult::Authenticated(
            Session::<Authenticated> {    여기서는 데이터베이스에서 session_id를 확인하고 그에 따른 결과를 반환해야 합니다.
                session_id,              이 예제에서는 테스트 목적으로 인증된
                props: HashMap::new(),    새 세션을 반환하겠습니다.
                phantom: PhantomData,
            })
    }
}
```

이 코드를 사용하면 새 익명 세션을 만들거나 기존 인증된 세션에서 다시 시작할 수 있습니다. 실제로 재개 작업에는 세션 ID에 대한 데이터베이스 조회 및 유효성 검사가 포함되지만, 여기서는 이러한 단계를 생략하겠습니다. 코드 8.3을 살펴보세요.

코드 8.3 익명 세션에 대한 전환 추가하기

```rust
impl Session<Anonymous> {    // 이 메서드는 Session<Anonymous>의 인스턴스로 제한됩니다.
    pub fn authenticate(
        self,
        username: &str,
        password: &str,
    ) -> Result<Session<Authenticated>,    // 성공 또는 실패로 Result를 반환하며,
        Session<Anonymous>> {              // 이 메서드는 self를 소비합니다.
        // ...
        if !username.is_empty()            // 자격 증명이 비어 있는지 검사해서
            && !password.is_empty() {      // 자격 증명 확인을 시뮬레이션합니다.
            Ok(Session::<Authenticated> {
                session_id: self.session_id,
                props: HashMap::new(),
                phantom: PhantomData,
            })
        } else {                           // 여기서는 인증 프로세스를 수행해야 하지만, 이 예제에서는
            Err(self)                      // 해당 프로세스를 시뮬레이션하고 있습니다.
        }                                  // 오류 타입으로 Session<Anonymous>를 사용해
    }                                      // 인증에 실패했으며 세션이 여전히 익명 상태임을 나타냅니다.
}
```

마지막으로 코드 8.4를 살펴봅니다.

코드 8.4 인증된 세션에 대한 전환 추가하기

```rust
impl Session<Authenticated> {    // 이 메서드는 Session<Authenticated>의 인스턴스로 제한됩니다.
    pub fn update_property(&mut self,
                           key: &str,      // 설정이나 환경 설정을 포함할 수 있는
                           value: &str) {  // 인증된 사용자의 프로퍼티를
                                           // 업데이트할 수 있습니다.
        if let Some(prop) = self.props.get_mut(key) {
            *prop = value.to_string();
        } else {
            self.props.insert(key.to_string(), value.to_string());
        }
        // ...    // 여기서 데이터베이스에 값을 업데이트해서 실제로 프로퍼티를
                  // 업데이트하고 오류 상황 또는 엣지 케이스를 처리해야 하지만,
    }             // 이 예제에서는 상황을 시뮬레이션하고 있습니다.
    pub fn logout(self) -> Session<LoggedOut> {    // logout()을 호출하면 세션이 소모되고
        // ...    // 여기서 로그아웃 프로세스를 수행해야 하지만    // 로그아웃된 세션이 반환됩니다.
        Session {  // 이 예제에서는 상황을 시뮬레이션하고 있습니다.
            session_id: Uuid::nil(),
            props: HashMap::new(),
            phantom: PhantomData,
        }
    }
}
```

이제 세션 처리를 위한 훌륭한 작은 상태 기계가 생겼습니다. 다음과 같이 코드를 간단히 테스트해 볼 수 있습니다.

```rust
let session = Session::new();
println!("{:?}", session);
if let Ok(mut session) =
    session.authenticate("username", "password")
{
    session.update_property("key", "value");
    println!("{:?}", session);
    let session = session.logout();
    println!("{:?}", session);
}
```

테스트 코드를 실행하면 다음과 같이 출력됩니다.

```
Session { session_id: f0981fc3-3761-407f-b037-8759535acf87, props:
{}, phantom: PhantomData }
Session { session_id: f0981fc3-3761-407f-b037-8759535acf87, props:
{"some.preference.bool": "true"}, phantom: PhantomData }
Session { session_id: 00000000-0000-0000-0000-000000000000, props:
{}, phantom: PhantomData }
```

멋지네요! 이러한 추상화는 상당히 강력하며, 상태 기계 모델링을 통해 강력한 시스템을 구축할 수 있습니다. 상태 기계가 모든 문제를 해결해 주지는 않지만, 복잡한 상태 저장 시스템을 훨씬 쉽게 이해할 수 있게 해줍니다. 러스트의 타입 시스템과 결합된 상태 기계는 추가 라이브러리 없이도 빠르고 쉽게 구축할 수 있습니다.

8.2 코루틴

러스트의 코루틴을 사용하면 일시 중지 가능한 함수를 만들 수 있습니다. 러스트의 코루틴을 사용하면 호출자에게 데이터를 반환하는 클로저를 두 가지 경로로 만들 수 있습니다. 바로 yield와 함수 반환입니다. 또한 산출yielding 직후 코루틴을 일시 중지하거나 종료할 수 있어서 필요한 경우 코루틴을 조기에 종료할 수 있습니다. 파이썬의 제너레이터를 사용해 본 적이 있다면 러스트의 코루틴이 익숙할 것입니다. 코루틴은 나이틀리 전용이고 실험적이지만, 그 중요성과 잠재적 유용성으로 인해 논의할 가치가 있습니다.

> ### 코루틴의 기원
>
> 코루틴은 실행을 일시 중지했다가 다시 시작할 수 있는 함수로, 엄격한 정의는 존재하지 않습니다. 코루틴은 최근 다시 부흥하고 있지만, 그 기원은 콘웨이 법칙의 저자인 멜빈 콘웨이(Melvin Conway)로 거슬러 올라갈 수 있습니다. 콘웨이는 1958년에 **코루틴**(coroutine)이라는 용어를 창안했습니다. 거의 비슷한 시기에 J. 에드윈(Erdwinn)과 J. 메르너(Merner)도 비슷한 아이디어를 연구했지만, 그들의 연구를 설명한 논문 'Bilateral Linkage'는 출판되지 않았습니다. 1963년 콘웨이는 '분리 가능한 전환 다이어그램 컴파일러의 설계(Design of a Separable Transition-Diagram Compiler)'라는 논문에서 코루틴의 개념을 좀 더 완벽하게 설명했으며, 이 논문은 〈ACM의 커뮤니케이션(Communications of the ACM)〉 학술지에 게재되었습니다.
>
> 최근 코루틴의 인기는 파이썬의 제너레이터 구현(2006년 파이썬 2.5에 도입)과 Go의 고루틴(2009년) 등에서 코루틴이 사용된 데 기인한 것으로 볼 수 있습니다. C++20, C# 2.0, Ruby Fibers, PHP 5.5 등 다른 많은 인기 프로그래밍 언어에서도 최근 유사한 코루틴 구현을 추가했습니다.
>
> 코루틴을 사용하면 스레드, 콜백 또는 프로세스 간 통신 없이도 동시성을 도입할 수 있습니다. 코루틴은 협력적 멀티태스킹 및 이벤트 루프와 같은 복잡한 제어 흐름을 만드는 데 사용할 수 있습니다.

내부적으로 코루틴은 러스트 컴파일러에서 간단한 상태 기계를 사용하여 구현됩니다. 컴파일러의 구현으로 인해 발생하는 오버헤드는 현재 코루틴의 상태를 추적하기 위한 단일 열거형으로 구성되어 있어 최소화됩니다.

> **NOTE** 러스트에서 코루틴의 현재 상황에 관한 자세한 내용은 'Rust Unstable Book'(https://mng.bz/ngnv)을 참조하세요.

코루틴을 사용하는 방법은 여러 가지가 있지만, 데이터 스트림에 반복자를 생성하는 것이 한 가지 활용법입니다. 러스트의 코루틴은 러스트의 비동기/대기 기능을 향상하기 위한 것입니다. 또한 네트워크 프로그래밍 및 그린 스레드와 같이 콘텍스트 전환 또는 멀티플렉싱을 사용하는 시스템을 만들기 위한 구성 요소로도 사용할 수 있습니다. 러스트의 코루틴 구현은 `std::ops::Coroutine` 트레이트에 정의되어 있습니다.

코드 8.5 러스트 표준 라이브러리의 `std::ops::Coroutine` 트레이트 정의

```
pub trait Coroutine<R = ()> {      ◀── R은 클로저의 인자로, 기본값은 unit ()입니다.
    type Yield;    ◀── Self::Yield는 yield 타입으로, 지정하지 않으면 unit ()이 됩니다.
    type Return;   ◀── Self::Return은 클로저 반환 타입을 정의합니다.

    // 필요 메서드
    fn resume(
        self: Pin<&mut Self>,    ◀── 코루틴은 반드시 Pin으로 고정되어야 합니다.
        arg: R
    ) -> CoroutineState<Self::Yield, Self::Return>;
}
```

코루틴 트레이트는 명시적으로 구현할 필요가 없습니다. `yield` 문을 포함하는 클로저를 생성할 때 러스트 컴파일러가 이 작업을 대신 수행합니다. 코드 8.6과 코드 8.7에서 살펴볼 더 복잡한 시나리오에서 `Coroutine` 트레이트로 코루틴이 구현되는 방법을 살펴볼 수 있습니다.

그림 8.2는 코루틴의 상태 기계를 보여줍니다. `resume()`을 처음 호출해 코루틴이 시작되면 반환될 때까지 값을 무한정 계속 산출할 수 있습니다. 완료 상태로 전환되면 더 이상 값을 산출하지 않습니다.

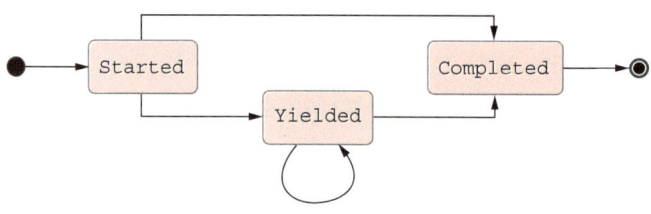

그림 8.2 **코루틴 내부의 상태 기계**

코루틴은 `Started` 상태에서 시작해 `resume()`을 처음 호출한 후 `Yielded` 또는 `Completed` 상태로 전환됩니다. 코루틴이 값을 산출하면 그림 8.3과 같이 `Yielded` 상태로 전환되고 값을 무한정 계속 산출할 수 있습니다. 코루틴이 반환되면 `Completed` 상태로 전환되고 더 이상 값을 산출하지 않습니다. 코루틴은 루프와 같이 여러 번 재개할 수 있지만 완료된 후에는 다시 시작할 수 없습니다.

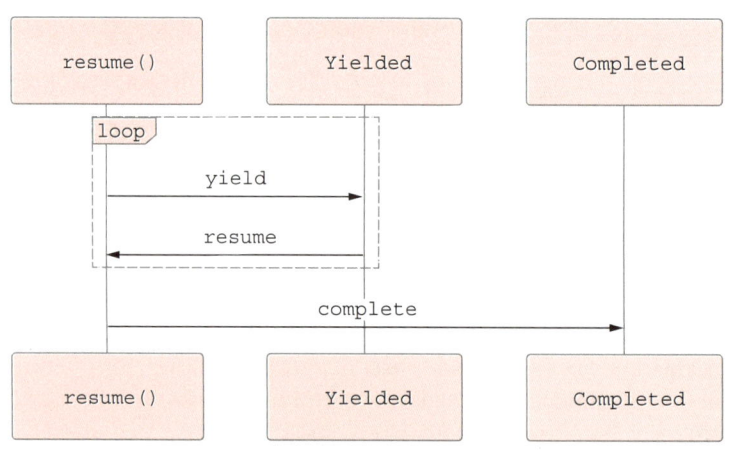

그림 8.3 **코루틴 시퀀스 다이어그램**

간단한 코루틴 생성의 기본 구문을 살펴봅시다. `yield` 문을 사용해 클로저를 생성하고 클로저에 `#[coroutine]` 애트리뷰트를 적용하면 됩니다. 코드 8.6은 기본 코루틴을 보여줍니다.

코드 8.6 러스트의 기본 코루틴

```rust
#![feature(coroutines,
           coroutine_trait,
           stmt_expr_attributes)]
```
코루틴은 나이틀리 전용의 불안정한 기능으로, 이를 활성화하려면 기능 게이트가 필요합니다. 또한 표현식 애트리뷰트도 활성화해야 합니다.

```rust
use core::f64::consts::PI;
use std::ops::{Coroutine, CoroutineState};
use std::pin::Pin;

fn main() {
    let mut yield_pi = #[coroutine]
    || {
        yield PI;
        "Coroutine complete!"
    };

    loop {
        match Pin::new(&mut yield_pi).resume(()) {
            CoroutineState::Yielded(val) => {
                dbg!(&val);
            }
            CoroutineState::Complete(val) => {
                dbg!(&val);
                break;
            }
        }
    }
}
```

- `let mut yield_pi = #[coroutine]` ← 클로저에 #[coroutine] 애트리뷰트를 적용해야 합니다.
- `|| {` ← 코루틴은 클로저를 만들어 정의합니다.
- `yield PI;` ← 클로저에는 yield 문이 있어야 합니다. 여러 개의 산출문을 가질 수 있지만 타입이 일치해야 합니다.
- `"Coroutine complete!"` ← 코루틴에는 반환 타입도 있는데, 이는 산출 타입과 구별됩니다. 코루틴 자체가 최종 표현식을 반환하는 문장이므로 명시적 반환을 생략할 수 있습니다.
- `match Pin::new(&mut yield_pi).resume(())` ← 코루틴은 다시 시작될 때까지 실행되지 않으므로 고정해야 합니다. 고정하면 실행 중에 코루틴이 메모리에서 이동하는 것을 방지할 수 있습니다.
- `CoroutineState::Yielded(val)` ← 값은 얼마든지 산출될 수 있습니다.
- `CoroutineState::Complete(val)` ← 코루틴이 클로저에서 반환되면 코루틴이 완료된 것입니다.

기본 코루틴은 숫자 파이 값을 산출한 다음 문자열을 반환합니다. `resume()`을 처음 호출할 때 한 번 산출하고, 두 번째 호출 시 반환되어 완료 상태가 됩니다. 값을 반드시 산출할 필요는 없습니다. 인자 없이 `yield` 문을 사용할 수도 있는데, 이는 `unit ()`을 산출하는 것과 같습니다. 위의 코드를 실행하면 다음과 같이 출력됩니다.

```
[src/main.rs:15:17] &val = 3.141592653589793
[src/main.rs:18:17] &val = "Coroutine complete!"
```

NOTE 책을 쓰는 시점에서는 코루틴에 대한 반복자를 직접 구현해야 하지만 추후 러스트에서 `Coroutine` 트레이트에 `Iterator`의 블랭킷 구현을 추가할 수도 있습니다.

코루틴을 사용하는 더 흥미로운 예를 만들기 위해 코루틴 위에 `Iterator` 트레이트를 구현하여 다른 모든 반복자 기능과 함께 `for` 루프 구문을 사용할 수 있도록 해보겠습니다. 예시를 위해 현재 작업 중인 프로젝트의 Cargo.toml 파일을 읽어보겠습니다. 코드 8.7에 표시된 대로 `CargoTomlReader` 객체를 정의하겠습니다.

코드 8.7 코루틴 위에 `Iterator` 구현하기

```rust
struct CargoTomlReader {
    coroutine:
        Pin<Box<dyn Coroutine<          // 고정된 박스 안에 트레이트 객체를 사용해
            Yield = (usize, String),    // 산출 및 반환 타입을 지정합니다.
            Return = ()
        >>>,
}

impl CargoTomlReader {
    fn new() -> io::Result<Self> {
        let file = File::open("Cargo.toml")?;
        let mut reader = BufReader::new(file);
        let mut line_number: usize = 0;   // 줄 번호를 추적합니다.

        let coroutine = Box::pin(
            #[coroutine]    // 클로저에는 #[coroutine] 애트리뷰트가 있어야 합니다.
            move || loop {    // 코루틴 클로저는 각 줄을 산출하는 루프로 구성되며,
                let mut line = String::new();   // 클로저가 환경 캡처한 값은 클로저 내부로 이동합니다.
                line_number += 1;    // 루프를 통과할 때마다 줄 번호가 증가합니다.
                match reader.read_line(&mut line) {
                    Ok(0) => return,     // BufReader::read_line이 0을 반환하면
                                         // EOF에 도달한 것이므로 반환으로 종료합니다.
                    Ok(_) => yield (line_number, line),  // BufReader::read_line에서 0 이외의 값을
                    _ => return,         // 반환하면 줄과 해당 번호를 반환합니다.
                }                        // 다른 모든 종류의 오류는
            }                            // 코루틴이 완료시킵니다.
        );
        let coroutine = Box::pin(
            #[coroutine]
            move || loop {
                let mut line = String::new();
                line_number += 1;
                match reader.read_line(&mut line) {
                    Ok(0) => return,
                    Ok(_) => yield (line_number, line),
                    _ => return,
                }
            },
        );
        Ok(Self { coroutine })
```

```
    }
}

impl Iterator for CargoTomlReader {
    type Item = (usize, String);
    fn next(&mut self) -> Option<Self::Item> {
        match self.coroutine.as_mut().resume(()) {
            CoroutineState::Yielded(val) => Some(val),
            CoroutineState::Complete(()) => None,
        }
    }
}
```

> 코루틴에 시작 인자로 unit ()을 전달합니다.

다음 코드를 사용해 번호가 매겨진 각 줄을 출력하는 `CargoTomlReader`를 테스트할 수 있습니다.

```
let cargo_reader = CargoTomlReader::new()?;
for (line_number, line) in cargo_reader {
    print!("{line_number}: {line}");
}
```

코드를 실행하면 다음과 같이 출력됩니다.

```
1: [package]
2: name = "coroutines"
3: version = "0.1.0"
4: edition = "2021"
5:
6: # See more keys and their definitions at https://doc.rust-lang.org/cargo/reference/manifest.html
7:
8: [dependencies]
```

이 예제는 반복자와 함께 코루틴을 사용할 때의 몇 가지 중요한 점을 잘 보여줍니다. 특히 `Pin<Box<T>>`를 사용하면 코루틴 클로저를 쉽게 고정할 수 있습니다. 코루틴 내부에 필요한 상태는 클로저를 시작할 때 초기화하거나 코드 8.7에서 했던 것처럼 `move`를 사용해 캡처된 변수를 클로저로 옮길 수 있습니다.

코루틴은 흥미롭고 새롭지만 언제든지 문법이나 기능이 바뀔 수 있습니다. 아직 안정화되지 않았기 때문에 이 API를 사용할 때는 주의하세요. 코루틴이 언제 안정화될지 장담할 수는 없지만, 불안정한 기능을 사용해 볼 의향이 있다면 자유롭게 실험해 보고 러스트 팀에 피드백을 제공해 주세요.

8.3 절차적 매크로

절차적 매크로procedural macro는 러스트의 고급 매크로 시스템으로, 로직의 복잡성과 상관없이 메타프로그래밍을 할 수 있어 모든 종류의 언어적 확장이 가능합니다. 이 책 전체에서 절차적 매크로를 꽤 많이 사용했지만 어떻게 구현되는지에 대해서는 설명하지 않았습니다.

많은 크레이트가 절차적 매크로를 사용하며, 가장 일반적인 사용 사례는 이 책에서 여러 번 봤던 `#[derive(...)]` 애트리뷰트입니다. 절차적 매크로는 한 권의 책이 필요할 정도로 방대한 주제이기 때문에 여기서는 기본 사항만 다루겠습니다.

절차적 매크로를 만들려면 하나 이상의 매크로를 내보내는 라이브러리를 작성하고 `proc_macro` 크레이트를 사용하여 매크로를 구현해야 합니다. `proc_macro` 크레이트는 러스트의 일부로 러스트와 그 생태계 전체에서 널리 사용됩니다. 절차적 매크로는 바이너리 크레이트에 정의할 수 없으며 별도의 라이브러리 크레이트에 있어야 하지만, 프로젝트에 워크스페이스 멤버로 포함할 수는 있습니다. 절차적 매크로는 세 가지 형태로 제공됩니다.

- 선언적 매크로와 유사한 함수형 구문: `my_functionlike_ macro!()`
- 파생 매크로: `#[derive(MyDerivableMacro)]`
- 애트리뷰트: `#[MyAttribute]`

어떤 형식을 언제 사용해야 하는지에 대한 정해진 규칙은 없지만, 다음과 같이 형식을 분류해 보겠습니다.

- 함수형 절차적 매크로(`macro!()`, `macro!{}`, `macro![]` 형식): 코드의 어느 곳에서나 사용할 수 있으며 일반적으로 함수 또는 코드 블록으로 취급됩니다.
- 파생 매크로(`#[derive(...)]` 형식): 구조체 또는 열거형 선언과 함께만 사용할 수 있지만 그 뒤에 임의의 코드를 삽입할 수 있습니다.
- 애트리뷰트 매크로(`#[MyAttribute]` 형식): 거의 모든 곳에 코드를 삽입하는 데 사용할 수 있지만 기존 코드에 첨부해야 합니다. 애트리뷰트 매크로에는 한 가지 특별한 기능이 있는데, 바로 애트리뷰트에 인자를 제공할 수 있다는 점입니다.

절차적 매크로를 정의하려면 러스트 구문을 반환하는 러스트 코드를 제공해야 합니다. 즉, 매크로 정의는 러스트 코드를 작성하는 러스트 코드입니다. 절차적 매크로를 구현하려면 `proc_macro` 크레이트를 사용해야 합니다. 절차적 매크로는 일반적으로 매크로가 그렇듯이 컴파일 타임에 평가됩니다.

간단한 절차적 매크로를 살펴보겠습니다. 다음 코드로 라이브러리를 만들어 보겠습니다.

```
use proc_macro::TokenStream;

#[proc_macro]    ◀── 이 애트리뷰트는 다음 함수가
                      절차적 매크로임을 나타냅니다.
pub fn say_hello_world(_item: TokenStream)     절차적 매크로 구현은 TokenStream을 받아서
        -> TokenStream {                        다시 TokenStream을 반환하는 함수입니다.
    "println!(\"hello world\\\")".parse().unwrap()    ◀── FromStr의 parse()는 이 문자열을
}                                                          TokenStream으로 파싱합니다.
```

이 코드는 원시 토큰 스트림에서 작동합니다. 실제로는 이런 식으로 절차적 매크로를 작성하지 않고, 잠시 후에 설명할 상위 수준의 라이브러리를 사용합니다. 또한 이 크레이트가 `proc_macro` 크레이트라는 것을 나타내도록 Cargo.toml을 업데이트해야 합니다. `proc_macro` 크레이트는 절차적 매크로만 내보낼 수 있지만 다른 크레이트를 종속성으로 포함할 수 있습니다.

```
[lib]
proc-macro = true
```

다음 코드로 테스트해 보겠습니다.

```
use hello_world::say_hello_world;
say_hello_world!();
```

이 코드를 실행하면 `"hello world"`가 출력됩니다. 앞서 언급했듯이 `TokenStream`에서 직접 작업하지는 않을 것입니다. 대신 절차적 매크로를 작성하려면 `syn`과 `quote`라는 두 가지 라이브러리가 필수적입니다. `syn` 크레이트는 소스 코드를 더 쉽게 다룰 수 있도록 파싱 라이브러리를 제공하며, `quote` 크레이트는 러스트 코드를 훨씬 더 쉽게 생성할 수 있게 해줍니다.

이 모든 요소가 어떻게 함께 작동하는지 보여주기 위해 절차적 매크로의 좀 더 현실적인 예를 살펴보겠습니다. 이 예제에서는 매크로가 연결된 구조체의 이름을 제공하는 우리만의 파생 매크로를 만들어 보겠습니다. 이 매크로는 리플렉션의 한 형태이며, 구조체나 열거형 선언에 편리하게 첨부할 수 있기 때문에 파생 매크로를 사용합니다.

먼저, 절차적 매크로 라이브러리는 절차적 매크로 이외의 것을 내보낼 수 없기 때문에 필요한 트레이트를 별도의 크레이트에 정의하겠습니다. 트레이트는 코드 8.8에 나와 있습니다.

코드 8.8 구조체 이름을 출력하는 트레이트

```
pub trait PrintName {
    fn name() -> &'static str;
    fn print_name() {
        println!("{}", Self::name());
    }
}
```

`PrintName` 트레이트를 구현하려면 `name()` 메서드를 정의한 다음 `print_name()`을 호출하여 구현된 이름을 출력할 수 있습니다. 다음으로 매크로를 작성해 보겠습니다.

코드 8.9 `PrintName` 파생 매크로 구현하기

```
#[proc_macro_derive(PrintName)]
pub fn print_name(input: TokenStream) -> TokenStream {
    let input = parse_macro_input!(input as DeriveInput);   ◀── syn 크레이트에서 제공하는
                                                                parse_macro_input!()을 사용하여
                                                                입력 토큰 스트림을 구문 트리로 변환합니다.

    let generics = add_trait_bounds(input.generics);   ◀── 제네릭 매개변수가 있는 경우를 위해
                                                            트레이트 바운드를 추가합니다.
    let (impl_generics, type_generics, where_clause) =
        generics.split_for_impl();   ◀── 제네릭 구문을 impl 제네릭,
                                         type 제네릭, where 절로 분할합니다.

    let name = input.ident;
                                   ┌── 트레이트 바운드를 포함하여 필요한 모든 매개변수를
                                   │   사용해 실제 트레이트 구현을 인용합니다.
                                   │   quote!()는 quote 크레이트에서 제공하며,
    let expanded = quote! {   ◀────┘   인라인 러스트 구문을 TokenTree로 변환합니다.
        impl #impl_generics print_name::PrintName for #name #type_generics
                #where_clause {
            fn name() -> &'static str {
                stringify!(#name)
            }                          ◀── 파생 매크로를 적용할 타입의 이름을 문자열로 변환합니다.
        }                                   #name은 따옴표로 묶인 블록 내의 이름 변숫값을 캡처합니다.
    };

    TokenStream::from(expanded)   ◀── 따옴표로 묶인 타입 이름을 quote 크레이트에서 제공하는
}                                     토큰 스트림으로 변환합니다.

fn add_trait_bounds(mut generics: Generics) -> Generics {
    for param in &mut generics.params {
        if let GenericParam::Type(ref mut type_param) = *param {
            type_param.bounds.push(
                parse_quote!(print_name::PrintName)   ◀── 대상 타입에 대한 모든 제네릭 매개변수에
            );                                           PrintName 트레이트 바인딩이 추가됩니다.
```

```
        }
    }
    generics
}
```

이 코드에는 예제 용도로 트레이트 바운드가 포함되어 있지만 파생 매크로가 작동하는 데 트레이트 바운드가 반드시 필요한 것은 아닙니다. 모든 것을 합친 다음 간단한 통합 테스트를 통해 코드가 작동하는지 확인해 보겠습니다.

```
use print_name::PrintName;
use print_name_derive::PrintName;

#[test]
fn test_derive() {
    #[derive(PrintName)]
    struct MyStruct;

    assert_eq!(MyStruct::name(), "MyStruct");
    MyStruct::print_name();
}
```

print_name_derive 디렉터리에서 `cargo expand --test test_derive`를 실행하면 매크로의 출력을 검사할 수 있습니다.

```
fn test_derive() {
    struct MyStruct;
    impl print_name::PrintName for MyStruct {
        fn name() -> &'static str {
            "MyStruct"
        }
    }
    // ... 생략 ...
}
```

멋지네요! 특히 애트리뷰트 매개변수나 개별 필드 애트리뷰트를 처리하기 시작한 후에는 절차적 매크로를 사용하여 훨씬 더 정교하게 작업할 수 있습니다.

> **TIP** 이 책에 포함된 예제 외에도 절차적 매크로 구현에 대해 자세히 알아보려면 `syn` 공식 문서(https://docs.rs/syn/latest/syn)나 공식 러스트 문서(https://mng.bz/v8gx)를 참조하세요. 또한 샘 밴 오버마이어가 쓴 《강력한 러스트 매크로 작성법》(제이펍, 2025)이라는 훌륭한 책도 있습니다. 절차적 매크로의 실제 사용 예시를 보려면 러스트 웹 프레임워크에 절차적 매크로를 광범위하게 사용하는 `rocket` 크레이트(https://crates.io/crates/rocket)를 확인해 보세요.

마지막으로 첨언하자면, 절차적 매크로는 많은 복잡성을 지니고 있습니다. 매크로는 매우 강력하지만 그 강력함은 양날의 검과도 같습니다. 이러한 매크로는 문제가 발생했을 때 디버깅하기가 까다로울 수 있으며, 코드가 깔끔하지 않기 때문에 매크로가 사용되는 곳의 다른 네임스페이스와 충돌하거나 오염시킬 수 있습니다. 절차적 매크로는 컴파일 전에 삽입된 코드를 단순히 출력하기 때문에 네임스페이스와 충돌을 일으키거나 오염시키지 않도록 주의해야 합니다.

8.4 프렐류드

이 장의 마지막 주제는 코드에 가져올 수 있도록 제공되는 유용한 타입, 함수 그리고 매크로의 집합인 **프렐류드**prelude입니다. 라이브러리를 작성할 때 사람들이 라이브러리를 최대한 쉽게 활용할 수 있도록 프렐류드를 제공할 수 있습니다.

러스트 언어 자체에서 제공하는 일부 프렐류드는 표준 라이브러리가 제공하는 프렐류드처럼 자동적으로 불러와집니다. 하지만 여기서는 러스트의 프렐류드보다는 크레이트에 프렐류드를 추가하는 방법을 구체적으로 설명하겠습니다.

> **TIP** 러스트 언어 프렐류드에 관한 자세한 내용은 언어 레퍼런스(https://mng.bz/4JdB)를 참조하세요.

라이브러리를 작성할 때 프렐류드를 사용하는 이유 중 하나는 어떤 심볼을 가져와야 할지 알기 까다로울 수 있기 때문입니다. 예를 들어 트레이트를 임포트하는 것을 잊어버리면 코드가 컴파일되지 않거나 기능이 누락될 수 있으며, 무엇을 놓쳤는지 파악하는 것이 매우 번거로울 수 있습니다. 프렐류드는 다른 모듈이나 크레이트에서 심볼을 내보내는 방법인 다시 내보내기를 통해 구현됩니다.

프렐류드 구현에 대해 더 자세히 알아보기 전에 `use`에 대해 이야기해 보겠습니다. 이미 이와 같은 불러오기를 사용해 봤습니다.

```
use std::cell::RefCell;
use std::marker::PhantomData;
use std::rc::Rc;
```

다른 타입이나 함수에서와 마찬가지로 pub 키워드를 추가하여 use로 가져온 모든 것을 다시 내보낼 수 있습니다.

```
pub use std::cell::RefCell;
pub use std::marker::PhantomData;
pub use std::rc::Rc;
```

pub use ...; 문을 사용하여 다시 내보내면 해당 use로 가져온 심볼을 해당 모듈 외부에서 불러올 수 있습니다. 하지만 표준 라이브러리의 타입을 다시 내보내고 싶지는 않을 것입니다. 어떤 모듈에서 내보낸 모든 심볼을 가져오려면 불러오기에 와일드카드(*) 구문을 사용할 수 있습니다.

```
use mylib::*;
```

이 구문은 mylib 크레이트의 최상위 모듈에서 내보낸 모든 것을 가져옵니다. 많은 라이브러리가 크레이트 내에 명시적인 프렐류드 모듈을 prelude라는 이름으로 제공하고 있습니다. 다음과 같이 불러와 보겠습니다.

```
use mylib::prelude::*;
```

별도의 프렐류드 모듈을 사용하는 것은 네임스페이스 오염을 피하는 한 가지 방법입니다. 라이브러리에 프렐류드 트레이트를 구현하는 예제를 살펴보겠습니다. 다음과 같은 구조의 크레이트가 있다고 가정해 보겠습니다.

```
$ tree
.
├── Cargo.lock
├── Cargo.toml
└── src
    ├── a.rs
    ├── b.rs
    └── lib.rs
```

```
1 directory, 5 files
```

이 작은 라이브러리에는 모듈 a와 b가 포함되어 있습니다. 먼저 코드 8.10을 살펴보세요.

코드 8.10 프렐류드가 없는 lib.rs

```
pub mod a;    ◀── pub mod는 이러한 모듈을 공개적으로
pub mod b;        크레이트 외부에서 사용할 수 있음을 나타냅니다.

pub struct TopLevelStruct {}
```

a.rs와 b.rs 내부에 빈 공개 구조체 InnerA와 InnerB를 만들었습니다. 크레이트 외부에서는 다음과 같이 a와 b에서 두 구조체를 가져올 수 있습니다.

```
use mylib::a::InnerA;
use mylib::b::InnerB;

// `InnerA`와 `InnerB` 모두 범위 안에 존재합니다.
```

아직 프렐류드를 만들지 않았습니다. 프렐류드는 가장 유용한 구조체인 `TopLevelStruct`, `InnerA`, `InnerB`를 모두 내보내는 전체 크레이트에 대한 하나의 모듈이 됩니다. prelude 모듈을 만들면 새 크레이트 구조는 다음과 같습니다.

```
$ tree
.
├── Cargo.lock
├── Cargo.toml
└── src
    ├── a.rs
    ├── b.rs
    ├── lib.rs
    └── prelude.rs

1 directory, 6 files
```

코드 8.11로 `prelude` 모듈을 채웁니다.

코드 8.11 prelude.rs

```
pub use crate::a::InnerA;
pub use crate::b::InnerB;
pub use crate::TopLevelStruct;
```

이 코드는 크레이트의 모든 구조체를 한 곳으로 다시 내보냅니다. 또한 크레이트에 prelude.rs를 포함하려면 lib.rs에 `pub mod prelude;`를 추가해야 합니다. 이 크레이트의 사용자는 와일드카드 사용 구문을 사용해 다음 세 가지 구조체를 가져올 수 있습니다.

```
use mylib::prelude::*;

// `InnerA`, `InnerB`, `TopLevelStruct`가 현재 범위에 존재합니다.
```

use 문과 함께 별칭을 사용할 수도 있고 다시 내보낼 수도 있습니다. 원하는 경우 프렐류드와 다른 이름으로 TopLevelStruct를 다시 내보낼 수 있습니다.

```
pub use crate::TopLevelStruct as AltStruct;
```

WARNING 이 기능은 신중하게 사용하세요. 이 기능은 주로 내부 이름을 외부 이름 심볼과 다르게 사용하려는 경우에 유용합니다.

이 방식으로 심볼을 다시 내보내기 위해 별도의 프렐류드 모듈을 제공할 필요는 없으며, 러스트에서는 이 패턴이 일반적입니다. 크레이트 외부의 심볼을 포함해 모든 공용 모듈에서 심볼을 다시 내보낼 수 있습니다. 작성자는 크레이트를 더 쉽게 사용하기 위해 타사 크레이트에서 의존성을 내보내는 경우가 많습니다.

프렐류드는 편리하지만 네임스페이스 오염을 대가로 약간의 복잡성을 숨기므로 혼란을 야기할 수 있습니다. 남용하지 마세요.

러스트를 처음 사용하고 라이브러리 배포를 시작하려는 경우 프렐류드에 열중하지 마세요. 연습을 하다 보면 어디가 가장 적합한지 알게 될 것입니다. 일반적으로 크레이트가 핵심 기능의 일부로 많은 트레이트를 제공하지 않는 한 필요하지 않습니다.

8.5 정리하며

- 제네릭과 트레이트에 대해 배운 내용을 결합하면 러스트의 타입 시스템 위에 상태 기계와 같은 추상화를 구축할 수 있습니다.
- 코루틴은 파이썬의 제너레이터와 유사한 실험적인 러스트 기능으로, 데이터를 산출할 수 있는 일시 중지 가능한 함수를 표현하는 대안을 제공합니다.
- 절차적 매크로는 선언적 매크로가 할 수 있는 것 이상의 언어 확장과 메타프로그래밍을 가능하게 합니다.
- 라이브러리의 가장 유용한 부분을 하나의 모듈로 내보냄으로써 라이브러리를 좀 더 사용자 친화적으로 만들기 위한 프렐류드를 제공할 수 있습니다.

PART

IV

문제 피하기

이 책의 마지막 부분에서는 어떤 패턴을 사용해야 하는지보다는 어떤 패턴을 피해야 하는지에 초점을 맞춥니다. 때로는 소프트웨어를 구축할 때 정확성, 유지보수성, 가독성을 극대화하기 위해 약간의 성능이나 메모리 사용을 희생할 필요가 있습니다.

다행히 러스트를 사용하면 대부분의 경우 성능을 희생할 필요가 없습니다. 어떤 사람들은 러스트가 안전성과 성능 면에서 진정한 경쟁자가 없기 때문에 정확성을 위해 속도를 조금 낮춰도 크게 희생하는 경우가 거의 없다고 주장할 수도 있습니다.

디버깅하기 가장 어려운 코드, 그리고 종종 버그의 원인이 되는 코드는 너무 영리하게 짜여서 오히려 문제를 일으키는 코드일 수 있습니다. 따라서 4부에서는 너무 기발하거나 복잡하거나 이해하기 어려운 패턴을 피하는 데 중점을 둡니다.

PART IV
Problem avoidance

CHAPTER 9

불변성

> **이번 장에서 다루는 내용**
> - 불변성의 장점 이해하기
> - 불변 데이터가 러스트에서 작동하는 방식에 대해 생각하기
> - 트레이트를 사용해 거의 모든 것을 불변으로 만들기
> - 불변 데이터 구조를 제공하는 크레이트 살펴보기

불변성immutability은 누구나 더 나은 소프트웨어를 만들 수 있도록 도와주는 강력한 개념으로, 소프트웨어 작성과 관련된 불변성은 값이 선언되고 할당된 후에는 수정 또는 변경이 불가능하다는 개념입니다. 이 개념을 값을 선언한 후에는 값을 변경할 수 있는 **가변성**mutability과 비교해 보세요. 즉, 변경할 수 있는 값은 가변, 변경할 수 없는 값은 불변입니다.

불변성은 중요한 설계 패턴이지만 가장 덜 사랑받고 저평가된 패턴 중 하나입니다. 하지만 저는 이 패턴이 매우 중요하다고 생각하기 때문에 책 한 권을 할애할 만한 가치가 있음에도 불구하고 이 책의 한 장을 이 주제에 할애하고 있습니다. 이번 장에서 원하는 만큼 깊이 있게 다루지는 못하지만, 이 주제를 더 깊이 탐구할 수 있는 좋은 출발점으로 남겨두겠습니다.

러스트에서 선언된 모든 변수는 기본적으로 불변이며, 변경 가능 여부를 명시적으로 선택해야 합니다. 그러나 더 복잡한 데이터 구조의 경우 변경 가능성과 불변성을 어떻게 처리할지 좀 더 신중

하게 생각해야 합니다. 일부 언어는 변경을 허용하지 않음으로써 불변성을 극단적으로 구현하지만, 러스트는 (좋든 나쁘든) 개발자에게 결정을 맡기는 경향이 있습니다. 많은 프로그래밍 언어와 라이브러리가 불변성을 일급 기능으로 채택했지만, 러스트는 개발자가 언제 어디서 사용할지 선택할 수 있도록 하는 좀 더 실용적인 접근 방식을 취합니다.

이 장에서는 가변 데이터를 피함으로써 얻을 수 있는 이점에 대해 논의하고, 데이터 구조를 불변으로 사용하려고 할 때의 문제점을 살펴보겠습니다. 또한 가변성과 불변성에 대한 러스트의 접근 방식을 검토하고, 러스트의 기능을 사용해 거의 모든 일반 데이터를 불변으로 만드는 방법을 보여 드리겠습니다. 마지막으로, 몇 가지 최적화를 포함해 불변 데이터 구조를 제공하는 크레이트에 대해 설명하겠습니다.

9.1 불변성의 장점

불변성을 장려하는 언어나 라이브러리로 작업해 본 적이 없다면 이 개념이 다소 생소하게 느껴질 수 있습니다. 개발자가 처음에는 불변성에 대해 회의적인 반응을 보이는 경우가 드물지 않지만, 시간을 들여서 장점을 이해할 가치가 충분합니다. 불변성에 대한 이해를 돕기 위해 불변성으로 해결할 수 있는 문제의 종류와 그 해결 방법에 대해 설명하겠습니다. 대부분의 소프트웨어 버그는 다음 (완전하지 않은) 분류 중 하나 이상에 해당합니다.

- **논리 오류**: 잘못된 동작으로 이어지는 코드의 실수, 오해 또는 간과. 예를 들어, 구매에 대한 세금을 계산하는 프로그램의 비즈니스 로직에서 실수로 잘못된 세율을 적용하는 경우를 들 수 있습니다.
- **경합 조건**: 공유 데이터가 제대로 동기화되지 않을 때 발생하는 버그입니다. 이 상황은 데이터 손상, 교착 상태 등의 문제로 이어질 수 있으며, 여러 스레드가 동시에 또는 잘못된 순서로 동일한 데이터를 수정하려고 시도하는 경우와 같이 변경 가능한 공유 데이터에 대한 동시 접근으로 인해 경합 조건이 발생하는 경우가 가장 많습니다.
- **예기치 않은 부작용**: 함수나 메서드가 실행될 때 발생하는 프로그램 상태의 의도치 않은 변화로 인해 예기치 않은 동작과 추적하기 어려운 버그를 유발합니다. 부작용은 인자나 전역 상태를 수정하는 함수나 전역 상태에 의존하는 함수에 의해 발생하는 경우가 많습니다. 파일에서 읽거나 쓰는 등 I/O를 수반하는 모든 작업도 부작용에 해당합니다.

- **메모리 안전성 문제**: 프로그램이 접근해서는 안 되는 메모리에 접근하려고 할 때 발생하는 버그입니다. 예를 들어 프로그램이 이미 해제된 메모리, 접근 권한이 없는 메모리 또는 데이터 구조의 범위를 벗어난 메모리에 접근하려고 시도하는 경우 등이 있습니다. 이러한 버그는 충돌, 데이터 손상, 그리고 가장 심각한 보안 취약점으로 이어질 수 있습니다.

불변성은 많은 경우 이러한 모든 문제를 해결하는 데 도움이 될 수 있습니다. 논리 오류와 관련하여 불변성은 프로그램의 데이터가 시간이 지남에 따라 어떻게 변하는지를 더 쉽게 추론할 수 있게 해줍니다. 데이터가 불변이면 예기치 않게 변경되지 않는다는 것을 확신할 수 있으므로 프로그램의 동작을 더 쉽게 이해하고 예측할 수 있습니다.

경합 조건은 변경 가능한 상태를 공유하는 프로그램에서만 발생합니다. 데이터가 불변이면 공유되는 동안에는 변경할 수 없기 때문에 불변성은 매우 큰 장점이 됩니다. 여전히 공유 상태가 필요할 수도 있지만, 공유 상태가 변경되지 않는다면 경합 조건에 대해 크게 걱정할 필요가 없습니다.

부작용은 데이터가 변경 가능한 경우에만 존재합니다. 부작용이 없는 함수를 작성할 때 우리는 이를 **순수 함수**pure function라고 부릅니다. 순수 함수는 추론하기 쉽고, 테스트하기 쉽고, 재사용하기 쉽습니다.

> **NOTE** 함수형 프로그래밍에 익숙하지 않다면 처음에는 이 개념을 이해하기 어려울 수 있지만, 대부분의 경우와 마찬가지로 연습하면 점점 더 쉬워집니다. 순수 함수형 코드를 작성하기 시작하면 함수형 없이 어떻게 코드를 작성할 수 있었는지 의문이 들 것입니다.

순수 함수는 **참조 투명성**referentially transparent이라는 좋은 특성을 갖고 있어 함수에 대한 호출을 해당 함수의 결과로 대체할 수 있으며, 이는 프로그램이 동일한 방식으로 동작한다는 것을 의미합니다. 이 개념을 다른 방식으로 생각하면 순수 함수에 대한 주어진 입력 집합에 대해 출력은 항상 동일하다는 것입니다. 참조 투명성을 통해 비순수 함수에서는 불가능한 최적화 및 리팩터링을 도입할 수 있으며, 함수가 동일한 입력에 대해 항상 동일한 결과를 반환한다는 것을 알면 코드를 추론하거나 테스트하기가 훨씬 쉬워지는 것은 물론입니다. 부작용이 없는 소프트웨어의 경우 전체 프로그램을 결정론적으로 만들 수 있으며, 이는 테스트와 디버깅에 많은 이점을 제공하는 강력한 속성입니다.

마지막으로, 불변성은 메모리 안전성 문제를 예방하는 데 도움이 될 수 있습니다. 메모리 안전성 문제는 엣지 케이스와 같이 예기치 않은 변경으로 인해 발생하는 경우가 많습니다. 우리가 알고 있는 경우를 커버하기 위해 테스트를 작성하더라도 모르는 경우에 대한 테스트를 작성하기는 어렵습니다. 프로퍼티 테스트나 퍼즈 테스트와 같은 전략이 도움이 될 수 있지만 가능한 모든 엣지 케이스를 커버할 수는 없습니다.

이러한 모든 문제를 함께 고려하면 불변성이 병렬 또는 동시 시스템에서 특히 유용한 이유를 쉽게 알 수 있는데, 이는 동시에 이런 문제들을 처리해야 하는 경우가 많기 때문입니다. 여러 프로그래밍 언어, 라이브러리, 프레임워크가 불변성을 핵심 원칙으로 채택하고 있으며, 가장 주목할 만한 예로는 얼랭, 엘릭서, 하스켈, 클로저Clojure, 엘름Elm 등이 있습니다. 이러한 언어는 안정적이고 추론하기 쉬운 코드를 생성하는 것으로 정평이 나 있습니다. 또한 통신, 금융, 의료, 항공우주 등 안정성이 가장 중요한 분야에서 인기가 높은 경향이 있습니다.

자바스크립트나 타입스크립트 애플리케이션에 널리 사용되는 상태 관리 라이브러리인 Redux를 비롯하여 일부 인기 있는 라이브러리와 프레임워크는 불변성을 권장합니다. 함수형 프로그래밍과 불변성의 원칙을 기반으로 하는 Redux는 안정적이고 추론하기 쉬운 것으로 알려져 있습니다. 인터페이스 구축에 널리 사용되는 라이브러리인 React 역시 불변성을 권장하며, 최신 버전의 라이브러리에서는 순수 함수형 컴포넌트 작성에 중점을 두고 있습니다. 자바스크립트와 타입스크립트용으로 널리 사용되는 Immutable.js와 Lodash 라이브러리도 변경 불가능한 데이터 작업을 위한 유틸리티를 제공합니다.

이러한 예제는 러스트 프로그래밍 언어와 일부 인기 있는 러스트 라이브러리의 설계에 영향을 미쳤습니다. 이전에 이러한 언어를 접해본 적이 있다면 러스트와의 유사점을 발견할 수 있을 것입니다.

9.2 불변성이 만능이 아닌 이유

불변성은 공짜가 아니며 대가가 따릅니다. 가장 명백한 비용은 데이터를 변경할 때 데이터를 복제해야 하는 경우가 많기 때문에 메모리와 CPU 시간이 많이 들고 코드가 더 복잡해질 수 있다는 점입니다. 불변성은 또한 데이터와 프로그램을 구조화하는 방법에 대해 미리 고민하는 데 더 많은 시간을 할애해야 한다는 점에서 비용이 더 많이 듭니다.

러스트는 일반적으로 개발자가 필요할 때 변경 가능성을 선택할 수 있는 옵션을 제공함으로써 불변성의 비용을 최소화하려고 노력합니다. 그러나 러스트는 표준 라이브러리의 일부로 불변성 패턴을 강제하지 않습니다. Vec과 같은 러스트의 핵심 데이터 구조는 C++ 벡터 또는 C 배열과 유사하며, 데이터 구조를 사용하는 동안 변경 가능성이 어느 정도 권장되고 예상됩니다. 이러한 접근 방식은 얼랭, 엘릭서, 하스켈, 클로저, 엘름 등 가변성을 허용하지 않는 언어의 접근 방식과는 다릅니다.

스칼라와 같은 일부 언어에서는 불변 또는 가변 데이터 구조 중 하나를 선택할 수 있도록 함으로써 중간 지점을 제공하지만, 러스트는 기본적으로 가변 구조만 제공합니다. 러스트는 C 및 C++와 같은 언어 출신 개발자에게 좀 더 친숙한 환경을 제공하고 고성능 코드를 작성해야 하는 개발자에게 좀 더 효율적인 환경을 제공하기 위해 의도적이든 아니든 표준 라이브러리 내에서 이러한 절충안을 만들었습니다.

9.3 불변 데이터에 대해 생각하는 방법

높은 수준의 개념으로서의 불변성은 대부분의 사람들이 데이터에 대해 생각하는 방식, 특히 컴퓨터가 데이터를 처리하는 방식과는 다소 거리가 멉니다. 데스크톱이나 노트북, 포켓 컴퓨터(스마트폰)에서부터 가장 큰 슈퍼컴퓨터에 이르기까지 크고 작은 거의 모든 컴퓨터는 그림 9.1에 표시된 폰 노이만von Neumann 아키텍처를 기반으로 가변 데이터를 처리하도록 설계되어 있습니다.

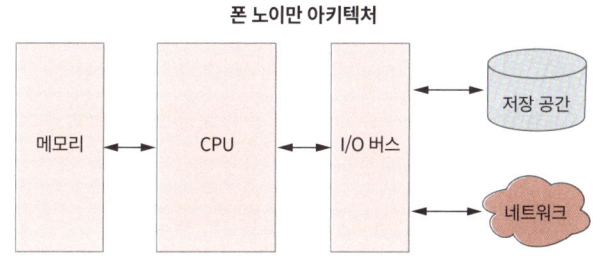

그림 9.1 폰 노이만 아키텍처

폰 노이만 아키텍처는 거의 모든 최신 컴퓨터의 기본 구조입니다. 이 아키텍처에는 데이터와 프로그램 명령어를 동일한 메모리에 저장하는 CPU가 존재합니다. 빠른 접근을 위해 데이터가 저장되는 메모리는 디스크나 테이프 같은 스토리지 시스템보다 저장 공간이 작고 근본적으로 가변적이라는 점에 주목해야 합니다. 메모리에 내재된 제약으로 인해 동일한 메모리를 다른 용도로 재사용할 수밖에 없는데, 이것이 바로 가변 데이터를 사용하는 이유입니다.

만약 데이터를 추가하는 것만 가능한 무한히 커질 수 있는 가상의 시스템이 있다면 완전히 불변하는 시스템을 구축할 수 있습니다. 예를 들면 튜링 머신과 비슷한 무한한 테이프 같은 것입니다.

값을 단 한 번만 쓸 수 있는 무한 테이프를 메모리로 사용하는 가상의 컴퓨터를 상상해 보겠습니다. 이 컴퓨터에서 테이프는 값을 읽고 쓸 수는 있지만 수정할 수는 없습니다. 물론 이건 실제 컴퓨터가 작동하는 방식은 아닙니다.

따라서 프로그래밍의 맥락에서 불변성은 비교적 높은 수준에서만 존재하는 추상화일 뿐입니다. 하드웨어 아키텍처나 운영체제에 내장되어 있지 않습니다. 프로그래밍 언어, 우리가 사용하는 라이브러리, 그리고 프레임워크에 의해 강제되는 개념입니다.

러스트의 소유권 대여 검사기는 프로그램의 어떤 부분이 가변이고 어떤 부분이 불변인지 추적하는 데 도움이 됩니다. 하지만 규모가 크거나 복잡한 프로그램의 경우 데이터의 처리 방식을 결정하는 것은 여전히 사용자의 몫입니다. 어떤 프로그램이 유용하게 사용되려면 외부 세계와 상호 작용해야 합니다. 외부 세계는 가변적이고 유한하며 상태가 변화하기 때문에 설계상 불변인 언어의 경우에도 마찬가지입니다.

불변 데이터에 대해 생각할 때 핵심은 소유권, 대여, 불변성을 적용하기 위해 어느 정도까지 고려할 것인지를 고민하는 것입니다. 제 생각에는 대부분의 사람들이 언어를 꾸준히 사용하고 다양한 표현과 방식을 시도해 본다면, 자연스럽게 적절한 균형을 찾아갈 수 있을 것입니다.

또한 불변성이 전부 아니면 전무all-or-nothing라는 명제가 아니라는 점을 기억하는 것도 중요합니다. 프로그램의 어떤 부분은 불변이고 어떤 부분은 가변이며, 어떤 부분은 순전히 기능적일 수 있고 어떤 부분은 그렇지 않을 수 있습니다. 중요한 구성 요소에 대해서는 더 엄격한 규칙을 적용하고, 정확성보다 성능에 더 신경을 쓰는 경우에는 덜 엄격할 수 있습니다.

프로그램에 가장 적합한 것이 무엇인지 결정하는 것은 여러분의 몫이며, 올바른 판단력을 갖추는 것은 경험의 문제입니다. 이 말이 만족스럽지 않을 수도 있지만 악기 연주, 컴퓨터, 소프트웨어 작업 등 모든 기술을 개발하는 데 있어 우리 모두가 받아들여야 하는 현실입니다.

9.4 러스트의 불변성 이해하기

러스트에서 선언된 모든 변수는 기본적으로 불변입니다. 유일한 예외는 러스트의 안전성 보장을 우회하기 위해 `unsafe` 키워드를 사용할 때 발생합니다. 변수를 변경 가능하게 만들려면 `mut` 키워드를 사용하여 변수를 변경 가능하게 선언해야 합니다. 이 기능은 불변 구조체 내에 저장된 데이터도 불변이 되는 방식으로 연쇄적으로 적용되는데, 이를 **상속된 가변성**inherited mutability이라고 합니다.

러스트의 공유 가능한 가변 컨테이너인 Cell, RefCell, OnceCell을 사용할 때는 러스트의 가변성 규칙에 대한 예외가 적용됩니다. 이러한 컨테이너는 **내부 가변성**interior mutability을 지원하므로 불변 컨테이너 내부의 데이터를 변경할 수 있습니다. 이 기능은 중요한 의미를 지니고 있으며 몇 가지 강력한 패턴을 가능하게 하지만, 장단점을 이해하는 것이 중요합니다. 공유 가능한 가변 컨테이너의 문제점은 일부 상황에서 숨겨진 가변성을 허용한다는 것인데, 이는 항상 바람직한 것은 아니지만 대부분의 상황에서는 문제가 되지 않습니다.

상속된 가변성과 내부 가변성의 유일한 실질적인 차이점은 전자는 컴파일러에 의해 적용되고 후자는 런타임에 적용된다는 점입니다. 일반적으로 컨테이너 자체는 변경 불가능하더라도 Cell, RefCell 또는 OnceCell 내부의 값은 **선택적 가변성**optional mutability으로 간주할 수 있습니다. 즉, 이러한 컨테이너는 내부의 데이터를 변경할 수 있는 옵션은 제공하지만 스스로를 가변으로 선언할 필요는 없습니다.

Cell은 값을 대체하는 방식으로만 변경이 가능하기 때문에 RefCell 및 OnceCell보다 약간 덜 교묘합니다. Cell 내부의 값을 직접 변경할 수는 없지만 값을 새 값으로 대체할 수는 있습니다. 이 차이는 미묘하지만 중요하며, Cell이 내부 가변성을 구현하는 데 있어 다소 안전한 방법으로 간주되는 이유 중 하나입니다. RefCell과 OnceCell을 사용하면 보유하고 있는 데이터에 대한 변경 가능한 레퍼런스를 얻을 수 있습니다.

러스트의 표준 라이브러리는 불변성을 위해 설계된 데이터 구조를 제공하지 않습니다. 대신 러스트의 데이터 구조는 일반적으로 기존의 변경 가능한 데이터 구조의 기능을 제공합니다. Vec과 HashMap은 모두 가변 접근을 위한 다양한 메서드를 제공하며, Clone 트레이트 구현을 제외하고는 데이터를 불변으로 사용하기 위한 기능 측면에서 많은 것을 제공하지 않습니다. 이러한 상황은 향후에 바뀔 수 있지만, 지금은 우리가 가진 것으로 작업해야 합니다. 러스트가 성능에 중점을 둔다는 점을 감안하면 가변 데이터 구조로 작업하는 것이 더 효율적인 경우가 많습니다. 러스트와는 다르게 불변성을 핵심 기능으로 제공하지 않는 언어에서 불변성을 구현하는 기본 패턴은 두 단계로 이루어집니다.

- 값이 선언되고 할당된 후에는 제자리에서 값이 수정되어서는 안 됩니다.
- 값을 수정하려면 값을 복사한 다음에 복사본을 수정해야 합니다. 혼란스럽게도 이것은 여전히 값을 변형하는 것이지만, 원래 값이 아닌 새 값을 변형하는 것입니다.

불변성을 핵심 기능으로 제공하는 언어의 경우 언어 자체에서 이러한 복사 및 수정 과정을 추상화하지만, 근본적으로 작동 방식은 여전히 동일합니다. 추상화를 사용해 이 과정의 자세한 내용을 숨길 수 있으며 9.6, 9.7, 9.8절에서 이러한 추상화 중 일부를 살펴볼 것입니다.

9.5 불변성의 기본 개념 살펴보기

몇 가지 코드 샘플을 통해 러스트에서 불변성의 기본을 잠시 살펴봅시다. 이 과정이 사소해 보일 수 있지만, 가끔씩 기본사항을 검토하는 것은 우리가 하고 있는 일을 왜 하는지 이해하는 데 도움이 됩니다(일부 사람들은 이를 '세1원칙' 사고라고 부릅니다).

불변 연산은 일반적으로 계산의 결과를 새로운 값에 할당하는 작업을 포함합니다. 변수 x의 값을 불변으로 증가시키고 싶다고 가정할 때, `let y = x + 1`로 새 변수 y를 선언하면 됩니다. 가변 연산을 사용하면 `x += 1`로 x의 값을 직접 변경할 수 있습니다. 이 예제에서는 `x += 1`이 더 짧고 효율적인 방법으로 보이지만 오류가 발생하기 쉽고, 코드베이스가 크거나 복잡한 시나리오에서는 추론하기가 더 어려울 수 있습니다.

러스트에서는 새 변수를 선언하고 기존 변수와 같은 이름을 사용하여 값을 할당하는 방법인 변수 섀도잉도 사용할 수 있습니다. 이 패턴은 러스트에서 흔히 볼 수 있으며, 변경 가능한 변수를 변경 불가능한 변수로 변환하는 데 자주 사용됩니다. 코드 9.1에서 볼 수 있듯이 변경 가능한 변수를 변경 불가능한 변수로 섀도잉할 수 있습니다.

코드 9.1 러스트에서 불변성의 기본 사항

```
let x = 1;
dbg!(x);
let y = x + 1; // y = 2
dbg!(y);

// x += 1;  ◀── 이 줄에 주석을 달지 않으면
                컴파일 오류가 발생합니다.
// error: cannot assign twice to immutable variable `x`

let mut x = x; // x = 1  ◀── 가변 변수로 x를 섀도잉합니다.
x += 1; // x = 2
dbg!(x);
```

이 코드를 실행하면 다음과 같이 출력됩니다.

```
[src/main.rs:14] x = 1
[src/main.rs:16] y = 2
[src/main.rs:22] x = 2
```

좀 더 자세히 살펴보면, 러스트의 가변성 체계는 함수 호출에도 적용되지만 한 가지 사소한 차이가 있다는 점에 유의해야 합니다. 소유한 값은 이동 시 불변에서 가변으로 전환할 수 있지만, 함수 호출자는 이 과정에서 아무런 영향력을 행사할 수 없습니다.

코드 9.2 함수 호출 간 변경 가능성

```
fn mutability(
    a: i32,     // 불변    ◀── 변수 a는 함수로 이동되며 불변입니다.
    mut b: i32, // 가변    ◀── 변수 b는 함수로 이동되며 가변입니다.
) {
    // a += 1; // error: cannot assign twice to immutable variable `a`
    b += 1;

    dbg!(a);
    dbg!(b);
}
```

다음 코드를 사용하여 `mutability()` 함수를 호출할 수 있습니다.

```
let a = 1;
let b = 2;  ◀── 변수 b는 불변이지만 함수에 가변 변수로 이동되었습니다.
mutability(a, b);
```

이 코드를 실행하면 다음과 같이 출력됩니다.

```
[src/main.rs:8] a = 1
[src/main.rs:9] b = 3
```

이 예제에서 `mutability()` 함수의 인자로 `mut` 키워드를 적용해서 전달할 때, b의 가변성이 불변에서 가변으로 전환된다는 점에 유의하세요. 경우에 따라서는 이렇게 하면 함수 호출자에게 혼란을 줄 수 있지만, 소유권이 함수로 이전 또는 이동되므로 함수는 해당 값으로 원하는 모든 작업을 수행할 수 있습니다. b의 가변성을 변경하지만 호출자 범위의 원래 변수 b에는 영향을 미치지 않기 때문에 이 패턴이 위험할 가능성은 낮습니다.

함수 호출을 통해 소유된 값의 가변성을 변경할 수 있는 것과 달리, 레퍼런스의 가변성을 변경하는 것은 불가능합니다. 레퍼런스는 이미 빌린 것이기 때문에 빌린 데이터의 가변성을 변경할 수 없습니다. 러스트 소유권 대여 검사기의 존재 이유이기도 합니다.

> **NOTE** 러스트에서 값으로 인자를 전달할 때 중요한 점을 한 가지 더 기억하세요. 컴파일러는 가능한 경우 `Copy` 트레이트를 호출합니다. `Copy`는 메모리에서 비트를 복사하여 타입을 복사할 수 있음을 컴파일러에 알려주는 마커 트레이트인 반면, `Clone`은 값을 명시적으로 복제하는 메서드를 제공하는 트레이트입니다. 이는 `Copy`를 구현하는 모든 값이 함수에 전달되거나 새 변수에 할당될 때 이동되지 않고 복사된다는 의미입니다. 대부분의 경우 정수, 부동소수점, 불리언과 같은 기본 타입에만 적용되지만 튜플, 배열, `Copy` 타입만 포함된 구조체와 같은 타입에도 적용될 수 있습니다.

`RefCell`을 사용하여 내부 가변성을 구현할 수도 있습니다.

코드 9.3 내부 가변성을 위해 `RefCell` 사용하기

```
let immutable_string =                                  ◀── 불변 문자열을
    String::from("This string cannot be changed");         선언합니다.
// immutable_string.push_str("... or can it?"); // error: cannot borrow
`immutable_string` as mutable, as it is not declared as mutable  ◀── 이 줄에 주석을 달지 않으면
dbg!(&immutable_string);                                            컴파일 오류가 발생합니다.

let not_so_immutable_string = RefCell::from(immutable_string);  ◀── 불변 문자열에서 RefCell을
not_so_immutable_string                                             생성하고, 문자열을
    .borrow_mut()                                                   RefCell로 이동합니다.
    .push_str("... or can it?");    ◀── 이제 RefCell 내부의 문자열을  RefCell은 가변으로
dbg!(&not_so_immutable_string);         변경할 수 있습니다.          선언되지 않았습니다.
```

이 코드를 실행하면 다음과 같이 출력됩니다.

```
[src/main.rs:32] &immutable_string = "This string cannot be changed"
[src/main.rs:38] &not_so_immutable_string = RefCell {
    value: "This string cannot be changed... or can it?",
}
```

보시다시피 러스트의 공유 가변 컨테이너는 가변성 규칙에 대한 우회 방법을 제공합니다. `RefCell`이 데이터를 소유한다는 점을 기억하는 것이 중요합니다. 앞의 예제에서는 문자열을 `RefCell`로 옮겼는데, 여기에는 소유한 값의 가변성을 변경할 수 있는 평범한 함수 호출이 포함되어 있습니다.

9.6 트레이트를 사용해 (거의) 모든 것을 불변으로 만들기

불변성의 장단점을 살펴봤지만 이를 실제로 적용하는 방법을 살펴볼 필요가 있습니다. 러스트의 표준 라이브러리는 도움이 되는 몇 가지 도구를 제공합니다. 이번 절에서는 거의 모든 것을 불변으로 만들 수 있는 패턴의 기초인 `std::borrow::ToOwned` 트레이트에 대해 설명하겠습니다.

불변 데이터로 작업할 때는 필요하지 않은 데이터의 복사본을 만들지 않기를 권합니다. 이를 위해 빌린 데이터에 대한 레퍼런스를 사용합니다. 러스트에서 다음 예제와 같은 코드를 본 적이 있을 것입니다.

```
let s = "A static string".to_owned();
```

이 코드는 `ToOwned` 트레이트를 사용해 `&str`을 `String`으로 변환합니다. 러스트는 모든 타입 `T`에 대한 블랭킷 구현을 제공하며, 여기서 `T`는 `Clone`을 제공합니다. 즉, 레퍼런스나 슬라이스를 위한 `Clone`의 일반화라고 생각하면 됩니다. `ToOwned::to_owned()`의 구현은 단순히 `Clone::clone()`을 호출하고 `[T]`의 경우 각 항목이 복제된 `Vec`을 반환합니다. 코드 9.4는 `ToOwned` 트레이트의 정의를 보여줍니다.

코드 9.4 러스트의 표준 라이브러리에서 **ToOwned**의 정의

```
pub trait ToOwned {
    type Owned: Borrow<Self>;

    // 필수 메서드
    fn to_owned(&self) -> Self::Owned;

    // 제공된 메서드
    fn clone_into(&self, target: &mut Self::Owned) { ... }
}
```

이 정의를 알면 불변 데이터를 모든 곳에서 사용하기 위해 많은 노력을 기울일 필요가 없습니다. `Clone` 구현을 제공하기만 하면 되고, 데이터를 변경해야 할 때 `ToOwned`를 사용하여 데이터를 소유된 값으로 변환하면 됩니다. 이 과정은 다소 투박해 보일 수 있지만, `Cow` 타입을 사용하면 좀 더 사용하기 편리하게 만들 수 있습니다.

9.7 불변성을 위해 Cow 사용하기

Cow 타입은 '값을 쓸 때 복제clone-on-write'하도록 하는 패턴을 구현하는 스마트 포인터입니다. Cow 자체는 열거형으로 구현되며, 그 내용에 대해 ToOwned 트레이트가 구현되어야 합니다. 아마 여러분은 '값을 쓸 때 복사copy-on-write'에 대해 들어보셨을 것입니다. Cow는 실제로 값이 필요한 순간이 올 때까지 복제 비용을 지연시키는 동일한 패턴을 따릅니다. 원본 데이터는 변경하지 않고 복제된 데이터만 변경함으로써 불변으로 취급하고자 하는 데이터의 컨테이너로 Cow를 사용할 수 있습니다. 엄격하게 말하자면 이 접근 방식은 가변성을 완전히 방지하지는 못하지만, 원본 데이터를 변경하거나 가변 레퍼런스를 사용할 필요가 없게 해줍니다. 코드 9.5는 Cow의 정의를 보여줍니다.

코드 9.5 러스트의 표준 라이브러리에서 Cow의 정의

```
pub enum Cow<'a, B>
where
    B: 'a + ToOwned + ?Sized,
{
    Borrowed(&'a B),
    Owned(<B as ToOwned>::Owned),
}
```

Cow에 대해 몇 가지 알아두세요.

- Cow 타입은 라이프타임 'a와 타입 B에 대한 제네릭입니다. 타입 B는 ToOwned 트레이트가 구현되어야 합니다.
- Cow 타입은 Borrowed과 Owned라는 두 가지 변수가 있는 열거형입니다. 이는 Option과 비슷하지만 좀 더 특별합니다.
- Cow를 사용하면 Clone을 구현하는 타입, 따라서 ToOwned를 구현하는 타입에 대한 레퍼런스를 감싼 다음 이를 변경해야 할 때 소유된 값을 얻을 수 있습니다.
- Cow는 포함된 데이터에 대한 레퍼런스로 취급할 수 있는 Deref 트레이트를 구현합니다.

코드 9.6은 Cow의 기본 사용법을 보여줍니다.

코드 9.6 Cow의 기본 사용법

```
use std::borrow::Cow;

let cow_say_what = Cow::from("The cow goes moo");
dbg!(&cow_say_what);
```

```
let cows_dont_say_what =
    cow_say_what
        .clone()
        .to_mut()
        .replace("moo", "toot");
dbg!(&cow_say_what);         // 원본 데이터는 여전히 변경 불가능합니다.
dbg!(&cows_dont_say_what);   // 복제된 데이터가 변경되었습니다.
```

원본 데이터에 영향을 주지 않고 복제된 데이터를 변경할 수 있습니다. 그러나 변경 가능한 레퍼런스를 얻으려면 Cow를 복제한 다음 to_mut()를 호출해야 합니다.

새로운 Cow를 얻으려면 여전히 `clone()`을 호출해야 하는데, 이는 포함된 데이터가 아니라 스마트 포인터 자체에 대한 것입니다. 그런 다음 `to_mut()`를 호출해 내부 데이터에 대한 가변 레퍼런스를 얻습니다. 위의 코드를 실행하면 다음과 같이 출력됩니다.

```
[src/main.rs:5:5] &cow_say_what = "The cow goes moo"
[src/main.rs:9:5] &cow_say_what = "The cow goes moo"
[src/main.rs:10:5] &cows_dont_say_what = "The cow goes toot"
```

이 예제를 개선해 실무에서 어떻게 사용할 수 있는지 명확히 해보겠습니다. 새 객체를 반환하는 비슷한 작업을 수행하는 함수를 작성해 보겠습니다.

코드 9.7 Cow 사용 개선하기

```
fn loud_moo<'a>(mut cow: Cow<'a, str>)    // 이 함수는 소유한 Cow를 가져와서
    -> Cow<'a, str> {                      // Cow를 반환합니다.
    if cow.contains("moo") {
        Cow::from(cow.to_mut().replace("moo", "MOO"))   // Cow에 "moo"가 포함되어 있으면
                                                         // 이를 변경하고 "MOO"로 대체합니다.
    } else {
        cow    // Cow에 "moo"가 포함되지 않은 경우
               // 원래의 Cow를 반환합니다.
    }
}
```

다음 코드를 사용해 `loud_moo()` 함수를 호출할 수 있습니다.

```
let cow_say_what = Cow::from("The cow goes moo");
let yelling_cows = loud_moo(cow_say_what.clone());
dbg!(&cow_say_what);
dbg!(&yelling_cows);
```

코드를 실행하면 다음과 같이 출력됩니다.

```
[src/main.rs:21:5] &cow_say_what = "The cow goes moo"
[src/main.rs:22:5] &yelling_cows = "The cow goes MOO"
```

Cow를 사용하는 경우, 공개 API에서 해당 구현 세부 정보를 유출하고 싶지 않기 때문에 데이터를 구조체로 감싸고 싶을 것입니다. 구조체 안에 Cow를 넣으면 Cow 자체를 노출하지 않고 내부 데이터를 변경하는 방법을 제공할 수 있습니다.

코드 9.8 구조체로 Cow 감싸기

```
#[derive(Debug, Clone)]      ◀── 내부 cow 리스트를 포함한 CowList를 복제할 수 있도록 Clone을 파생합니다.
struct CowList<'a> {
    cows: Cow<'a, [String]>,  ◀── Cow를 사용하여 라이프타임 'a를 포함한 문자열 벡터를 감쌉니다.
}

impl<'a> CowList<'a> {
    fn add_cow(&self, cow: &str) -> Self {   ◀── 리스트에 cow를 추가하는 메서드를 제공해
        let mut new_cows = self.clone();         새로운 CowList를 반환합니다.
        new_cows.cows.to_mut().push(         ◀── 먼저 CowList를 복제해 변경할 수 있도록 합니다.
            cow.to_string()
        );                                    to_mut()를 호출한 다음 push()를 호출하여
        new_cows    ◀── 새로운 CowList를 반환합니다.   내부 Cow를 변경합니다.
    }
}

impl Default for CowList<'_> {
    fn default() -> Self {
        CowList {
            cows: Cow::from(vec![]),
        }
    }
}
```

이제 코드를 테스트해 보겠습니다.

```
let list_of_cows = CowList::default()
    .add_cow("Bessie")
    .add_cow("Daisy")
    .add_cow("Moo");
dbg!(&list_of_cows);
let list_of_cows_plus_one = list_of_cows.add_cow("Penelope");
dbg!(&list_of_cows);    ◀── 원래 CowList는 두 번 출력해 보면 알 수 있듯이 여전히 불변입니다.
dbg!(&list_of_cows_plus_one);
```

이 코드를 실행하면 다음과 같이 출력됩니다.

```
[src/main.rs:49:5] &list_of_cows = CowList {
    cows: [
        "Bessie",
        "Daisy",
        "Moo",
    ],
}
[src/main.rs:52:5] &list_of_cows = CowList {
    cows: [
        "Bessie",
        "Daisy",
        "Moo",
    ],
}
[src/main.rs:53:5] &list_of_cows_plus_one = CowList {
    cows: [
        "Bessie",
        "Daisy",
        "Moo",
        "Penelope",
    ],
}
```

다른 구현으로, 각각의 `Cow`를 Vec 안에 넣을 수 있습니다.

```
#[derive(Debug, Clone)]
struct CowVec<'a> {
    cows: Vec<Cow<'a, str>>,
}
```

이 방법을 사용할 때의 한 가지 장점은 벡터의 각 항목을 느리게 복제할 수 있다는 점입니다. `Cow` 내에서 `Vec`을 사용할 때와는 반대입니다. 이러한 방식을 **구조적 공유**structural sharing라고 합니다. 이 접근 방식은 동일한 요소의 복사본이 많은 경우, 특히 개별 요소가 큰 경우 더 효율적일 수 있습니다.

보시다시피 `Cow`는 복잡하지는 않지만 공개 API에서 이를 숨겨서 API를 좀 더 쉽게 사용할 수 있습니다. 앞의 예제에서는 원래의, 또는 원본 `CowList`를 변경하지 않으며, 변경 시 항상 새로운 `CowList`를 반환한다는 점에 유의하세요.

불변 데이터의 사용을 장려하고자 하는 거의 모든 곳에 `Cow`를 적용할 수 있지만, 여전히 `Cow`와 그 동작에 대한 이해가 필요합니다. 아직 `Cow`를 접해보지 않으셨다면, 특히 `clone()`을 직접 호출하거나 데이터를 변경할 수 있는 경우, 이상한 추상화처럼 보일 수 있습니다. 이러한 접근 방식이 데이터 작업에 어색하다고 생각하는 사람도 드물지 않습니다. 다음 절에서는 불변성을 좀 더 쉽게 적용할 수 있는 몇 가지 데이터 구조에 대해 설명합니다.

9.8 불변 데이터 구조를 위한 크레이트

이 절에서는 직접 해결법을 만들지 않고도 비교적 쉽게 불변성의 이점을 누릴 수 있는 불변 데이터 구조를 제공하는 크레이트에 대해 살펴보겠습니다. 논의할 크레이트는 다음과 같습니다.

- `im`: 리스트, 집합, 맵을 제공(https://crates.io/crates/im)
- `rpds`: 리스트, 집합, 큐, 맵을 제공하는 지속성 데이터 구조(https://crates.io/crates/rpds)

두 크레이트 모두 불변성 원칙을 따르는 프로그램과 라이브러리에서 사용하기에 최적화된 구조를 제공하지만, API를 통해 불변성을 엄격하게 강제하지는 않습니다. 이러한 크레이트의 데이터 구조는 가변 방식으로 사용할 수 있지만 불변성에 최적화되어 있습니다.

9.8.1 im 사용하기

`im` 크레이트는 불변 데이터 구조를 제공하는 가장 인기 있는 라이브러리로, https://crates.io에서 25년 7월 현재 1,800만 건 이상의 다운로드를 기록했으며 다른 많은 크레이트와 프로젝트에서 사용되고 있습니다.

`im`은 러스트의 `Vec`과 유사한 `Vector`를 제공하며, 불변성에 최적화되어 있습니다. 또한 정렬된 집합과 정렬되지 않은 집합, 해시맵이 있으며 각각 불변성에 맞게 조정되어 있습니다. `im`을 사용하여 `vector!` 매크로로 `Vector`를 생성하고 요소를 추가할 수 있습니다.

코드 9.9 `im`을 사용하여 `Vector` 생성하기

```
use im::vector;

let shopping_list =
    vector!["milk", "bread", "butter", "cheese", "eggs"];
let mut updated_shopping_list = shopping_list.clone();   ◁── 원본 벡터를 복제해야 합니다.
updated_shopping_list.push_back("grapes");   ◁── 일반 벡터처럼 벡터를 변경하고 push_back()으로
                                                 요소를 가변적으로 추가합니다.
```

```
dbg!(&shopping_list);
dbg!(&updated_shopping_list);
```

im의 Vector에 대해 주목해야 할 점은 매번 복사본을 만들지 않고 가변적으로 사용할 수 있다는 것입니다. im은 불변성을 **강제**하지 않고 기본 불변 데이터 구조로 사용하도록 사용자를 유도하고 있습니다. 제공된 Clone 구현은 불변성 사용 사례에 최적화되어 있으므로 성능에 대한 걱정 없이 Vector를 자유롭게 복제할 수 있다는 점을 기억하세요. 이 코드를 실행하면 다음과 같이 출력됩니다.

```
[src/main.rs:10:5] &shopping_list = [
    "milk",
    "bread",
    "butter",
    "cheese",
    "eggs",
]
[src/main.rs:11:5] &updated_shopping_list = [
    "milk",
    "bread",
    "butter",
    "cheese",
    "eggs",
    "grapes",
]
```

im은 집합이나 맵 같은 데이터 구조 외에도 rayon 기반의 반복자(병렬 반복), Serde 지원, 프로퍼티 기반 테스트를 위한 proptest와 quickcheck 지원 같은 기능을 제공합니다. 자세한 내용은 im 문서(https://docs.rs/im/latest/im/)를 참조하세요.

9.8.2 rpds 사용하기

rpds 크레이트는 im과 비슷하지만 큐와 스택 같은 추가 데이터 구조를 제공합니다. rpds는 https://crates.io에서 25년 7월 현재 580만 건의 다운로드를 기록하는 등 im보다는 인기가 덜하지만 여전히 잘 유지 관리되고 유용한 라이브러리입니다.

im과 달리 rpds는 새 구조를 반환하는 메서드를 불변 API를 통해 직접 제공하지만, 복제를 원하지 않는 경우를 위해 가변 API도 제공합니다. rpds를 사용하면 Vector를 생성하고 요소를 추가할 수 있습니다.

코드 9.10 rpds를 사용하여 Vector 생성하기

```rust
use rpds::Vector;

let streets = Vector::new()
    .push_back("Elm Street")
    .push_back("Maple Street")
    .push_back("Oak Street");

let updated_streets = streets.push_back("Pine Street");

dbg!(&streets);
dbg!(&updated_streets);
```

rpds를 사용하면 push_back()을 호출할 때마다 새 Vector가 반환되기 때문에 명시적으로 복제할 필요가 없습니다. 또한 벡터를 제자리에서 수정해야 하는 경우를 위해 push_back_mut()를 제공합니다. 코드를 실행하면 다음과 같이 출력됩니다.

```
[src/main.rs:11:5] &streets = Vector {
    root: Leaf(
        [
            "Elm Street",
            "Maple Street",
            "Oak Street",
        ],
    ),
    bits: 5,
    length: 3,
}
[src/main.rs:12:5] &updated_streets = Vector {
    root: Leaf(
        [
            "Elm Street",
            "Maple Street",
            "Oak Street",
            "Pine Street",
        ],
    ),
    bits: 5,
    length: 4,
}
```

rpds는 데이터 구조를 매크로를 사용해 초기화할 수 있는 기능을 제공하며 Serde를 지원합니다. 자세한 내용은 rpds 문서(https://docs.rs/rpds/latest/rpds)를 참조하세요.

9.9 정리하며

- 불변성은 신뢰할 수 있는 소프트웨어를 작성하기 위한 강력한 추상화입니다.
- 불변성은 논리 오류, 경쟁 조건, 원치 않는 부작용, 메모리 안전성 문제를 방지하는 데 도움이 될 수 있습니다.
- 불변성을 순수 함수 및 참조 투명성과 같은 함수형 프로그래밍 패턴과 결합하면 코드를 더 안정적이고 테스트하기 쉬우며 추론하기 쉽게 만들 수 있습니다.
- 러스트는 소유권 대여 검사기를 사용해 항상 가변 값과 불변 값을 구분합니다. 상속된 가변성 덕분에 값이 가변인지 여부를 쉽게 판단할 수 있습니다.
- 러스트는 `ToOwned` 트레이트와 `Cow` 타입 같은 불변 데이터로 작업하는 데 도움이 되는 몇 가지 도구를 제공합니다.
- `im` 및 `rpds` 크레이트는 불변성에 최적화된 데이터 구조를 제공하며, 이는 불변 데이터를 사용하는 프로그램과 라이브러리에서 유용하게 쓸 수 있습니다.

CHAPTER 10

안티패턴

이번 장에서 다루는 내용

- 프로그래밍 안티패턴 살펴보기
- 러스트의 일반적인 안티패턴 검토하기
- 논쟁의 여지가 있는 패턴을 사용해야 할 때와 피해야 할 때 구분하기

안티패턴antipattern은 특정 상황 또는 모든 상황에서 유해한 것으로 간주되는 프로그래밍 관행입니다. 안티패턴은 종종 언어에 대한 잘못된 이해나 특정 기술 스택에 대한 경험 부족으로 인해 발생합니다. 이 장에서는 러스트의 일반적인 안티패턴과 이를 방지하는 방법을 설명합니다.

먼저 안티패턴을 구성하는 요소에 대해 논의한 다음 러스트의 가장 일반적인 예제를 살펴보겠습니다. 또한 특정 패턴을 사용해야 할 때와 피해야 할 때, 그리고 예외를 만들어야 할 때를 논의할 것입니다.

이 장에서 제시된 규칙은 융통성 없는 딱딱한 규칙이 아니며, 예외는 항상 존재합니다. 하지만 이러한 규칙의 논리를 이해하고 언제 규칙을 위반하는 것이 더 유리한지를 아는 것이 중요합니다. 러스트가 발전함에 따라 이러한 규칙은 바뀔 수 있기 때문에 러스트를 효과적으로 작성하려면 최신 모범 사례를 파악하는 것이 필수적입니다.

10.1 안티패턴이란?

안티패턴이라는 말은 다소 교묘한 표현입니다. 즉, 이 용어는 주로 말하는 사람이 마음에 들지 않는 관행을 비하적으로 지칭할 때 사용됩니다. 궁극적으로 **안티패턴**의 정의는 의견과 선호도에 따라 결정됩니다. 그러나 어떤 경우에는 관행이 객관적으로 나쁜 경우, 예를 들어 안전하지 않거나 비효율적이거나 유지하기 어려운 경우가 있습니다. 이러한 경우는 잘못된 설계, 이전 버전과의 호환성을 유지하려는 욕구, 허용 가능한 소프트웨어 설계의 지속적인 변화 등이 복합적으로 작용하여 발생하는 경우가 많습니다.

C 언어는 언어 설계 관행이 어떻게 진화하는지에 대한 훌륭한 사례 연구를 제공합니다. C 언어는 역사상 가장 영향력 있는 단일 프로그래밍 언어임에 틀림없습니다. 하지만 그 보편성에도 불구하고 C는 특히 시스템 프로그래밍에서 안전성과 사용 편의성 측면에서 최악의 언어 중 하나이기도 합니다. 고도로 숙련된 전문가도 C에서 찾기 어렵고 수정하기 어려운 실수를 쉽게 범할 수 있습니다.

어떤 사람들은 C 언어가 현대의 기준으로 볼 때 객관적으로 나쁘다고 주장할 수 있고, 저도 동의합니다. 저는 만들기는 쉽지만 언어의 설계상 발견하기 어려운 C의 버그를 처리하는 데 많은 시간을 보냈습니다. C를 작성하는 것은 잠시 포드 모델 T를 운전하는 것과 같다는 점에서 향수를 불러일으킬 수는 있지만 매일 하고 싶은 일은 아닙니다. 그럼에도 불구하고 C 언어는 오늘날 많은 애플리케이션, 특히 시스템 및 임베디드 프로그래밍이나 차선책이 어셈블리인 경우에 여전히 최고의 선택입니다.

러스트 언어는 C와 같은 언어에서 발견되는 단점을 피하기 위해 신중하고 세심하게 설계되었습니다. 러스트는 또한 C보다 빠르지는 않더라도 C만큼 빠른 속도를 유지하려고 노력합니다. 많은 벤치마크에서 러스트는 원시 속도 측면에서 안전하지 않은 코드 없이 C보다 성능이 뛰어납니다.

그러나 러스트조차도 그 인기로 인해 큰 변화를 주기 어렵다는 점에서 성공의 희생양이 되었습니다. 이전 버전과의 호환성을 깨는 변경은 기존 코드를 다시 작성하는 데 드는 비용이 너무 커서 사람들이 업그레이드를 기피하기 때문에(C와 여타 언어가 수십 년 동안 겪어온 문제) 이를 주장하고 실행하기가 어렵습니다.

러스트는 1970년대에 비해 컴파일러 인프라(즉, LLVM 프로젝트, https://llvm.org)가 크게 개선되고 프로그래밍 언어 설계에 대한 이해도가 높아진 덕분에 가능했기 때문에 C와 러스트를 비교하는 것은 다소 불공평합니다. 오늘날 우리가 C에서 안티패턴이라고 생각하는 것이 1970년대에는 모범 사례였을 수도 있습니다. 러스트의 멋진 점은 unsafe 코드 블록을 사용하지 않는다면 컴파일러가 많은 작업을 대신 해준다는 것입니다. 컴파일러가 다소 무딘 도구이고 최적화의 상당 부분을 프로그래머에게 맡기는 C와 같은 언어도 마찬가지입니다. 하지만 엄밀히 말하면 Clang과 GCC 모두 C 코드 최적화를 훌륭하게 수행합니다.

그럼에도 불구하고 러스트의 안티패턴이라는 주제는 살펴볼 가치가 있으며, 이 장에서 러스트와 그 한계에 대해 더 잘 이해하고 돌아가시길 바랍니다. 마지막으로, "안티패턴이란 무엇인가?"라는 질문에 답하기 위해 안티패턴을 단순히 마음에 들지 않는 모든 패턴으로 정의하겠습니다.

10.2 unsafe 사용하기

러스트에서 모든 안티패턴의 시작은 위험한 unsafe 키워드를 부적절하게 사용하는 것입니다. 러스트에서 특별한 작업들을 하려면 unsafe 키워드를 사용해야 하지만, 이는 또한 자신의 발등을 찍는 가장 좋은 방법이기도 합니다. unsafe는 원시 포인터 작업, C 함수 호출, 프로그램에 할당된 메모리 공간 외부의 리소스 액세스 또는 수정 등 러스트의 언어 규칙을 위반하는 작업을 수행할 수 있는 탈출구라고 생각하면 됩니다. 러스트를 사용하는 대부분의 상황에는 unsafe 키워드가 필요하지 않기 때문에 이 키워드의 사용을 면밀히 검토해야 합니다.

표준 라이브러리는 전체적으로 unsafe 코드를 사용하기 때문에 적어도 간접적으로라도 불안전한 코드를 사용하지 않고 러스트를 사용하는 것은 거의 불가능합니다. 표준 라이브러리의 코드를 꼼꼼히 살펴볼 필요 없이 Box, Vec, String의 구현에서와 같이 unsafe의 용도를 찾을 수 있습니다. 메모리 할당과 할당 해제, OS 시스템 호출 그리고 기타 저수준 연산도 unsafe 연산입니다. 표준 라이브러리에서 unsafe 코드의 많은 예시를 찾을 수 있습니다. C 스타일의 외부 함수 인터페이스 Foreign Function Interface, FFI, 시스템 호출 등과 같은 작업은 최적화를 하거나 다른 방법으로는 안전하게 수행할 수 없는 필수 연산입니다. 예를 들어, `Vec::insert()` 메서드의 구현에는 벡터 내 삽입을 최적화해서 구현한 코드 10.1에 표시된 unsafe 코드 블록이 포함되어 있습니다.

코드 10.1 러스트 표준 라이브러리의 `Vec::insert()`

```rust
pub fn insert(&mut self, index: usize, element: T) {
    #[cold]
    #[cfg_attr(not(feature = "panic_immediate_abort"), inline(never))]
    #[track_caller]
    fn assert_failed(index: usize, len: usize) -> ! {
```

```
        panic!("insertion index (is {index}) should be <= len (is {len})");
    }

    let len = self.len();

    // 새 요소를 위한 공간
    if len == self.buf.capacity() {
        self.reserve(1);
    }

    unsafe {    ← unsafe 블록의 시작입니다.
        // 문제없는 코드
        // 새 요소를 넣는 곳
        {
            let p = self.as_mut_ptr().add(index);   ← as_mut_ptr()과 포인터 연산을 사용해
                                                      Vec의 버퍼에 대한 가변 포인터를 가져옵니다.
                                                      as_mut_ptr() 호출은 안전하지만
                                                      반환된 포인터에 대한 add() 호출은 unsafe입니다.
            if index < len {
                // 모든 것을 시프트해서 공간을 만듦
                // `index`번째 요소를 복사해서 2개의 연속된 공간에 할당
                ptr::copy(p, p.add(1), len - index);   ← 새 요소를 위한 공간을 만들기 위해 ptr::copy()와
                                                         함께 포인터 연산을 사용해 요소를 이동합니다.
            } else if index == len {
                // 요소를 시프트할 필요 없음
            } else {
                assert_failed(index, len);
            }
            // `index`번째 요소의 첫 번째 복사본을 덮어쓰면서 값을 씁니다.
            ptr::write(p, element);   ← ptr::write()를 사용해 새 요소를 Vec에 씁니다.
        }
        self.set_len(len + 1);
    }
}
```

왜 `insert()` 메서드가 `unsafe` 코드 블록으로 구현되는지 궁금할 수 있습니다. 간단한 대답은 `unsafe` 버전의 삽입이 안전한 버전보다 훨씬 빠르기 때문에 표준 라이브러리 작성자가 성능상의 이유로 이러한 절충안을 선택했다는 것입니다. 특히, `ptr::copy()`는 복사하는 메모리 영역이 겹치지 않는 한 SIMD_{Single Instruction, Multiple Data}(단일 명령어, 다중 데이터)와 기타 저수준 명령어로 최적화할 수 있는 C의 `memmove()`와 동일합니다. 이 코드는 오류가 없도록 작성되어 실제로는 `unsafe` 코드라도 코드가 패닉에 빠지거나 정의되지 않은 동작을 일으킬 수 없습니다. 코드 10.1에서 표준 라이브러리의 작성자는 `unsafe`의 사용에 대한 주석을 제공함으로써 그 사용을 문서화했습니다. 이는 좋은 습관입니다.

10.2.1 unsafe는 어떤 기능을 하나요?

잠시 시간을 내어 러스트에서 unsafe가 필요한 이유와 언제 사용해야 하는지에 대해 알아보겠습니다. 러스트에서 unsafe 키워드는 다음과 같은 효과가 있습니다.

- 원시 포인터를 역참조할 수 있습니다.
- unsafe 함수나 메서드를 호출할 수 있게 해줍니다.
- 가변 정적 변수에 접근하거나 수정할 수 있습니다.
- unsafe 트레이트를 구현할 수 있습니다.
- C 호환성을 위해 제공되는 union 타입의 필드에 접근할 수 있습니다.

실제로는 C 라이브러리나 기타 FFI 기반 코드로 작업할 때 unsafe를 가장 자주 사용해야 합니다. 예를 들어, 파이썬 라이브러리와 통합하려면 unsafe를 사용해 파이썬 C API를 호출해야 합니다. 하지만 필요한 바인딩을 제공하는 PyO3(https://github.com/PyO3/pyo3)와 같은 프레임워크를 사용하는 편이 더 나을 수 있습니다.

특히 C 라이브러리는 원시 포인터 사용, 수동 메모리 할당 및 할당 해제, 기타 러스트에서 금지된 사항들을 사용하는 것으로 잘 알려져 있습니다. 파일 읽기 및 쓰기, 프로세스 생성 및 관리, 주변 장치 접근 등 OS와 상호작용하기 위해 반드시 수행해야 하는 시스템 호출 작업을 할 때는 C 라이브러리를 사용해야 합니다.

러스트 표준 라이브러리는 많은 안전한 추상화를 제공하므로 unsafe 코드를 직접 작성할 필요는 없지만, 이러한 추상화를 사용할 때는 unsafe 코드를 사용하고 있다는 것을 알고 있어야 합니다. 예를 들어 `std::ffi` 모듈은 `CString`, `CStr`, `OsStr`, `OsString`과 같은 FFI에 대한 안전한 추상화를 제공합니다. `std::fs` 모듈은 `File`, `DirEntry`, `Metadata`와 같은 파일 I/O에 대한 안전한 추상화를 제공합니다. `std::process` 모듈은 `Command`, `ExitStatus`, `Stdio`와 같은 프로세스 관리에 대한 안전한 추상화를 제공합니다.

포인터 연산의 경우, `std::ptr` 모듈은 포인터로 작업할 수 있는 추상화를 제공합니다. 그러나 대부분의 주요 메서드는 unsafe이므로 unsafe 블록을 사용해야 합니다.

메모리 할당과 할당 해제도 unsafe 연산이며, 표준 라이브러리는 이러한 연산에 대해 `Box`, `Vec`, `String`과 같은 안전한 추상화를 제공합니다. 내부적으로 `Box`, `Vec`, `String`은 러스트의 `Allocator`

트레이트를 사용하는데, 이는 유닉스UNIX와 유사한 시스템에서는 `malloc()` 및 `free()`, 윈도우에서는 `HeapAlloc()` 및 `HeapFree()`를 감싸는 것입니다. 할당 API는 메모리를 할당하고 할당 해제할 수 있는 unsafe Allocator 트레이트의 일부인 함수 집합으로, 표준 라이브러리는 이를 사용해 메모리 할당 및 할당 해제에 대한 안전한 추상화를 제공합니다. 할당 API는 아직 실험 단계이며 나이틀리에서만 사용할 수 있습니다.

10.2.2 unsafe는 어디에 사용할 수 있나요?

unsafe는 다음과 같은 방법으로 사용할 수 있습니다.

- `unsafe { ... }`와 같이 중괄호로 둘러싸인 unsafe 키워드를 사용하면 코드 블록을 unsafe로 정의할 수 있습니다. 블록은 표현식으로 평가되며, 블록의 값은 블록의 마지막 표현식 값입니다.
- `unsafe fn foo() { ... }`와 같이 함수를 unsafe로 정의할 수 있습니다. unsafe 블록 또는 다른 unsafe 함수 내에서만 unsafe 함수를 호출할 수 있습니다.
- `unsafe trait Foo { ... }`와 같이 트레이트를 unsafe로 정의할 수 있습니다. unsafe 트레이트에는 일반 메서드와 unsafe 메서드가 포함될 수 있지만, unsafe 블록이나 함수 내에서만 unsafe 메서드를 호출할 수 있습니다. 하나 이상의 unsafe 메서드가 있는 모든 트레이트는 unsafe로 간주됩니다.

코드 10.2는 C 표준 라이브러리에서 `printf()`를 호출하는 unsafe 함수를 보여주는 예제입니다.

코드 10.2 `printf()`를 호출하는 unsafe 함수 정의하기

```
unsafe fn unsafe_function() {
    libc::printf(
        "calling C's printf() within unsafe_function()\n\\0".as_ptr()
            as *const i8,
    );
}
```

이 코드는 unsafe 블록 내에서 `unsafe_function()`을 호출해서 테스트할 수 있습니다.

코드 10.3 unsafe 블록 내에서 `unsafe_function()` 호출하기

```
unsafe {
    unsafe_function();
}
```

이 코드를 실행하면 다음과 같이 출력됩니다.

```
calling C's printf() within unsafe_function()
```

unsafe 트레이트도 정의할 수 있습니다.

코드 10.4 unsafe 트레이트 정의하기

```rust
unsafe trait UnsafeTrait {
    fn safe_method(&self);
    unsafe fn unsafe_method(&self);
}

struct MyStruct;

unsafe impl UnsafeTrait for MyStruct {
    fn safe_method(&self) {
        println!("calling println!() within UnsafeTrait::safe_method()");
    }
    unsafe fn unsafe_method(&self) {
        libc::printf(
            "calling C's printf() within UnsafeTrait::unsafe_method()\n\\0"
                .as_ptr() as *const i8,
        );
    }
}
```

이 예제에는 unsafe 블록을 사용하지 않고도 호출할 수 있는 안전한 메서드인 safe_method()도 있습니다. unsafe_method()는 unsafe 블록 내에서 호출할 수 있습니다.

코드 10.5 unsafe 트레이트 테스트하기

```rust
let my_struct = MyStruct;
my_struct.safe_method();
unsafe {
    my_struct.unsafe_method();
}
```

이 코드를 실행하면 다음과 같이 출력됩니다.

```
calling println!() within UnsafeTrait::safe_method()
calling C's printf() within UnsafeTrait::unsafe_method()
```

안전하지 않은 코드를 안전한 추상화 뒤에 숨기는 것이 가능함을 알 수 있습니다. 이것이 의도된 기능인지 혹 버그인지는 의견이 갈립니다. 실제로 러스트와 같이 안전하지 않은 코드가 100% 없는 프로그래밍 언어를 만드는 것은 불가능하므로 안전한 코드가 안전하지 않은 코드를 숨길 수 있도록 허용하는 러스트의 선택은 실용적인 선택입니다.

`#![forbid(unsafe_code)]` 애트리뷰트를 사용하여 크레이트에 `unsafe` 코드가 포함되지 않도록 할 수 있지만, 이 애트리뷰트는 의존성으로 포함하는 크레이트나 러스트 표준 라이브러리에는 적용되지 않습니다. 즉, `#![forbid(unsafe_code)]` 애트리뷰트를 사용하더라도 직접 작성하지 않은 `unsafe` 코드를 사용할 가능성이 매우 높습니다.

코드 10.6 `#![forbid(unsafe_code)]` 사용하기

```rust
#![forbid(unsafe_code)]

fn main() {
    // unsafe {                                    ← 이 줄을 주석 처리하지 않으면
    //     libc::printf("Hello, world!\n".as_ptr() as *const _);    컴파일 오류가 발생합니다.
    // }
    let mut fruits = vec!["apple", "banana", "cherry"];
    fruits.insert(0, "orange");    ← 이 줄은 unsafe 코드가 포함된 Vec::insert()를 호출하더라도
}                                     컴파일 오류를 일으키지 않습니다.
```

NOTE 이 글을 작성하는 시점에 러스트는 의존성에 `unsafe` 코드가 없는지 확인하는 방법을 제공하지 않지만, `cargo-geiger` 크레이트(https://crates.io/crates/cargo-geiger)를 사용하면 크레이트의 `unsafe` 코드의 양과 해당 의존성을 분석할 수 있습니다.

10.2.3 언제 unsafe를 사용해야 하나요?

`unsafe` 코드의 주요 사용 사례는 다음과 같습니다.

- C 라이브러리 또는 기타 FFI 기반 코드 작업
- 표준 라이브러리에 안전한 추상화가 없는 시스템 호출 만들기
- `unsafe` 코드 위에 안전한 추상화를 구현하는 경우
- 안전하게 표현할 수 없는 저수준 최적화 작성

일부 러스트 사용자는 `unsafe` 코드를 피해야 한다는 독단적인 견해를 갖고 있지만, 저도 동의하는 좀 더 실용적인 견해는 가능하면 `unsafe`를 피하되 필요할 때 사용하는 것을 두려워해서는 안 된

다는 것입니다. 부득이하게 unsafe를 사용해야 하는 경우에는 코드가 올바르고 정의되지 않은 동작을 유발하지 않도록 각별히 주의를 기울여야 합니다. 이는 말처럼 쉬운 일이 아니며, unsafe 코드가 안티패턴으로 간주되는 이유 중 하나입니다.

불가피하게 unsafe 코드를 사용해야 하는 경우 프로퍼티 테스트, 퍼즈 테스트, 정적 분석 도구와 같은 강력한 도구를 사용하면 치명적인 버그가 발생할 가능성을 줄일 수 있습니다. 러스트 커뮤니티에서는 unsafe 사용에 대한 일련의 가이드라인을 개발했으며, https://rust-lang.github.io/unsafe-code-guidelines에서 확인할 수 있습니다.

10.2.4 unsafe는 위험한가요?

대부분의 경우, 특히 러스트 표준 라이브러리에서는 unsafe 코드에 대해 걱정할 필요가 없습니다. 표준 라이브러리는 잘 테스트되고 잘 유지 관리되며, 러스트 코어 팀은 표준 라이브러리에 정의되지 않은 동작이 없는지 확인하기 위해 주의를 기울이고 있습니다. 또한 표준 라이브러리는 unsafe 코드에 대해 안전한 추상화를 제공하도록 설계되었으므로 대부분의 경우 unsafe 코드를 작성할 필요가 없습니다.

저는 표준 라이브러리에서 완전히 다루지 않는 OS 수준의 추상화 작업과 같이 안전하지 않은 코드를 사용해야 하는 경우를 접한 적이 있습니다. 표준 라이브러리의 추상화에 대한 한 가지 단점은 크로스 플랫폼용으로 설계되었으며 일반적으로 모든 플랫폼에서 가능한 것의 최저 공통 분모를 나타낸다는 것입니다. 따라서 윈도우 API와 같은 플랫폼별 기능에 접근하거나 플랫폼별 최적화를 활용하기 위해 unsafe 코드를 사용해야 할 수도 있습니다. 러스트, 소유권 대여 검사기, 리소스의 획득은 초기화Resource Acquisition Is Initialization, RAII 및 스마트 포인터 사용과 같은 러스트의 리소스 관리 모범 사례를 잘 이해하고 있다면 unsafe 코드는 생각만큼 무섭지 않다는 사실을 알게 될 것입니다.

10.3 unwrap() 사용하기

unwrap() 메서드의 부적절한 사용은 러스트의 일반적인 안티패턴으로, Option 또는 Result 값을 처리하는 데 소홀할 때 자주 사용됩니다. 하지만 다음 메서드 중 하나 이상으로 대체하면 비교적 쉽게 unwrap() 사용을 피할 수 있습니다.

- `expect()`: 이 메서드는 `unwrap()`과 유사하지만 값이 `None` 또는 `Err`(각각 Option 및 Result의 경우)일 때 사용자 정의 오류 메시지를 제공할 수 있습니다. `expect()`는 디버깅에 유용할 수 있지만, 프로덕션 코드에서 오류를 처리하는 데 사용하는 것은 프로그램이 종료되어야 하는 예상 동작인 경우에만 좋은 생각입니다. `expect()`를 사용하는 것은 기능적으로 `assert!(value.is_some())`과 같은 어설션assertion을 사용하는 것과 동일합니다.
- `map()`: 이 메서드를 사용하면 클로저를 사용해 `Option` 또는 `Result`의 값을 변환할 수 있습니다. 값이 `None` 또는 `Err`이면 클로저가 호출되지 않고 메서드는 `None` 또는 `Err`를 반환합니다.
- `and_then()`: 이 메서드를 사용하면 깊게 중첩된 `match` 또는 `if let` 문을 피하면서 `Option` 또는 `Result` 값을 연결할 수 있습니다.
- `unwrap_or()`: 이 메서드를 사용하면 값이 `None` 또는 `Err`인 경우 기본값을 제공할 수 있으며 패닉을 방지할 수 있습니다.
- `?`: 이 연산자를 사용하면 호출 스택 위로 오류를 전파할 수 있으며, 특히 `Result` 값으로 작업할 때 유용합니다.

`unwrap()`이 항상 안티패턴인 것은 아니지만, 오류 처리나 `None` 값의 가능성을 고려하지 않고 있음을 나타내기 때문에 코드의 품질을 떨어뜨리는 경우가 많습니다. 또한 프로그램의 제어 흐름이나 실패 가능성에 대해 생각하지 않고 있다는 신호이기도 합니다.

예외가 있는데, 예를 들어 값이 `None` 또는 `Err`가 아닐 것이라고 합리적으로 확신하는 경우입니다. 이러한 경우 값이 `None` 또는 `Err`일 때 더 많은 정보를 제공하므로 사용자 정의 오류 메시지와 함께 `expect()`를 사용하는 것이 훨씬 좋습니다.

10.4 Vec을 사용하지 않는 것

동적 배열인 `Vec` 타입은 러스트에서 가장 일반적으로 사용되는 타입 중 하나이고, 대부분의 사용 사례에 적합한 선택입니다. 많은 사람이 `Vec`을 사용하지 않고 사용자 정의 데이터 구조를 작성하거나 맵, 집합, 트리 또는 연결 리스트를 사용해 코드를 최적화하려고 시도하는 실수를 저지르곤 합니다.

알고 보면 `Vec`은 워크로드가 많은 상황에서도 놀라울 정도로 빠릅니다. 대부분의 경우 다양한 벤치마크에서 최고의 성능을 제공합니다. 예를 들어, `HashSet`이나 `HashMap`은 조회 속도가 매우 빠르지만, 컬렉션에 새로운 요소를 추가해야 하는 경우 Vec이 더 빠른 경우가 많습니다. 정렬된 컬렉션에는 좋지만 많은 워크로드에서 Vec만큼 빠르지는 않은 BTreeSet과 BTreeMap도 마찬가지입니다. LinkedList는 많은 워크로드에서 Vec보다 느리고 메모리 효율도 떨어지는 경우가 많습니다. 이를 보여드리기 위해 다음 작업을 수행하는 Vec, HashSet, LinkedList에 대한 간단한 벤치마크 세트를 작성해 보았습니다.

- 빈 컬렉션에 1,000,000개의 요소 추가하기
- 1,000,000개의 고유 요소로 구성된 컬렉션 내에서 1,000개의 임의의 값 찾기
- 1,000,000개의 컬렉션에서 1,000개의 요소 제거하기

코드 10.7은 추가 벤치마크를 보여줍니다. 전체 벤치마크는 이 책의 소스 코드를 참조하세요.

코드 10.7 Vec, HashSet, LinkedList의 값 추가 벤치마크

```rust
#[bench]
fn vec_append(b: &mut Bencher) {
    b.iter(|| {
        let mut nums: Vec<i32> = Vec::new();
        for n in 0..1_000_000 {
            nums.push(n);
        }
    });
}

#[bench]
fn list_append(b: &mut Bencher) {
    b.iter(|| {
        let mut nums: LinkedList<i32> = LinkedList::new();
        for n in 0..1_000_000 {
            nums.push_back(n);
        }
    });
}

#[bench]
fn set_append(b: &mut Bencher) {
    b.iter(|| {
        let mut nums: HashSet<i32> = HashSet::new();
        for n in 0..1_000_000 {
            nums.insert(n);
        }
    });
}
```

모든 벤치마크를 실행한 결과, `Vec`이 항상 가장 빠른 것은 아니지만 세 가지 테스트 모두에서 놀라울 정도로 우수한 성능을 발휘하는 것으로 나타났습니다. 코드 10.8은 그 결과를 보여줍니다.

코드 10.8 `Vec`, `HashSet`, `LinkedList`의 벤치마크 결과

```
running 9 tests
test tests::list_append ... bench:   53,860,800 ns/iter (+/- 2,306,429)
test tests::list_find   ... bench:      527,207 ns/iter (+/- 26,305)
test tests::list_remove ... bench:   61,830,454 ns/iter (+/- 1,462,953)
test tests::set_append  ... bench:   23,774,245 ns/iter (+/- 549,095)
test tests::set_find    ... bench:           11 ns/iter (+/- 0)
test tests::set_remove  ... bench:      839,977 ns/iter (+/- 4,571)
test tests::vec_append  ... bench:    2,095,262 ns/iter (+/- 146,611)
test tests::vec_find    ... bench:      133,359 ns/iter (+/- 11,424)
test tests::vec_remove  ... bench:    3,319,558 ns/iter (+/- 57,979)

test result: ok. 0 passed; 0 failed; 0 ignored; 9 measured; 0 filtered out;
finished in 136.97s
```

`Vec`은 모든 벤치마크에서 `LinkedList`를 능가하며, `HashSet`은 요소를 제거하고 찾는 데는 더 빠르지만 새 요소를 추가하는 데는 상당히 느립니다. `Vec` 타입은 `HashSet`이나 `LinkedList`보다 메모리를 효율적으로 사용하며, 많은 경우 작업하기가 더 쉽습니다.

복잡성 측면에서 이러한 결과는 우리가 예상한 것과 크게 다르지 않습니다. 표 10.1은 `Vec`, `HashSet`, `LinkedList`를 사용한 일반적인 연산에 대한 빅 오$_{\text{Big O}}$와 빅 세타$_{\text{Big theta}}$ 복잡성을 보여줍니다.

> NOTE 러스트 문서에서는 평균 복잡성과 최악의 복잡성을 구분하지 않기 때문에 제 분석은 러스트 문서에서 볼 수 있는 것과 다릅니다.

표 10.1 `Vec`, `HashSet`, `LinkedList`를 사용한 일반적인 연산에 대한 빅 오 / 빅 세타 복잡성 요약

구조체	추가		탐색		삭제	
	평균	최악	평균	최악	평균	최악
Vec	Θ(n)	O(n)	Θ(n)	O(n)	Θ(n)	O(n)
HashSet	Θ(1)	O(n)	Θ(1)	O(n)	Θ(1)	O(n)
LinkedList	Θ(1)	O(1)	Θ(n)	O(n)	Θ(n)	O(n)

테이블이나 벤치마크에서는 O(1)인 인덱싱 조회를 제외한 다른 작업에서는 `Vec`의 성능이 크게 뛰어나지 않은 것으로 보입니다. 그러나 실제 평균 성능은 다양한 워크로드에서 놀라울 정도로 우수합니다. 한 번에 하나씩 백만 개의 요소를 삽입할 때 `LinkedList`가 `Vec`보다 성능이 현저히 떨어지는데, 이러한 성능 저하는 `LinkedList`가 각 요소에 메모리를 할당해야 하는 반면 `Vec`은 메모리를 청크 단위로 할당하기 때문에 발생하는 것일 수 있습니다. 해시 테이블이 증가함에 따라 `HashSet`의 추가 또는 삽입 작업 성능도 할당과 재조정 비용으로 인해 좋지 않습니다.

러스트의 벤치마크 도구

`#[bench]` 애트리뷰트를 사용하면 일반 단위 테스트와 마찬가지로 모든 작업을 벤치마크하는 단위 테스트를 정의할 수 있습니다. 벤치마크 도구는 벤치마크를 여러 번 실행하고 벤치마크 실행에 걸린 평균 시간과 표준 편차를 제공합니다.

러스트의 테스트 라이브러리에는 코드 블록을 실행하는 데 걸리는 시간을 측정하는 메서드를 제공하는 `Bencher` 객체가 포함되어 있습니다. `Bencher` 구조체는 클로저를 받아들이는 `iter()` 메서드를 제공하며, 여기에 벤치마크하려는 코드를 배치할 수 있습니다. 모든 사전 설정과 테스트 해체는 `Bencher::iter()` 호출 전후에 이루어져야 합니다. 최소한의 벤치마크 테스트는 다음 코드와 같습니다.

```
#![feature(test)]

#[cfg(test)]
mod test {
    extern crate test;
    use test::Bencher;
    #[bench]        ◀— #[bench] 애트리뷰트는 함수를 벤치마크로 표시합니다.
    fn hello_world_10_times(b: &mut Bencher) {
        b.iter(|| {  ◀— Bencher 객체의 iter() 메서드는 벤치마크를 여러 번 실행합니다.
            for _ in 0..10 {
                println!("Hello, world!");     ◀— 벤치마크할 코드는 iter()에 전달된 클로저 안에 배치됩니다.
            }                                     이 예제에서는 클로저 내에서 테스트를 10회 실행하고 있으며,
        });                                       이 클로저도 여러 번 호출됩니다.
    }
}
```

`cargo bench` 명령을 실행하면 릴리스 모드에서 코드가 컴파일되고 벤치마크가 실행됩니다. `cargo bench`는 `cargo test` 명령과 유사한 인자를 사용하기 때문에 이름별로 벤치마크를 필터링하거나 특정 벤치마크만 실행할 수 있습니다. `cargo bench`를 실행하면 러스트의 테스트 라이브러리는 다음 규칙에 따라 `Bencher::iter()` 내에서 코드를 실행하여 안정적인 결과를 얻습니다.

1. 벤치마크가 50회 실행되고 결과의 요약이 계산됩니다.
2. 결과에서 이상값을 제거합니다(결과의 가장 빠른 5%와 가장 느린 5%).
3. 벤치마크를 50회 다시 실행하고 결과를 계산합니다.

4   다음 조건 중 하나라도 충족되면 결과가 반환됩니다.
    - 결과의 표준 편차가 100밀리초 미만입니다.
    - 벤치마크가 3초 이상 실행되었습니다.
5   두 조건이 모두 충족되지 않으면 벤치마크가 1단계부터 다시 실행됩니다.

러스트에서 벤치마크를 실행하려면 다양한 기능을 제공하는 벤치마크 도구인 Criterion.rs 크레이트(https://bheisler.github.io/criterion.rs/book)를 사용할 수 있습니다. Criterion.rs는 하스켈의 Criterion 라이브러리를 러스트로 포팅한 것입니다.

`Vec`은 연속적인 메모리 블록을 사용하므로 대부분의 최신 CPU에서 캐시 친화적이며 컴파일러가 명령어 수준에서 연산을 최적화할 수 있다는 이점이 있습니다. 데이터 지역성locality은 특히 컴퓨터에서 메인 메모리(RAM)에 접근하는 것이 CPU의 캐시에 접근하는 것보다 훨씬 느릴 때 중요한 성능 요소입니다. `Vec`은 또한 연속된 메모리 블록을 비교적 간단하게 관리할 수 있다는 장점도 있습니다. 요소를 이동하는 것은 비교적 간단하고 복잡한 알고리즘이 필요하지 않으며, 대부분의 경우 최신 컴퓨터에서는 매우 빠른 메모리 복사 문제일 뿐입니다.

실제로 어떤 경우에는 집합, 맵, 트리 또는 연결 리스트가 벡터를 능가하는 경우도 있지만, 생각보다 이러한 타입이 더 유리하다는 것을 검증하기 어려울 수 있습니다. `Vec`은 대부분의 워크로드에 적합하며 많은 워크로드에서 탁월한 선택입니다. 확실하지 않은 경우 `Vec`을 사용하거나 최소한 시간을 들여 코드를 벤치마크한 후 더 복잡한 데이터 구조를 사용하세요.

10.5 너무 많은 복제

일부 러스트 사용자들은 `clone()` 메서드만 보면 움찔하곤 하는데, 많은 경우 그럴 만한 이유가 있습니다. 저는 복제 반대론자는 아니지만, `clone()` 메서드가 필요 없는데도 남용되어 사용되는 경우가 많다고 생각합니다.

`clone()` 메서드는 값의 심층 복사본deep copy을 생성하는데, 제가 본 바로는 일부 러스트 프로그래머는 소유권 및 대여에 대해 생각하지 않기 위해 이 메서드를 많이 사용합니다. 이 접근 방식은 명백한 잘못입니다. 성능 문제와 메모리 증가를 초래할 수 있으며 버그를 유발할 수도 있습니다.

하지만 `clone()`을 호출하는 것이 항상 나쁜 것은 아닙니다. 9장에서는 불변 데이터 구조를 구현하는 간단한 방법으로 `clone()`을 사용하는 것이 괜찮다는 사실을 설명했습니다. 하지만 소유권 대여 검사기를 우회하거나 피하기 위해 `clone()`을 사용하고 있다면 한 걸음 물러서서 자신의 설계를 다시 생각해 봐야 합니다. 물론 모든 일이 그렇듯이, 주어진 정보에 기반해 신중하게 선택한다면, 특히 벤치마크와 데이터를 기반으로 한 결정이라면 `clone()`을 사용하는 것에 대해 나쁘게 생각하지 않아야 합니다.

10.6 다형성 모방을 위한 Deref 사용

다형성polymorphism은 서로 다른 타입의 객체를 마치 같은 타입인 것처럼 취급할 수 있는 기법입니다. 객체 지향 언어는 서브타이핑subtyping이나 상속을 통해 다형성 사용을 장려하는데, 러스트에는 이러한 기능이 없습니다.

때로는 `Deref` 트레이트의 강제coercion를 사용해 컴파일러가 호출하려는 메서드를 유추하도록 함으로써 객체 작업을 더 쉽게 할 수도 있습니다. 어떤 면에서는 C++나 자바 같은 언어에서 볼 수 있는 다형성을 효과적으로 모방하고 있는 셈입니다. 이러한 접근 방식이 항상 나쁜 것은 아니지만, 러스트의 관용적인 방법으로 설계하지 않고 있다는 신호일 수 있습니다.

`Deref` 트레이트와 그의 가변 대응 요소인 `DerefMut`를 사용하면 `*value`에서와 같이 `*` 연산자를 사용하여 값을 역참조할 수 있습니다. 또한 컴파일러는 `Box`, `Rc`, `Arc`와 같이 스마트 포인터로 감싸진 값에 대한 메서드 호출을 허용하기 위해 암시적으로 `Deref` 트레이트를 사용합니다. 다시 말해, 다음과 같이 `let value: Box<T> = Box::new(T);`를 사용하면 `value.method()`에서처럼 값을 역참조하지 않고 마치 T인 것처럼 값에 대한 메서드를 호출할 수 있습니다.

7장에서는 래퍼 구조체에 대해 논의하면서 `Deref` 트레이트를 사용하면 래퍼 구조체를 감싸는 타입인 것처럼 취급할 수 있는 방법을 보여줍니다. 러스트의 스마트 포인터도 비슷한 방식으로 `Deref`를 사용합니다. 이건 `Deref`의 일반적인 사용 방법이지만 다형성은 아닙니다. 대부분의 경우 트레이트와 제네릭을 사용하거나 필요에 따라 내부 값을 반환하는 메서드를 제공함으로써 다형성을 모방하기 위해 `Deref`를 사용하지 않을 수 있습니다. 코드 10.9는 `Deref` 강제를 사용해 튜플 구조체 `Person`의 첫 번째 멤버를 반환하는 간단한 예제에서 `Deref`의 사용법을 보여줍니다.

코드 10.9 `Deref` 강제

```
use std::ops::Deref;

struct Person(String, String, u32);    ◀── 이름, 성, 나이가 있는 튜플 구조체입니다.
```

```
impl Deref for Person {              ← Person에 대해 문자열로 역참조할 수 있도록
    type Target = String;               Deref 트레이트를 구현합니다.

    fn deref(&self) -> &Self::Target {
        &self.0      ← 감싸진 String에 대한 레퍼런스를 반환하는
    }                  deref() 메서드를 구현합니다.
}

fn main() {
    let ferris = Person("Ferris".to_string(), "Bueller".to_string(), 17);
    println!("Hello, {}!", *ferris);   ← 변수명을 역참조해 내부 String을 가져옵니다.
    println!("The length of a person is {}", ferris.len());  ← Deref 강제를 통해 이름에 대해
}                                                                마치 String인 것처럼
                                                                 len() 메서드를 호출합니다.
```

이 예제에서는 이름과 성을 나타내는 2개의 문자열과 나이를 감싸는 튜플 구조체 `Person`이 있습니다. `Deref` 강제를 통해 마치 문자열인 것처럼 `ferris`에서 `len()` 메서드를 호출할 수 있습니다. 이 예제에서는 사람의 이름을 반환하고 있지만, 왜 이렇게 하는지 독자가 바로 알 수 없습니다. 메서드에서 직접 이름을 반환하지 않는 이유는 무엇일까요? 이 코드가 관용적인 러스트가 아니기 때문에 혼란스러울 것입니다. 특별한 경우를 위해 `Person`이 `String`처럼 동작하도록 만들고 있지만, 왜 그렇게 해야 하는지는 불분명합니다. 위의 코드를 실행하면 다음과 같이 출력됩니다.

```
Hello, Ferris!
The length of a person is 6
```

내부 문자열을 반환하는 `first_name()` 메서드를 구현하거나 훨씬 더 명확한 `first_name_len()` 메서드를 제공할 수도 있었을 것입니다. 문자열을 반환한다면 `ferris.first_name().len()`으로 길이를 구하는 데 충분하겠지만요. 이름에 접근하는 작은 편의성은 `Deref`가 도입한 모호함을 감수할 가치가 없습니다. `first_name_len()` 메서드를 다음과 같이 구현할 수 있습니다.

```
impl Person {
    fn first_name_len(&self) -> usize {
        self.0.len()
    }
}
```

Deref를 사용해 다형성을 모방하는 한 가지 방법은 코드 10.10과 같습니다. 이 예제에서는 `Animal` 트레이트를 구현하는 `Dog`와 `Animal` 트레이트를 구현하는 `Cat`을 보여줍니다.

코드 10.10 트레이트 객체로 다형성을 모방하는 좋은 방법

```rust
trait Animal {
    fn speak(&self) -> &str;
    fn name(&self) -> &str;
}

struct Dog {
    name: String,
}
impl Dog {
    fn new(name: &str) -> Self {
        Self {
            name: name.to_string(),
        }
    }
}
impl Animal for Dog {
    fn speak(&self) -> &str {
        "Woof!"
    }
    fn name(&self) -> &str {
        &self.name
    }
}

struct Cat {
    name: String,
}
impl Cat {
    fn new(name: &str) -> Self {
        Self {
            name: name.to_string(),
        }
    }
}
impl Animal for Cat {
    fn speak(&self) -> &str {
        "Meow!"
    }
    fn name(&self) -> &str {
        &self.name
    }
}
```

코드 10.11을 실행하면 코드 10.10을 테스트할 수 있습니다. `Box<dyn Animal>` 타입의 벡터를 생성하고 벡터의 각 `Animal`에 대해 `speak()` 메서드를 호출해 보겠습니다.

코드 10.11 트레이트 객체로 다형성 테스트하기

```rust
fn main() {
    let dog = Box::new(Dog::new("Rusty"));
    let cat = Box::new(Cat::new("Misty"));

    let animals: Vec<Box<dyn Animal>> = vec![dog, cat];

    for animal in animals {
        println!("{} says {}", animal.name(), animal.speak());
    }
}
```

코드를 실행하면 다음과 같이 출력됩니다.

```
Rusty says Woof!
Misty says Meow!
```

이 예제는 관용적 러스트입니다. 트레이트 객체를 사용해 말하는 동물의 벡터를 만들었습니다.

이번에는 다형성을 모방하기 위해 `Deref`로 비슷한 것을 만들어 보겠습니다. `name` 프로퍼티가 있는 `Animal` 구조체를 생성하고 내부 `Animal`을 `Deref`로 반환해 `Dog`와 `Cat` 구조체의 슈퍼클래스로 취급하겠습니다.

코드 10.12 `Deref`로 다형성을 모방하는 잘못된 방법

```rust
use std::ops::Deref;

struct Animal {
    name: String,
}
impl Animal {
    fn new(name: &str) -> Animal {
        Animal { name: name.to_string() }
    }
    fn name(&self) -> &str {
        &self.name
    }
}
```

```rust
struct Dog(Animal);
impl Dog {
    fn new(name: &str) -> Self {
        Self(Animal::new(name))
    }
    fn speak(&self) -> &str {
        "Woof!"
    }
}
impl Deref for Dog {
    type Target = Animal;
    fn deref(&self) -> &Self::Target {
        &self.0
    }
}

struct Cat(Animal);
impl Cat {
    fn new(name: &str) -> Self {
        Self(Animal::new(name))
    }
    fn speak(&self) -> &str {
        "Meow!"
    }
}
impl Deref for Cat {
    type Target = Animal;
    fn deref(&self) -> &Self::Target {
        &self.0
    }
}
```

코드 10.13을 실행해 코드 10.12를 테스트할 수 있습니다.

코드 10.13 Deref로 다형성 테스트하기

```rust
fn main() {
    let dog = Dog::new("Rusty");
    let cat = Cat::new("Misty");
    println!("{} says: {}", dog.name(), dog.speak());
    println!("{} says: {}", cat.name(), cat.speak());
}
```

코드를 실행하면 다음과 같이 출력됩니다.

```
Rusty says: Woof!
Misty says: Meow!
```

이 예제는 관용적 러스트가 아닙니다. 다형성을 모방하기 위해 `Deref`를 사용했습니다. 이렇게 하면 코드를 읽는 사람에게 혼란을 주게 됩니다. `Animal` 구조체는 `Dog`와 `Cat`의 슈퍼클래스가 아니며, `Dog`와 `Cat`을 `Animal`로 취급해야 하는 이유도 불분명합니다.

`Deref`를 완전히 피할 필요는 없지만, 특히 혼란스럽거나 오해의 소지가 있는 문맥에서 남용하거나 오용하는 것은 피해야 합니다. 자바 또는 C++의 다형성을 모방하기 위해 `Deref`를 사용하고 있다면 한 걸음 물러나서 설계에 대해 다시 생각해 보는 것이 좋습니다.

10.7 전역 데이터와 싱글톤

러스트에서는 전역 데이터나 싱글톤이라는 개념을 기본적으로 제공하지 않으며, 이러한 개념을 구현하려면 약간의 작업이 필요합니다. 이는 전역 데이터와 싱글톤이 프로그래밍에서 안티패턴으로 간주되는 경우가 많고 강결합tight coupling, 테스트 가능성 저하, 코드 추론의 어려움 등 다양한 문제를 일으킬 수 있기 때문에 설계 차원에서 의도된 것입니다.

러스트에서는 `lazy_static`과 같은 크레이트를 사용해 전역 데이터나 싱글톤을 생성할 수 있지만, 그렇게 하기 전에 항상 다시 한번 생각해야 합니다. 대부분의 경우 의존성 주입을 사용하거나 함수의 인자로 데이터를 전달하면 전역 데이터나 싱글톤을 피할 수 있습니다.

특히 라이브러리의 경우 전역 데이터와 싱글톤은 라이브러리의 동작을 추론하기 어렵게 만들고 라이브러리가 다른 콘텍스트에서 사용될 때 예기치 않은 동작이 발생할 수 있다는 점에서 문제가 될 수 있습니다. 전역 데이터는 멀티스레드 프로그램에서 병목 현상이나 교착 상태의 원인이 될 수 있으며, 메모리 누수 및 기타 리소스 관리 문제로 이어질 수 있습니다.

러스트는 `std::cell::OnceCell`과 이에 대응하는 스레드 안전 `std::sync::OnceLock`을 제공하여 싱글톤을 안전하게 생성할 수 있는 방법을 제공합니다. 또는 라이브러리에서 싱글톤을 초기화하는 함수를 제공하고 싱글톤을 관리하는 방법을 결정할 수 있습니다. 이 접근 방식은 유연성을 제공하고 전역 데이터 및 싱글톤과 관련된 문제를 피할 수 있는 좋은 방법입니다.

10.8 너무 많은 스마트 포인터

스마트 포인터는 매우 유용합니다. 특히 러스트에서는 다른 언어에서는 사소한 작업을 수행하기 위해 필요한 기능입니다. 그러나 스마트 포인터를 과도하게 사용할 수도 있고, 작업에 잘못된 스마트 포인터를 사용할 수도 있습니다. 러스트는 다음과 같은 핵심 스마트 포인터 타입을 제공합니다.

- Box: 힙 할당 및 할당 해제를 제공하고 범위 간에 값을 이동할 수 있는 스마트 포인터입니다. Box를 사용하면 컴파일 타임에 크기를 알 수 없는 값을 고정된 크기(예: Sized)를 가진 객체 내에 보유할 수도 있습니다.
- Rc: 레퍼런스 카운트 스마트 포인터로, 여러 소유자 또는 값의 공유 소유권을 허용합니다. Box의 기능도 제공합니다.
- Arc: 스레드 전반에서 값의 여러 소유자를 허용하는 아토믹 레퍼런스 카운트 스마트 포인터로, Rc와 Box의 기능을 스레드 안전 방식으로 제공합니다. Arc는 값 자체를 동기화하지 않으며 레퍼런스 카운트만 동기화합니다.

일반적으로 힙에 할당된 메모리가 필요하지만 값의 소유권을 공유할 필요가 없는 경우 Box를 사용합니다. 값의 소유권을 공유해야 하지만 스레드 간에 소유권을 공유할 필요는 없는 경우 Rc를 사용합니다. 스레드 간에 값의 소유권을 공유해야 하는 경우 Arc를 사용합니다.

또한 RefCell과 Cell은 내부 가변성을 제공하며 종종 Rc 및 Arc와 함께 사용됩니다. Rc와 Arc를 사용하면 값의 소유권을 공유할 수 있지만 값을 변경할 수는 없습니다. RefCell과 Cell은 값을 변경할 수는 있지만 값의 소유권을 공유할 수는 없습니다.

하지만 때로는 스마트 포인터가 필요하지 않은데도 편리하다는 이유로, 또는 소유권 대여 검사기를 우회할 수 있다는 이유로 남용하는 경우가 있습니다. 값의 소유권이나 소유권 대여에 대해 생각하는 것보다 Rc에 무언가를 집어넣고 포인터를 복제하는 것이 더 쉬울 수 있습니다.

스마트 포인터를 남용하는 또 다른 예는 Vec 내에서 Box를 사용하는 것입니다. Box와 Vec은 모두 힙에 내용을 위한 메모리를 할당하므로 이 접근 방식은 중복될 수 있으며 Vec용과 포함된 Box용의 두 가지 할당이 필요합니다. 코드 10.14는 Vec 안의 Box에 문자열을 넣은 삼중 할당의 예를 보여줍니다.

코드 10.14 스마트 포인터 남용

```
let mut string_box_vec: Vec<Box<String>> =
    vec![Box::new(
        String::from("unecessarily boxed string")
    )];
let mut string_vec: Vec<String> =
    vec![String::from("this is okay")];
let boxed_string = string_box_vec.remove(0);
let normal_string = string_vec.remove(0);
```

- Vec 내의 Box 안에 String을 중복으로 할당합니다.
- Vec 안에 직접 String을 저장합니다.
- Vec에서 박스화된 String을 제거합니다. 이는 Vec의 포인터에 대한 포인터를 제거하는 것과 같습니다.
- Vec에서 문자열을 제거하며, 이는 단일 포인터를 제거하는 것과 같습니다.

`String`은 힙에 대한 길이를 가진 포인터에 해당하며, `Box`는 힙에 할당된 값에 대한 포인터입니다. `Box`를 사용하면 범위 간에 값을 이동할 수 있기 때문에 가끔 `Box`를 사용하기도 하지만, 이 경우 `Vec`에서 이미 이 기능을 제공하고 있기 때문에 그럴 필요가 없습니다. 문자열은 길이가 가변적이고 `Vec` 내의 각 엔티티는 고정된, 그리고 동일한 크기가 필요하기 때문에 `Vec` 안에 문자열을 넣어도 괜찮습니다.

스마트 포인터를 소유권 대여 검사기를 피하기 위한 탈출구로 사용하는 경우 설계를 다시 고려해야 합니다. 좋은 방법은 스마트 포인터 없이 코드를 작성하고 필요에 따라 스마트 포인터를 추가하는 것입니다.

10.9 앞으로 나아갈 방향

이 책을 다 읽고 난 후 기술 수준을 높이기 위한 가장 중요한 단계는 코드를 작성하고 배운 내용을 적용하는 것입니다. 연습이 가장 좋은 학습 방법이며, 코드를 작성하고, 코드에 대한 피드백을 받고, 다른 사람의 코드를 읽으면서 많은 것을 배울 수 있습니다. 학습을 진행하면서 이 책을 레퍼런스로 삼아 연습하다 보면 더 많은 것을 배울 수 있을 것입니다. 러스트에 관한 더 많은 책을 읽고 싶다면 이 책에 영감을 준 제 책인 《러스트 프로페셔널 코드》(https://jpub.tistory.com/468755)에 관심을 가져보시기 바랍니다.

러스트 공식 문서는 훌륭한 리소스이며, 이를 숙지하는 것도 좋은 생각입니다. 또한 러스트 커뮤니티는 매우 활발하게 운영되고 있으며, 러스트 서브레딧(https://reddit.com/r/rust), 러스트 디스코드 서버(https://discord.gg/rust-lang), 러스트 사용자 포럼(https://users.rust-lang.org) 등에서 많은 정보를 찾으실 수 있습니다.

마지막으로, 많은 러스트 밋업과 콘퍼런스를 통해 커뮤니티에 참여하고 다른 러스트 개발자들을 직접 만날 수 있습니다. 가끔 뉴욕시 러스트 밋업에서 저를 만날 수 있는데, 러스트와 프로그래밍 전반에 대해 언제든지 기꺼이 이야기를 나눌 수 있습니다.

> **TIP** 뉴욕 밋업에서는 데이비드 톨네이(David Tolnay)의 러스트 퀴즈(Rust Quiz)에 나오는 질문에 답하는 전통이 있는데, 이는 기술을 연마하고 러스트의 난해한 구문과 기능을 배울 수 있는 재미있는 방법입니다. 퀴즈는 https://dtolnay.github.io/rust-quiz에서 찾을 수 있습니다.

10.10 정리하며

- 안티패턴은 특정 상황 또는 모든 상황에서 유해한 것으로 간주되는 프로그래밍 관행입니다. 안티패턴의 사용은 종종 의견의 문제이지만, 경우에 따라서는 불안전하거나 비효율적이거나 유지 관리가 어려운 경우와 같이 객관적으로 나쁜 경우도 있습니다.
- `unsafe` 키워드는 러스트에서 꼭 필요한 부분이지만 때때로 오용되거나 남용되기도 합니다. (적어도 간접적으로) `unsafe` 코드를 사용하지 않고 러스트를 사용하는 것은 거의 불가능하지만, 러스트를 접할 때는 그 사용법을 면밀히 살펴봐야 합니다. 절대로 `unsafe`를 사용해 소유권 대여 검사기를 우회해서는 안 됩니다.
- `unwrap()` 메서드는 러스트의 일반적인 안티패턴으로, `Option` 또는 `Result` 값을 처리하는 데 게을러질 때 자주 사용됩니다. `expect()`, `map()`, `and_then()`, `unwrap_or()`, `?` 연산자 중 하나 이상의 메서드를 대신 사용하면 `unwrap()`을 비교적 쉽게 피할 수 있습니다.
- `Vec`은 많은 워크로드에서 빠르며 종종 최선의 선택입니다. 다양한 벤치마크에서 `HashSet`, `HashMap`, `BTreeSet`, `BTreeMap`, `LinkedList`보다 빠른 경우가 많으며 메모리 효율도 더 높습니다.
- `clone()` 메서드는 때때로 남용되어 불필요한 경우에 자주 사용됩니다. 항상 나쁜 것은 아니지만, 코드 품질을 떨어뜨려서 성능 문제와 메모리 부풀리기를 유발할 수 있습니다.
- 러스트에서는 다형성을 모방하는 데 `Deref` 트레이트가 사용되기도 하는데, 이는 혼란을 야기할 수 있습니다. 대신 트레이트나 제네릭을 사용하거나 필요에 따라 내부 값을 반환하는 메서드를 제공해야 합니다.
- 전역 데이터와 싱글톤은 프로그래밍에서 종종 안티패턴으로 간주됩니다. 강결합, 테스트 가능성 저하, 코드 추론의 어려움 등 다양한 문제를 야기할 수 있습니다. 러스트에서는 전역 데이터나 싱글톤을 생성하기 위해 `lazy_static`과 같은 크레이트를 사용할 수 있지만, 그렇게 하기 전에 항상 두 번 생각하세요.

- 스마트 포인터는 매우 유용하지만 남용하거나 작업에 잘못된 스마트 포인터를 사용할 수 있습니다. 스마트 포인터를 소유권 대여 검사기를 피하기 위한 탈출구로 사용한다면 설계에 대해 생각해 보세요.

APPENDIX A

러스트 설치하기

이 책을 최대한 활용하려면 제대로 작동하는 러스트 툴체인이 설치되어 있어야 합니다. 러스트를 사용해 본 적이 없다면 컴파일러와 표준 라이브러리가 포함된 최신 버전의 러스트 툴체인을 설치해야 합니다. 또한 이 책에 포함된 모든 코드 샘플을 컴파일하고 실행하려면 사용 중인 OS에 따라 일부 개발 도구를 추가로 설치해야 할 수도 있습니다.

A.1 이 책에 필요한 도구 설치하기

이 책에서 제공하는 코드 샘플을 컴파일하고 실행하려면 몇 가지를 설치해야 합니다.

A.1.1 Homebrew를 사용하여 맥OS용 도구 설치하기

```
$ brew install git
```

맥OS에서는 Xcode 명령줄 도구를 설치해야 합니다.

```
$ sudo xcode-select --install
```

A.1.2 리눅스 시스템용 도구 설치하기

데비안Debian 기반 시스템용 도구를 설치하려면 다음 명령을 사용하세요.

```
$ apt-get install git build-essential
```

레드햇Red Hat 기반 시스템용 도구를 설치하려면 다음 명령을 사용하세요.

```
$ yum install git make automake gcc gcc-c++
```

> **TIP** GCC보다는 컴파일 시간이 더 빠른 경향이 있는 Clang을 설치하는 것이 좋습니다.

리눅스 및 맥OS를 포함한 유닉스 기반 운영체제에서 `rustup`을 설치하려면 다음 명령을 사용하세요.

```
$ curl --proto '=https' --tlsv1.2 -sSf https://sh.rustup.rs | sh
```

`rustup`을 설치한 경우 안정 버전과 나이틀리 버전의 체인이 모두 설치되었는지 확인하세요.

```
$ rustup toolchain install stable nightly
...
```

A.1.3 윈도우용 도구 설치하기

윈도우 기반 OS를 사용하는 경우 https://rustup.rs에서 최신 버전의 `rustup`을 다운로드해야 합니다. Clang용 사전 빌드된 윈도우 바이너리는 https://releases.llvm.org/download.html에서 다운로드할 수 있습니다.

또는 리눅스용 윈도우 하위 시스템Windows Subsystem for Linux, WSL(https://docs.microsoft.com/en-us/windows/wsl)을 사용하면 리눅스와 동일한 환경을 구성할 수 있습니다. 많은 사용자에게 이 방법이 코드 샘플로 작업하는 가장 쉬운 방법일 수 있습니다.

A.2 rustc와 다른 러스트 구성 요소를 rustup 관리하기

rustup을 설치했다면 러스트 컴파일러와 관련 도구를 설치해야 합니다. 최소한 러스트의 안정 채널과 나이틀리 채널을 설치하는 것이 좋습니다.

A.2.1 rustc 및 기타 구성 요소 설치하기

기본적으로 안정형과 나이틀리 툴체인을 모두 설치해야 하지만 일반적으로는 가능하면 안정형으로 작업하는 것이 좋습니다. 두 툴체인을 모두 설치하려면 다음 코드를 사용하세요.

```
# 러스트 안정화 버전을 설치하고 기본 툴체인으로 선택
$ rustup default stable
...
# 나이틀리 러스트 설치
$ rustup toolchain install nightly
```

이 책의 예제에서는 `clippy`와 `rustfmt`를 사용하며, 둘 다 rustup을 사용하여 설치합니다.

```
$ rustup component add clippy rustfmt
```

A.2.2 rustup으로 기본 툴체인 전환하기

러스트로 작업할 때 안정된 툴체인과 나이틀리 툴체인 사이를 자주 전환할 수 있는데, rustup은 이 전환을 비교적 쉽게 만들어 줍니다.

```
# 안정화 툴체인으로 변경
$ rustup default stable
# 나이틀리 툴체인으로 변경
$ rustup default nightly
```

A.2.3 러스트 구성 요소 업데이트하기

rustup을 사용하면 구성 요소를 쉽게 최신 상태로 유지할 수 있습니다. 설치된 모든 툴체인과 구성 요소를 업데이트하려면 다음을 실행하면 됩니다.

```
$ rustup update
```

일반적인 상황에서는 주요 새 릴리스가 출시될 때만 업데이트를 실행하면 됩니다. 간혹 나이틀리에서 문제가 발생해 업데이트가 필요한 경우가 있지만 드문 편입니다. 설치가 정상적으로 작동하는 경우에는 너무 자주(즉, 매일) 업그레이드하면 문제가 발생할 가능성이 높으므로 그러지 않는 것이 좋습니다.

> **NOTE** 모든 러스트 구성 요소를 업데이트하면 모든 툴체인과 구성 요소를 다운로드하고 업데이트해야 하므로 대역폭이 제한된 시스템에서는 시간이 다소 걸릴 수 있습니다.

진솔한 서평을 올려주세요!

이 책 또는 이미 읽은 제이펍의 책이 있다면, 장단점을 잘 보여주는 솔직한 서평을 올려주세요.
매월 최대 5건의 우수 서평을 선별하여 원하는 제이펍 도서를 1권씩 드립니다!

- **서평 이벤트 참여 방법**
  1. 제이펍 책을 읽고 자신의 블로그나 SNS, 각 인터넷 서점 리뷰란에 서평을 올린다.
  2. 서평이 작성된 URL과 함께 review@jpub.kr로 메일을 보내 응모한다.

- **서평 당선자 발표**
  매월 첫째 주 제이펍 홈페이지(www.jpub.kr)에 공지하고, 해당 당선자에게는 메일로 연락을 드립니다.
  단, 서평단에 선정되어 작성한 서평은 응모 대상에서 제외합니다.

독자 여러분의 응원과 채찍질을 받아 더 나은 책을 만들 수 있도록 도와주시기를 바랍니다.

찾아보기

A
accessor　　　　　　　　　　　　　97
and_then()　　　　　　　　　　　258
antipattern　　　　　　　　　　6, 249

B
blanket trait implementation　　　191
builder pattern　　　　　　　　　131

C
callback hell　　　　　　　　　　143
clone-on-write　　　　　　　　　240
closure　　　　　　　　　　　　　53
code fragment　　　　　　　　　　114
coercion　　　　　　　　　　　　187
command pattern　　　　　　　　147
const generic　　　　　　　　　　184
constructor　　　　　　　　　　　82
copy-on-write　　　　　　　　　240
coroutine　　　　　　　　　　　213
Cow　　　　　　　　　　　　　240
crate　　　　　　　　　　　　26, 79
currying　　　　　　　　　　　　131

D
declarative macro　　　　　　　　113
design pattern　　　　　　　　　　6
destructor　　　　　　　　　　　82
downcasting　　　　　　　　　　39

DRY/DSL
DRY(Don't Repeat Yourself)　　15, 174
DSL(Domain-Specific Language)　　112

E
expect()　　　　　　　　　　　258
extension trait　　　　　　　　　189

F
fluent interface pattern　　　　　139
functional programming　　　　　43
fuzzing　　　　　　　　　　　　159

G
garbage collection　　　　　　　　87
generic　　　　　　　　　　　　13
getter　　　　　　　　　　　　　97
global state　　　　　　　　　　102
GoF의 디자인 패턴　　　　　　　　8

H
higher-order function　　　　55, 143

I
idiom　　　　　　　　　　　　　7
im 크레이트　　　　　　　　　　244
immutability　　　　　　　　　　229
inherited mutability　　　　　　　234
interior mutability　　　　　　59, 235
iterator　　　　　　　　　　　　53

L

lazy initialization	105

M

macro	112
map()	258
marker	21
marker struct	21
marker trait	21, 194
metaprogramming	112
method chaining	139
Minsky machine	14
mutability	229
mutator	97

N

newtype pattern	152

O

observer pattern	143
Option	19
optionally mutability	235
orphan	40

P

pattern matching	43
phantom type	19
placeholder	14
polymorphism	263
prelude	222
preprocessing	112
preprocessor	112
procedural macro	113, 218
pure function	231

R

RAII(Resource acquisition is initialization)	80
Rc	59
RefCell	59
reference object	199
referentially transparent	231
reflection	124
rpds 크레이트	245
rustup	10, 274

S

setter	97
singleton	102
smart pointer	59, 83
state machine	208
struct tagging	196
syntactic sugar	126

T

template metaprogramming	197
token tree	116
trait	13
trait bound	23
trait duplication	34
trait object	37
trait pollution	34
tree	116
tuple struct	152
Turing-completeness	14
Turing machine	14

U

UML(Unified Modeling Language)	26
unit struct	196
unsafe	251
unwrap()	257
unwrap_or()	258

V

Vec 타입	258

W

wrapper struct	187

ㄱ

가변성	229
가비지 컬렉션	87
값으로 전달하기	89
값을 쓸 때 복사	240
값을 쓸 때 복제	240
객체 상속	24
게으른 초기화	105
게터	97
경합 조건	230
고립	40
고차 함수	55, 143
관용구	7
관찰자 패턴	143
구조체 태깅	196
글루 코드	35

ㄴ

내부 가변성	59, 235
논리 오류	230
뉴타입 패턴	152

ㄷ

다운캐스팅	39
다형성	263
단위 구조체	196
단위 타입 ()	51
디자인 패턴	3, 6, 44

ㄹ

라이프타임	22, 67
래퍼 구조체	187
러스트 전용 패턴	152
레퍼런스	22
레퍼런스 객체	199
레퍼런스로 전달하기	91
레퍼런스 카운팅 포인터	104
리소스 획득은 초기화	80
리플렉션	124

ㅁ

마커	21
마커 구조체	21
마커 트레이트	21, 194
매크로	112
메모리 안전성 문제	45, 231
메서드 체이닝	139
메타프로그래밍	112
명령 패턴	147
문법적 설탕	126, 141
민스키 머신	14

ㅂ

반복자	53, 57
반복자의 기능	71
변경자	97
보안 취약점	45
불변성	229
블랭킷 트레이트 구현	191
빌더 패턴	131

ㅅ

상속된 가변성	234
상수 제네릭	184
상태 기계	208
생성자	82, 94
생성자 패턴	17
선언적 매크로	113
선택적 가변성	235
세터	97
소멸자	82
소유권의 이동	89
소프트웨어 버그	230
순수 함수	231
스마트 포인터	59, 83
스프레드 구문	141
싱글톤	102, 268

ㅇ

아키텍처	7
안티패턴	6, 7, 37, 249
언래핑	187
역참조 강제	187
연결 리스트	17, 19
오류 처리	99
인자 전달	93

ㅈ

전역 데이터	268
전역 상태	102
전역 상태 크레이트	105
전처리	112
전처리기	112
절차적 매크로	113, 218
접근자	97
제네릭	13
지연 평가	72

ㅊ

참조 투명성	231

ㅋ

커링	131
코드 조각	114
코루틴	212, 213
콜백 지옥	143
크레이트	26, 79
클로저	53

ㅌ

타입 변환	72
템플릿 메타프로그래밍	197
토큰 트리	116
통합 모델링 언어	26
튜링 머신	14
튜링 완전성	14
튜플 구조체	152, 187
트레이트	13, 23
트레이트 객체	37
트레이트 구현	25
트레이트 바운드	23
트레이트 상태 기계	208
트레이트 오염	23, 34
트레이트 중복	23, 34
트리	116
특정 도메인에 해당하는 언어	112

ㅍ

패턴	5, 6
패턴 매칭	43
팬텀 타입	19
퍼징	159
포괄 구현	25
프렐류드	222
프로그래밍	10
프로퍼티 기반 테스트	159
플레이스홀더	14
플루언트 빌더	139
플루언트 빌더 테스트	142
플루언트 인터페이스 패턴	139

ㅎ

함수형 프로그래밍	43, 54
형식적 검증	159
확장 트레이트	189

기호

? 연산자	50, 99, 258